Hilbert Meyer, Catherine Walter-Laager
Leitfaden für Lehrende in der Elementarpädagogik

Hilbert Meyer, Dr. phil., ist seit 1975 Professor für Schulpädagogik an der Carl von Ossietzky Universität Oldenburg und seit 2009 emeritiert. Seine Arbeitsschwerpunkte sind die Allgemeine Didaktik, die Unterrichtsmethodik und die Schulentwicklung.

Catherine Walter-Laager, Dr. phil., ist Programmleiterin (Grundlagen und Querschnittthemen) im Legislaturschwerpunkt „Frühförderung" der Stadt Zürich. In Forschung und Lehre verfolgt sie die Arbeitsschwerpunkte Pädagogische Diagnostik sowie Allgemeine Didaktik und Methodik.

Frühe Kindheit | Ausbildung & Studium

Hilbert Meyer, Catherine Walter-Laager

Leitfaden für Lehrende in der Elementarpädagogik

in Zusammenarbeit mit Manfred Pfiffner

Bei Fragen und Anregungen wenden Sie sich bitte an unsere Berater:
Marketing, 14328 Berlin, Cornelsen Service Center,
Servicetelefon 030 / 89 785 89 29

Weitere Informationen finden Sie im Internet unter:
www.cornelsen.de/fruehe-kindheit

Illustration: Karsten Friedrichs-Tuchenhagen, Oldenburg
Umschlaggestaltung & Innenlayout: Claudia Adam Graphik Design, Darmstadt
Satz: Markus Schmitz, Büro für typographische Dienstleistungen, Altenberge

Bibliografische Information: Die Deutsche Bibliothek verzeichnet diese Publikation
in der Deutschen Nationalbibliografie; detaillierte bibliografische Daten sind im Internet
über http://dnb.de abrufbar.

1. Auflage 2012

© 2012 Cornelsen Verlag, Berlin

Druck und Bindung: freiburger graphische betriebe

ISBN 978-3-589-24629-8

 Inhalt gedruckt auf säurefreiem Papier
aus nachhaltiger Forstwirtschaft.

Inhalt

Einleitung

Es gibt eine Reihe neuer Lehr- und Handbücher der Elementarpädagogik, die wir den Berufsschullehrenden und Dozentinnen und Dozenten der Elementarpädagogik empfehlen können, weil sie mögliche Inhalte elementarpädagogischer Ausbildung in erschöpfender Breite darstellen.[1] In diesen Büchern finden sich aber so gut wie keine Auskünfte zu der Frage, wie der Unterricht bzw. die Hochschullehre für die Ausbildung dieser Zielgruppe gestaltet werden kann. Diese Lücke wollen wir mit unserem LEITFADEN ein Stück weit schließen. Allerdings legen wir bei den beispielhaften Erläuterungen einen Schwerpunkt auf die Arbeit mit den Drei- bis Sechsjährigen. Die Krippenarbeit wird nur am Rande erwähnt.

Wir kommen aus Zürich in der Schweiz und aus Oldenburg (Oldb.) im Norden Deutschlands und schreiben diesen LEITFADEN für den gesamten deutschsprachigen Raum. Wir bringen unterschiedliche Kompetenzen ein: Catherine Walter-Laager war in Zürich Lehrperson der Kindergartenstufe[2] (also Erzieherin), ist nach mehrjähriger Tätigkeit als Dozentin in die Aus- und Weiterbildung von Lehrpersonen eingestiegen; sie hat später am großen Schweizer Modellversuch zur Grund- und Basisstufe[3] mitgewirkt und dann eine Vertretungsprofessur an der Uni Oldenburg übernommen. Seit Sommer 2011 leitet sie das Programm „Grundlagen und Querschnittaufgaben" im Legislaturschwerpunkt Frühförderung in der Stadt Zürich. Hilbert Meyer war Grundschullehrer, ist nun aber schon seit langem als Professor an der Carl von Ossietzky Universität in Oldenburg für die Ausbildung aller in Niedersachsen angebotenen Lehrämter tätig und seit 2009 emeritiert. Manfred Pfiffner, Berufsschulpädagoge an der Pädagogischen Hochschule St. Gallen und ebenfalls Oldenburger Vertretungsprofessor, hat uns von Beginn an bei der Manuskriptherstellung beraten und unterstützt. Diana Franke-Meyer (FH Düsseldorf) hat die Kapitel 1 und 2 korrigiert und ergänzt. Manuela Keller-Schneider (PH Zürich) hat Kapitel 5 wesentlich mitgestaltet. Maria Fölling-Albers (Uni Erlangen), Naxhi Selimi (Erziehungsdirektion Zürich), Luise Thiele (Berlin), Volker Wendt und Detje Meyer-Witte (Oldenburg) haben uns durch Diskussionen und beim Korrekturlesen geholfen. Vielen Dank!

---

1 Z. B. das Handbuch „Pädagogik der frühen Kindheit" von Lilian Fried und Susanna Roux (2006), das Cornelsen Lehrbuch „Kinder erziehen, bilden und Betreuen" (2010) und das von Ludwig Duncker, Gabriele Lieber, Norbert Neuss und Bettina Uhlig herausgegebene Handbuch „Bildung in der Kindheit" (2011); dieser Band setzt allerdings einen im Titel nicht erkennbaren Schwerpunkt auf ästhetische Bildung. (Dabei wird der Ästhetikbegriff jedoch sehr weit definiert.)

2 Man mag streiten, ob es eine Kindergarten-*Stufe* gibt. Aber der Stufenbegriff ist in diesem Zusammenhang ein rein rechtlicher Begriff: Die öffentliche Volksschule gliedert sich im Kanton Zürich in die Kindergarten-, die Primar- und die Sekundarstufe.

3 Dabei handelt es sich um eine ganz neu konzipierte „Schule", in der die vier und fünf Jahre alten Kinder der Kindergartenstufe mit den Erstklässlern aus der Primarstufe zusammengeführt werden.

Wir haben zwischen Nord und Süd erhebliche Unterschiede in der Theoriebildung[4], in der praktischen Arbeit und auch in der benutzten Fachsprache festgestellt. Aber wir beide haben uns in intensiven Diskussionen zusammengerauft und eine gemeinsame Linie entwickelt. „Das tönt gut", hieß es dann am Schweizer Ende des Telefons; und „So mockt wi dat" auf der norddeutschen Seite. Deshalb fließen Berufs- und Studiengangsbezeichnungen und Fachtermini aus beiden Nationen in unseren Text ein.

Adressaten

Adressaten dieses LEITFADENs sind die Lehrenden und die Auszubildenden bzw. Studierenden im Elementarbereich. Hinzu kommen die Berufspraktiker, die an der Ausbildung beteiligt sind – insgesamt also ein sehr breiter Personenkreis:

- Erzieherinnen[5] und Lehrpersonen der Kindergartenstufe, die in Krippen, Kindergärten, Kindertagesstätten oder Familienzentren arbeiten;
- Kindheitspädagoginnen[6];
- Berufs- und Berufsfachschülerinnen und -schüler in Deutschland – im Schweizer Sprachgebrauch: Berufslernende (eine Bezeichnung, die wir im Folgenden regelmäßig benutzen werden);
- Studierende im Elementarbereich, also Bachelor-Studierende an schweizerischen Pädagogischen Hochschulen; Bachelor- und Masterstudierende an deutschen Fachhochschulen und an Universitäten; Diplom-Studierende;
- Studierende und Referendarinnen für das Lehramt an Berufsbildenden Schulen;
- Berufsschullehrerinnen im Elementarbereich;
- Lehrende an Fachhochschulen und Universitäten (Assistentinnen, Dozentinnen, Professorinnen), die in Studiengängen zur Elementarerziehung bzw. zur frühen Kindheit arbeiten.

Hin und wieder geben wir Informationen jeweils für die andere Seite – also Infos zur deutschen Situation an die Adresse der Schweizer Kolleginnen und zur Schweizer Situation an die Adresse der Bundesbürger. Aufgrund des Subsidiaritätsprinzips, das den weltanschaulichen und konfessionellen Trägern große Spielräume in der konzeptionellen Gestaltung lässt, ist die Situation in Deutschland besonders unübersichtlich. Es gibt Montessori-Kinderhäuser, Waldorfkindergärten, Fröbelkindergärten, Kindergärten nach dem Situationsansatz, Waldkindergärten, Musik- und sogar Kneipp-Kindergärten und noch viele weitere.

Wir gehen davon aus, dass Lehrpersonen, die zu unserem LEITFADEN greifen, schon eine pädagogische Grundausbildung absolviert haben, also über elementare allgemein- und fachdidaktische Kenntnisse verfügen. Wer diese Kenntnisse noch nicht

---

4 Einen guten Überblick über den aktuellen wissenschaftlichen Diskussionsstand schaffen die drei Bücher „Bildung und Kindheit" von Werner Thole, Hans-Günther Roßbach u. a. (2008), „Professionalisierung der Frühpädagogik" von Hilde von Balluseck (2008a) und „Frühkindliche Bildung, Betreuung und Erziehung" von Margrit Stamm und Doris Edelmann (2010).

5 Wir benutzen in diesem LEITFADEN überwiegend die weiblichen Berufsbezeichnungen. Die Männer sind immer mitgemeint. Warum? In der Bundesrepublik Deutschland gab es im Jahr 2010 insgesamt 362 000 Erzieherinnen und Erzieher – ganze 2,7 Prozent davon männlichen Geschlechts. (Quelle: Bundesfamilienministerium 2011)

6 Diese Bezeichnung wurde von der JFMK (Jugend- und Familienministerkonferenz) 2011 als neue Berufsbezeichnung bestätigt.

hat, dem empfehlen wir zusätzlich zu diesem LEITFADEN eine der gängigen Einführungen in die Unterrichtsplanung[7] und eine Einführung in die Entwicklungspsychologie im Kindesalter zu lesen.[8] Wichtige Vorarbeiten für diesen LEITFADEN enthält auch der Band Catherine Walter & Karin Fasseing (2002) „Kindergarten".

Brückenschläge zwischen Theorie und Praxis

Berufslernende und Studierende haben zumeist klare Vorstellungen über guten Unterricht und gute Seminararbeit. Wir gehen darauf im Kapitel 3.1 ausführlich ein. Sie wünschen sich, dass sie etwas „Vernünftiges" für ihren zukünftigen Beruf lernen und dass die sozialen Beziehungen im Klassenzimmer bzw. im Seminar stimmen.

Deshalb ist es für sie von zentraler Bedeutung, dass in der Lehre ein Brückenschlag zwischen motivierenden Unterrichtsinhalten und der Vorbereitung auf die zukünftige Berufspraxis gelingt. Die Mehrzahl der Berufslernenden und Studierenden wäre aber überfordert, den Brückenschlag in Eigenregie herzustellen. Dies ist die Aufgabe der Lehrenden – eine Herausforderung, die allerdings nicht von allen bewältigt wird. Wir wissen aber, dass ein Scheitern in dieser Frage verheerende Folgen für die Lernmotivation und den Lernerfolg der Berufslernenden hat (Pfiffner & Walter-Laager 2009). Zeigen wir hier Schwächen, werden wir auch in unserer inhaltlichen Botschaft unglaubwürdig. Deshalb finden sich in den Kapiteln 3 und 4 viele Beispiele für die Verknüpfung von Theorie und Berufspraxis. Sie können diese Beispiele zum Ideenklau nutzen, aber auch zur kritischen Abgrenzung gegenüber der in unserem LEITFADEN bezogenen Position. Allemal geht es darum, Sie zur Reflexion Ihrer eigenen Berufspraxis anzuregen. Gerade in der kritischen Abgrenzung zu unserem Angebot können Sie Ihre persönlichen Stärken erkennen und dann auch gezielt weiter ausbauen.

Im Fokus: die Bildungsarbeit

Es besteht heute ein nahezu weltweit gültiger Konsens über die Aufgaben der elementarpädagogischen Bildung: Sie soll dazu beitragen, die Kinder zu betreuen, sie zu erziehen und – in wachsendem Umfang – zu bilden. In diesem LEITFADEN legen wir den Fokus auf die Bildungsarbeit, die aber immer sehr eng mit den Erziehungs- und Betreuungsaufgaben verknüpft bleibt.

Erweitertes Unterrichtsverständnis

Wir wollen Anregungen für einen anspruchsvollen, adressatengerechten und berufsfeldbezogenen Unterricht in der Sekundarstufe II und an Fachhochschulen geben. Wir folgen dabei einem weit gefassten Verständnis von „Unterricht":

---

[7] Z. B. von Wahl (2006); Meyer (2007); Städeli & Obrist (2008).
[8] Z. B. von Robert Siegler, Judy DeLoache & Nancy Eisenberg (2008) oder von Heidi Keller (1998).

- Wir meinen sowohl den herkömmlichen, eher lehrerorientierten (Fach-)Unterricht als auch alle alternativen Unterrichtsformen mit hohen Anteilen an selbstreguliertem Lernen. Das heißt: Auch Praktika, Exkursionen und Projekte, Facharbeiten, Feste und Feiern sind für uns „Unterricht" im erweiterten Sinne, der zielorientiert ablaufen und nach ausformulierten didaktischen und lernpsychologischen Regeln gestaltet werden sollte.
- Wir sprechen nicht nur in der Sekundarstufe II vom Unterricht, sondern auch bei den Lehrveranstaltungen an Fachhochschulen und Universitäten.

Wir sprechen also von der Grundschule bis zur Universität einheitlich vom „Unterricht" und definieren übergreifende Prinzipien der Bildungsarbeit, um dann die schulstufen- und schulformspezifischen Besonderheiten und Qualitätsansprüche umso schärfer herausarbeiten zu können.

„Verschulung" der Kindergartenarbeit?

In der Elementarpädagogik ist es weithin verpönt, von „Unterricht" zu sprechen, weil bei der Benutzung dieses Begriffs eine unreflektierte Verschulung der Kindergartenarbeit befürchtet wird. Diese Befürchtungen wollen wir nicht bagatellisieren. Aber internationale Vergleichsstudien und auch die positiven Schweizer Erfahrungen mit der neu geschaffenen Grund- und Basisstufe (s. o.) zeigen, dass die Verschulung nicht sein muss und dass beide Seiten — Erzieherinnen und Lehrerinnen — sehr viel zum Wohle der Kinder voneinander lernen können. Wir sprechen im Folgenden in Kindertagesstätten nicht von Unterricht, sondern von „selbstbestimmten Aktivitäten" (Freies Spiel u. a.) einerseits, von „angeleiteten Aktivitäten" andererseits. Wir schauen aber hin und wieder mit „schulpädagogischem Blick" auf die Gestaltung dieser Grundformen der Bildungsarbeit.

Unser Schwerpunkt: Didaktik und Methodik im Jugendlichen- und Erwachsenenalter

Dieser LEITFADEN ist für die Ausbilder von Erzieherinnen geschrieben. Der Schwerpunkt liegt deshalb in der Didaktik und Methodik elementarpädagogischer Ausbildung in der Sekundarstufe II bzw. an Hochschulen. Diese Schwerpunktsetzung ist schon an der erheblichen Länge des dritten und vierten Kapitels zu erkennen. Alles, was wir dort schreiben und Ihnen empfehlen, haben wir selbst im Kindergarten und in der Hochschullehre ausprobiert.

Aufbau einer forschenden Haltung

Wir wollen Ihnen Anregungen geben, Ihre Planungs- und Methodenkompetenz für die Ausbildung von Erzieherinnen weiter zu entwickeln. Anregungen sind aber keine Anweisungen. Ihre eigene Kompetenzentwicklung bzw. der Kompetenzausbau gelingen überall dort am besten, wo Sie selbst aktiv werden und die Theoriebildung zu Ihrer eigenen Aufgabe erklären. Das heißt, dass Sie eine experimentierende, ja forschende Haltung gegenüber Ihrer eigenen Berufsarbeit aufbauen sollten. Das ist anspruchsvoll, aber durchaus möglich, wie wir insbesondere im Kapitel 5 zeigen wollen. Erforderlich ist ein bis zur Pensionierung durchgehaltenes immer wieder neues Durchdenken der eigenen Praxis. Das ist schon deshalb sinnvoll, weil die Praxis selbst nicht stabil ist, sondern sich fortwährend weiter entwickelt (Nentwig-Gesemann 2008, S. 255 ff.).

Gerade im Bereich der Unterrichtsmethodik ist der Aufbau einer forschenden Haltung verhältnismäßig einfach. Es gibt immer wieder Gelegenheiten, etwas ganz anders zu machen als vorher und dann „alt" und „neu" zu überprüfen. „Tastendes Versuchen" hat das der berühmte französische Reformpädagoge Célestin Freinet genannt. Dabei hat er an die Schülerinnen und Schüler gedacht – aber für die Lehrpersonen gilt u. E. dieselbe Maxime.

Professionalisierung als Entwicklungsaufgabe

Unterrichten ist ein hoch komplexes und anspruchsvolles Geschäft, das aus vielfachen Gründen nicht automatisiert oder mechanisiert werden kann: Die Lernvoraussetzungen der Lernenden sind sehr heterogen – auch in der Sekundarstufe II und an den Hochschulen; die Zielsetzungen werden immer anspruchsvoller, teilweise aber auch immer widersprüchlicher; die mit dem Unterrichten verbundenen sonstigen Aufgaben (Dokumentations- und Bewertungspflichten, Konferenzarbeit; Schulprogrammentwicklung) wachsen in rasantem Tempo.

Deshalb sind alle Berufe, die es mit Bildung und Erziehung zu tun haben, professionalisierungsbedürftig und auch -fähig. Das gilt u. a. auch für die Erzieherinnenausbildung. Aber man muss aufpassen, dass in diesem schon lange eingeleiteten Prozess der Akademisierung die Stärken beider Systeme kombiniert und nicht die Schwächen kumuliert werden. Was wir unter Professionalisierung verstehen, wird im Kapitel 5 erläutert.

„... lesen wie einen Stadtplan"

Wir empfehlen Ihnen, diesen LEITFADEN wie einen Stadtplan zu lesen. (Das ist übrigens eine Idee, die wir von dem vor 235 Jahren in Oldenburg geborenen Johann Friedrich Herbart abgekupfert haben.) Die wichtigsten Straßen und Plätze für die elementarpädagogische Aus- und Weiterbildung haben wir in unserem „Stadtplan" eingetragen. Aber den Weg, den Sie dann tatsächlich durch das Straßengeflecht gehen, müssen Sie sich selbst aussuchen. Sie können gleich ins Zentrum der Stadt marschieren (und sich z. B. unsere vier „Bausteine" in Kapitel 2 und die ähnlich konstruierten vier Grundformen des Unterrichts in Kapitel 3 anschauen). Sie können aber auch in jedem anderen der im Inhaltsverzeichnis genannten „Stadtviertel" beginnen. Sie können auch alles „von oben" betrachten und sich in einem kursorischen Durchgang einen ersten Überblick über die von uns bezogenen Positionen verschaffen.

Metaunterricht

Sie können Teile dieses LEITFADENs auch gemeinsam mit Ihren Berufslernenden bzw. Studierenden durchnehmen und so deren didaktische Kompetenzen stärken. Sie machen dann Metaunterricht (= „Unterricht über Unterricht"). Dass dies den Lernerfolg erhöhen kann, ist inzwischen mit harten Daten empirisch belegt (siehe Kapitel 1.3). Die Berufslernenden und Studierenden erhalten so Impulse, sich ihre eigenen Lernstrategien bewusst zu machen und sich selbst Entwicklungsaufgaben zu setzen. Die Lehrenden können überprüfen, ob das, was sie für wichtig halten, überhaupt bei den Lernenden „angekommen" ist. Der gegenseitige Austausch macht es auch leichter, ein Arbeitsbündnis zwischen Lehrenden und Lernenden zu schmieden – und das ist für uns ein zentrales Kennzeichen guten Unterrichts. Mehr dazu im Kapitel 3.2.

Textsorten

Wir arbeiten in diesem LEITFADEN mit verschiedenen Textsorten: Theorieschübe, Praxisberichte, inszenierte Dialoge, Handlungsorientierungen und viele Reflexionsübungen. Die Mischung ist uns wichtig, weil sie mehr Anregungen zur Weiterarbeit liefert. So kann das wachsen, was wir in Kapitel 3.6 als „persönliche Theorie" guten Unterrichts bezeichnen. Jede Leserin/jeder Leser dieses LEITFADENs besitzt bereits eine „persönliche Theorie", weil wir gar nicht davon absehen können, dass wir bereits 12 oder 13 Jahre Schulunterricht und eine berufsbezogene Ausbildung absolviert haben.

Doppeldecker-Prinzip

Ein besonderes Augenmerk in diesem LEITFADEN legen wir darauf, dass die vielfältigen Symmetrien zwischen dem Lernen in der frühen Kindheit und der pädagogischen Arbeit in der Sekundarstufe II bzw. an der Hochschule deutlich werden. Das nennen wir im Folgenden „Doppeldecker", weil Sie sozusagen in zwei Etagen gleichzeitig gefordert sind. Im Erdgeschoss kommen Überlegungen zur Bildungsarbeit in der Elementarpädagogik und auf dem Oberdeck können Sie klären, was davon auch in der Sekundarstufe II und an den Hochschulen gelten kann.

Ein Beispiel, das im Kapitel 3.2 genauer erläutert wird: Sie lehren das genaue Beobachten im Kindergarten, indem Sie selbst Ihre Berufslernenden bzw. Studierenden genau beobachten, die Beobachtungsergebnisse mitteilen und dann auch deutlich machen, welche Konsequenzen Sie daraus ziehen.

Rezepte — Nein danke und ja bitte!

Unser LEITFADEN enthält insbesondere in den langen Kapiteln 3 und 4 viele Ratschläge und Rezepte und hin und wieder auch Tipps und Tricks. In der deutschsprachigen erziehungswissenschaftlichen Literatur ist das Rezeptegeben seit jeher scharf kritisiert worden. Das sei eine Entmündigung des Lesers; und wissenschaftlich haltbar seien Rezepte sowieso nicht (Blankertz 1972, S. 18). Über diese Kritik wird oft vergessen, wozu die Rezepte da sind: Sie sollen Anfängern im Lehrberuf erste Orientierungen und Hilfen geben, um Lehr- und Lernsituationen zu meistern. Probleme entstehen immer dann, wenn man sich sklavisch an die gegebenen Rezepte hält und gar nicht merkt, dass die Situation, für die sie gedacht waren, nicht mehr gegeben ist oder noch nie gegeben war (Meyer 2007, S. 21–25).

Wir wünschen Ihnen Erfolg in Ihrer anspruchsvollen Berufsarbeit, kluge Einsichten bei der Lektüre dieses Buches und auch ein wenig Spaß.

November 2011, Zürich und Oldenburg

Catherine Walter-Laager

Hilbert Meyer

1 Elementarpädagogik im Umbruch

Ziele und Inhalt

Ziel dieses Kapitels ist es, unsere eigene Position zur elementarpädagogischen Bildungsarbeit offen zu legen, auf der wir dann im zweiten bis vierten Kapitel aufbauen können. Wir beanspruchen nicht, eine Einführung in die Elementarpädagogik zu leisten. Das leistet besser das bereits in der Einleitung zitierte Buch von Fried & Roux (2006).

- Im Abschnitt 1.1 definieren wir, was mit dem Begriff Elementarpädagogik gemeint ist.
- Im Abschnitt 1.2 skizzieren wir sechs „Baustellen" — Plätze, an denen sich die elementarpädagogische Arbeit unübersehbar im Umbruch befindet.
- Im Abschnitt 1.3 wird unsere Hauptbotschaft ausformuliert und dann empirisch und theoretisch ein wenig unterfüttert. Sie durchzieht als These 1 alle fünf Kapitel dieses LEITFADENs. Sie lautet: *Selbstbestimmtes und angeleitetes Lernen können sich wirkungsvoll ergänzen.*

Bei der Erläuterung unserer Hauptthese werden zugleich wichtige, in diesem Buch wiederholt benutzte Fachbegriffe skizziert: Selbstständigkeit, Selbsttätigkeit, Selbststeuerung, Bildung u. a. m.

Dieses erste Kapitel ist ziemlich theorielastig. Dafür entschuldigen wir uns nicht. Ohne Theoriearbeit geht es nicht. Aber niemand zwingt Sie, das anstrengende Kapitel 1.3 als erstes zu lesen!

1.1 Arbeitsdefinition und Erläuterung zur „Elementarpädagogik"

Die Wissenschaft, die sich mit der Erziehung der unter Sechsjährigen beschäftigt, ist die Elementarpädagogik (Neuß 2010). Der universitäre Status und auch die Heimat dieser Teildisziplin sind aber noch nicht endgültig geklärt (Reyer & Franke-Meyer 2010). In der Deutschen Gesellschaft für Erziehungswissenschaft (DGfE) befindet sie sich unter dem Dach der Sektion Sozialpädagogik.

Der Begriff Elementarpädagogik ist spätestens seit dem berühmten „Strukturplan für das Bildungswesen" des Deutschen Bildungsrats (1970) im deutschsprachigen Raum geläufig. Damit wird zum einen die Praxis der elementarpädagogischen Arbeit, zum anderen die wissenschaftliche Theorie bezeichnet, die sich mit dieser Arbeit, ihrem Personal und ihren Institutionen beschäftigt. Wir definieren:

1) Elementarpädagogik als Praxisfeld bezeichnet jenen Bereich institutionalisierter pädagogischer Arbeit, in dem die Altersgruppe der unter Sechsjährigen erfasst wird.

2) Elementarpädagogik als Wissenschaft stellt eine der vielen Fachrichtungen der *Erziehungswissenschaften* dar, die die pädagogische Arbeit in der frühen Kindheit bzw. in der Altersgruppe der unter Sechsjährigen zum Gegenstand hat. Dies schließt die Beschäftigung mit den Akteurinnen[10] und mit den Institutionalisierungsformen ein.[11] Auch die Organisations- und Personalentwicklung, die Qualitätssicherung und die Curriculumentwicklung gehören dazu.

Die *Wissenschaftlerinnen*, die sich mit der Elementarpädagogik befassen, arbeiten überwiegend *interdisziplinär*, also in Zusammenarbeit mit der Sozialpädagogik, der Schulpädagogik und Didaktik, mit der Entwicklungs- und Lernpsychologie, mit den Sozialwissenschaften, Neurowissenschaften, mit der Philosophie und Anthropologie u. a. m.

Die elementarpädagogischen *Praktiker* arbeiten zumeist *eklektisch*.[12] Sie suchen sich aus den vielfältigen Angeboten das heraus, was ihnen einleuchtet und was sie mit ihren Erfahrungen in Übereinstimmung bringen können. Anders formuliert: Sie entwickeln „persönliche Theorien"[13] guter elementarpädagogischer Arbeit, die aus einer Mischung von Erfahrungswissen und Theorieimpulsen bestehen.

Die Begriffe Elementar- und Frühpädagogik, Pädagogik der frühen Kindheit, Vorschulpädagogik, Kindheits- und Kleinkindpädagogik werden oft synonym verwendet. Es gibt u. E. auch keine plausiblen Abgrenzungen, außer für den Begriff der Vorschulpädagogik. Mit diesem Begriff rückt das Alter der Zielgruppe in den Hintergrund und der Grad der Institutionalisierung in den Vordergrund. Wir ziehen in diesem LEITFADEN den Begriff Elementarpädagogik vor.

---

9 Erzieherinnen, Lehrpersonen der Kindergartenstufe (Schweiz), Fachpersonen für Betreuung (Schweiz), Kinderpflegerinnen und Sozialassistentinnen, Ausbildnerinnen.

10 Kinderkrippe, Kindergarten, Kindertagesstätte, Familienzentrum, Grund- und Basisstufe (Schweiz) usw.

11 Der Begriff hat für uns keine negative Bedeutung. Wir stützen uns auf die gründliche Studie zur Eklektik in der Pädagogik von Klaus Zierer (2010).

12 Der Begriff wird in Kapitel 3.6 erläutert.

Die Grenzen zwischen dem Elementar- und dem Primarbereich waren hundert Jahre lang – zumindest in Deutschland – scharf gezogen: Der Elementarbereich bezog sich auf Kinder unter 6 Jahre. Vom Primarbereich wurde gesprochen, sobald die Kinder eingeschult wurden. Heute verschwimmen die Grenzen. Wir sprechen von der „Kindergarten- und Schuleingangsphase" als Oberbegriff für die verschiedenen Formen der Gruppenbetreuung von Kindern im Alter von drei bis acht Jahren.[13] Sie umfasst damit Halbtags- wie Ganztageseinrichtungen und auch verschiedene Formen der Altersmischung.

In vielen Veröffentlichungen wird betont, dass die Elementarpädagogik einen eigenständigen Bildungsauftrag habe und deshalb auch zu einer eigenständigen Teildisziplin der Erziehungswissenschaft ausgebaut werden müsse (Schäfer 2007a, S. 30 ff.; Fthenakis 2003, S. 24 ff.). Die Vertreter dieser Position argumentieren, dass die frühe Kindheit eine von eigenen Gesetzmäßigkeiten bestimmte selbstständige Bildungs- und Entwicklungsstufe sei.[14] Aber das ist nicht zwingend – und klare empirische Belege für diese Grundannahme gibt es nicht (Reyer & Franke-Meyer 2009). *Wir behaupten:* Die Grundfragen der Bildungsarbeit sind in der Elementarstufe keine anderen als in der Primarstufe sowie in den Sekundarstufen I und II und selbst an Hochschulen. Deshalb gibt es für uns keine exklusive Bildungstheorie, die nur für den Elementarbereich Gültigkeit hätte. Und auch im Blick auf die Institutionalisierungsprozesse halten wir es für besser, den Elementarbereich enger mit der Primarstufe, mit den sonderpädagogischen Fördereinrichtungen und mit dem gesamten Bildungssystem zu verbinden – so wie dies Friedrich Fröbel schon vor 170 Jahren gefordert hatte (Franke-Meyer 2011, S. 77).

1.2 Sechs Baustellen elementarpädagogischer Arbeit

Die aktuelle Situation in der Elementarpädagogik ist spannend, weil sie sich im Umbruch befindet. Die politisch Verantwortlichen haben die Bedeutsamkeit der frühen Bildung erkannt. Neue Ausbildungsgänge sind im Entstehen und ein regelrechter Forschungsboom ist zu verzeichnen. Etwas mehr Finanzen für diesen Bereich stehen zur Verfügung.

Trotz dieser Aufbruchstimmung ist eine einheitliche Entwicklungsrichtung der Elementarpädagogik als Wissenschaft noch nicht zu erkennen. Etablierte Akteure verteidigen alte Traditionen und untermauern diese mit mehr oder minder gut gestützten empirischen Befunden oder schlicht durch ihre in langen Jahren gesammelten Erfahrungen. Neue akademische Mitspieler sind auf das Spielfeld getreten, bringen ihr Wissen aus anderen Disziplinen, Tätigkeitsfeldern und Altersstufen ein und versuchen, sich im elementarpädagogischen Bereich zu etablieren.

---

13 Wir befassen uns in diesem LEITFADEN nicht mit der Kinderkrippenarbeit.

14 Wichtige Vertreterin dieser Position war in der Weimarer Republik Erika Hoffmann (1902–1995). Für sie war klar, dass „jede Lebensstufe mit allem, was sie enthält, ganz ausgelebt werden (muss), um eine gesunde Basis für die nächste Stufe zu sein" (Hoffmann 1934/1996, S. 195); Franke-Meyer (2011, S. 222 ff.).

Welche neuen Erkenntnisse in den nächsten Jahren auf uns zukommen und wie sich der elementarpädagogische Bereich weiter entwickelt, wird sich zeigen. Für den Moment geben wir uns mit der Tatsache zufrieden, dass sich etwas bewegt. Es gibt viele „Baustellen", die nicht isoliert nebeneinander stehen, sondern systemisch miteinander verknüpft sind:

- Weil die Einsicht gewachsen ist, wie wichtig das frühe Fördern ist, schreitet die Institutionalisierung der Kindertagesstätten spürbar voran („Kindergarten für alle").
- Weil die Kindertagesstätten dabei immer deutlicher zu einem Teil des Bildungssystems werden, wird auch der Druck größer, enger mit den Schulen zusammen zu arbeiten.
- Dabei wächst zugleich neben dem immer schon praktizierten impliziten Lernen der Anteil des expliziten Lernens.
- Dadurch verändert sich die Arbeit der Erzieherinnen. Der Ruf nach Professionalisierung wird lauter.
- Und deshalb schreitet auch die Akademisierung der Ausbildungsgänge fort.

Wir erläutern nun diesen Systemzusammenhang in wenigen Punkten.[15]

Baustelle: Frühe Förderung

Die Einsicht setzt sich durch, dass frühe Förderung der Kinder preiswerter und vernünftiger ist als die teure und oft wirkungslos bleibende späte Förderung. Das gilt für alle Kinder — also für Jungen wie für Mädchen, für „Risiko-Kinder" wie für Hochbegabte, für Kinder mit und ohne Migrationsgeschichte. Besonders beachtet werden dabei die frühe Sprachförderung und die Förderung mathematischer Vorläuferfähigkeiten.[16] Aber die Art und Weise der Frühförderung ist umstritten. Die einen wollen die Kinder nur indirekt durch eine anregende Lernumgebung unterstützen, andere nehmen Kinderideen auf und führen sie zu kleinen Projekten aus[17] und wieder andere plädieren für die Arbeit mit Trainings- und Präventionsprogrammen.[18]

Warum kommt diese Einsicht erst jetzt, zu Beginn des 21. Jahrhunderts? Einerseits waren es die schlechten PISA-Ergebnisse, die ein Umdenken im Elementarbereich ausgelöst haben, zum anderen die inzwischen vorliegenden vielfältigen Forschungsergebnisse, die mehrheitlich aussagen, dass sich frühe Förderung zumindest für Kinder aus benachteiligten Familien bezahlt macht (Roßbach & Blossfeld 2008).

---

15 Ausführliche Darstellungen und Problematisierungen finden sich bei Dana Grabeleu-Szczes (2007); Werner Thole, Hans-Günther Roßbach u. a. (2008), Hilde von Balluseck (2008a), Margrit Stamm & Doris Edelmann (2010).
16 Ein kompakter Überblick findet sich in Thole, Roßbach u. a. (2008, S. 183–222); eine Problematisierung der empirischen Grundlagen bei Hasselhorn (2010).
17 Fthenakis, Schmitt u.a (2009); Fthenakis, Wendell u. a. (2009); Henneberg, Klein u. a. (2011).
18 Koglin, Petermann & Stetzka (2006); Küspert & Schneider (2006).

Baustelle: Kooperation zwischen Kindertagesstätten und Schule

Kindertagesstätten und Schulen rücken näher zusammen.[19] Dies ist in unseren Augen die wichtigste Baustelle. Aber sie ist nicht wirklich neu. Schon auf der Gründungsversammlung des Allgemeinen Deutschen Lehrerverbandes 1848 wurde gefordert, den Kindergarten als unterste Stufe in das allgemeinbildende Schulsystem zu integrieren. Auch Friedrich Fröbel hatte gefordert, Kindergarten und Schule ganz eng zu verbinden. Diese Forderung ist aber immer noch nicht umgesetzt und auch weiterhin umstritten.[20]

Die Schweiz ist in dieser Frage deutlich weiter fortgeschritten, zumindest bei der Schnittstelle zwischen Kindergarten und Primarschule. Die Hoffnungen, aber auch die Ängste der Beteiligten sind in beiden Nationen vergleichbar groß. Ein Teil der Erzieherinnen fürchtet eine „Verschulung" ihrer Arbeit. Ein Teil der Grundschullehrpersonen fürchtet eine „Verspielung" der Bildungsarbeit. Aber genau das sollte doch wohl passieren: Es geht darum, nachhaltige und anschlussfähige Bildungsprozesse zu fördern. Dies kann nur dann gelingen, wenn sich einerseits die Kindergärten stärker an dem orientieren, was in der Grundschule auf die Schülerinnen und Schüler zukommt, aber umgekehrt auch die Grundschulen stärker auf das achten, was in den Kindertagesstätten grundgelegt wird. Beide Bildungsstufen schauen sich gegenseitig an, was bei den anderen besonders gut läuft, und kupfern sich die besten (und nur die besten) Punkte ab.

Das Zusammenrücken von Kindertagesstätten und Grundschule ist nicht mehr zu stoppen und sollte auch auf keinen Fall gestoppt werden, mit einer wichtigen Einschränkung: Die schlecht funktionierenden und entwicklungseinschränkenden Selektionsmechanismen der Schule dürfen keinen Einlass in die Bildungsarbeit der Kindertagesstätten finden.

Baustelle: Bildungsangebote

Kindertagesstätten haben einen Bildungsauftrag und setzen ihn in einer mehr oder weniger systematischen Bildungsarbeit um. Für diese Aufgabe wurden in den letzten Jahren in breiter Front Bildungspläne erarbeitet, die in den hauseigenen Kita-Konzepten und in den persönlichen Planungen der Erzieherinnen konkretisiert werden. Auch in den neu formulierten Lehrplänen der Sekundarstufe II und in vielen Studiengangsmodulen zur Elementarpädagogik spiegelt sich diese Entwicklung. Es werden auch verstärkt Instrumentarien entwickelt und eingesetzt, die den Erzieherinnen bei der Bewältigung der Bildungsarbeit helfen: Diagnoseinstrumente, Sprachförderprogramme, Planungskonzepte usw. – Instrumente, die ursprünglich für die Qualitätssicherung des schulischen Lernens entwickelt worden sind.

---

19 Roßbach (2006); Faust (2008); Köster & von Balluseck (2008a).
20 In der DDR sah es anders aus: Der Kindergarten war seit 1949 mit dem „Gesetz zur Demokratisierung der deutschen Schule" als unterste Stufe dem Schulwesen zugeordnet. Mit dem „Gesetz über das einheitliche sozialistische Bildungssystem" von 1965 wurden Kindergarten und Schule zur engen Zusammenarbeit verpflichtet (Reyer & Franke-Meyer 2010).

Baustelle: Zuständigkeiten und Finanzierung

In Deutschland besteht aufgrund der historischen Entwicklung eine traditionell enge Verzahnung zwischen der Elementarpädagogik und der Sozialpädagogik, die allerdings aufgrund der aktuellen Debatten diskussionsbedürftig erscheint. Hier wird die Arbeit der Kindertagesstätten durch das Kinder- und Jugendhilfegesetz (KJHG) geregelt und als Buch VIII in das Sozialgesetzbuch integriert. Darin wird den Kindertageseinrichtungen im § 22 (2) ausdrücklich auch ein Bildungsauftrag zugesprochen.[21]

Im Kanton Zürich – hier als stellvertretendes Beispiel für die föderalen Regelungen in der Deutschschweiz – ist die Erziehungsdirektion sowohl für die frühkindliche Bildung wie auch für die Schule zuständig. Der Kindergarten gehört bereits heute als erste Bildungsstufe zum obligatorischen Schulsystem. Er ist für alle Kinder ab dem fünften Lebensjahr Pflicht und kostenlos. Die Arbeits- und Ferienzeiten sind mit denjenigen der Grundschulen abgestimmt. Der Kitabereich für die unter Fünfjährigen befindet sich aber mehrheitlich in privater Hand. Der Besuch einer Kindertagesstätte ist freiwillig und kostenpflichtig.

Entsprechend unübersichtlich ist in beiden Ländern die Finanzierungslage. Es gibt aber in Deutschland – verglichen mit den allgemeinbildenden Schulen – weit überdurchschnittliche Steigerungsraten. Die Gesamtausgaben für die Kindertageseinrichtungen lagen hier z.B. im Jahr 2003 bei 13,42 Mrd. Euro. Der leichter erfassbare Anteil der öffentlichen Hand an diesen Ausgaben wuchs von 3,9 Mrd. Euro im Jahr 1992 auf 6,7 Mrd. Euro im Jahr 2003 (Rauschenbach & Schilling 2006).

Es gibt also positive Entwicklungen, aber auch erheblichen Entwicklungsbedarf. Das Ziel ist aber für fast alle Verantwortlichen klar: Der Besuch einer Kindertagesstätte muss in allen Kantonen und in allen Bundesländern kostenlos werden – schon aus ökonomischen Gründen. Denn jeder in die Kindergartenstufe investierte Euro bringt eine deutlich höhere Rendite als die vielen Euros, die in den Sprachförderungs- und Integrationsmaßnahmen der Sekundarstufen I und II versickern.[22] Geld muss also umgelagert werden – aus den höheren Bildungsstufen in die niedrigeren. Und das ist immer ein komplizierter politischer Prozess, weil Privilegien angetastet werden.

Eine Randbemerkung: Wir wundern uns, dass in der Diskussion im deutschsprachigen Raum so gut wie nie gefordert wird, die gerade skizzierte Trennung der Zuständigkeiten aufzuheben. In vielen Nationen sind die Erziehungs- und Schulministerien für alle Bildungsstufen zuständig, und das schließt dann die Kindertagesstätten ein. Wir halten diese Regelung der Zuständigkeiten für angemessen, rechnen aber nicht damit, dass sich in dieser Frage in den nächsten Jahren viel bewegen wird.

---

21 Als weitere gesetzliche Grundlage gilt seit dem 1. Januar 2005 das TAG (Gesetz zum qualitätsorientierten und bedarfsgerechten Ausbau der Tagesbetreuung für Kinder unter drei Jahren), mit dem auch eine Änderung des KJHG verbunden war.

22 Eine Oldenburger Dissertation von Wilhelm Leeker (2008) hat ergeben, dass ein Berufslernender mit sonderpädagogischem Förderbedarf im Land Niedersachsen im Durchschnitt dreimal so viel kostet wie ein Abiturient. Daraus folgt: Schon in der frühen Kindheit sollte alles Mögliche getan werden, um aus Risikoschülern Menschen zu machen, die mithalten können.

Baustelle: Akademisierung

Die Weiterentwicklung der Ausbildungsgänge für den elementarpädagogischen Bereich ist im europäischen und auch im deutschsprachigen Raum in breiter Front in Angriff genommen worden, wobei Deutschland und – bei den jüngsten Kindern auch die Schweiz – im Vergleich zu anderen Nationen hinterher hinken (Oberhuemer & Schreyer 2010; Stamm & Edelmann 2010). Die Akademisierung hat eingesetzt – aber in beiden Ländern werden – grob geschätzt – rund 90 Prozent der Erzieherinnen an Berufsbildenden Schulen ausgebildet.[23] Für die Gestaltung der pädagogischen Arbeit spielt dies aber nur indirekt eine Rolle, sind die Kinder und ihre Bedürfnisse doch dieselben.

Die Ausbildungsgänge verändern sich rasch und differenzieren sich aus. Und überall wird diskutiert, ob die schulische Ausbildung generell auf Fachhochschulniveau angehoben werden soll. Es gibt große Erwartungen an die Wirkungen dieser Akademisierung der Ausbildung, aber auch Befürchtungen (Pasternack 2008). Welche Effekte die neuen Ausbildungsgänge tatsächlich haben, ist noch weitgehend unerforscht (so Viernickel 2008 und Thole 2008; 2010). Auch unsere eigenen, im Kapitel 3.1 mitgeteilten Datenerhebungen mahnen zur Vorsicht: Die elementarpädagogischen Ausbildungsgänge der Sekundarstufe II haben Stärken, die im Hochschulbereich nur schwer zu kompensieren sind. Aber eines ist klar: Rein quantitativ wird in Deutschland der Anteil der an Fachschulen für Sozialpädagogik oder an Fachakademien ausgebildeten Erzieherinnen und Sozialassistentinnen noch für viele Jahre um ein vielfaches größer sein als die der Fachhochschulabsolventen. Also ist die Weiterentwicklung der berufsbildenden Ausbildungsgänge weiterhin wichtig.

In der Deutschschweiz sind sämtliche Ausbildungsgänge zur Lehrperson der Kindergartenstufe an den Pädagogischen Hochschulen angesiedelt. Dort werden Lehrpersonen für verschiedene Bildungsstufen teilweise gemeinsam und teilweise in stufenspezifischen Modulen ausgebildet. Die Studierenden erwerben den international anerkannten Abschluss des Bachelor of Arts, welcher ihnen Anschlussmöglichkeiten in Masterstudiengängen an weiterführenden Hochschulen und Universitäten eröffnet. Aber auch die schweizerischen Ausbildungsgänge für Lehrpersonen des Kindergartens und der Primarschule sind nur minimal evaluiert worden.[24]

---

23 Weiter hat die länderübergreifende Darstellung für Deutschland und die Schweiz einige Tücken, da in der Deutschschweiz die Pädagoginnen im Krippenbereich und die Lehrpersonen der Kindergartenstufe unterschiedlich ausgebildet werden und auch die Trägerschaften nicht dieselben sind. Für Pädagoginnen, welche Kinder im Frühbereich (unter Vierjährige) bilden und betreuen, ist im Moment das gängigste Ausbildungsmodell eine Berufslehre zur „Fachperson Betreuung". In Deutschland findet die Ausbildung der Erzieher als sozialpädagogische Breitbandausbildung an Fachschulen für Sozialpädagogik (Bayern: Fachakademien) statt. 2004 ging an der Alice-Salomon-Fachhochschule der erste Bachelor-Studiengang an den Start (Reyer & Franke-Meyer 2010).

24 So berichtet Susanne Bosshardt auf der Basis der regelmäßigen Modulevaluationen und anschließenden Nachbefragungen in der Praxis, dass die Ausbildungsgänge gut angelaufen sind (Bosshardt 2008, S. 192 ff.). Und Eveline Wannack schreibt, dass die Studiengänge dort, wo sie bereits länger laufen, auch gut etabliert sind und sich für die anschließende Berufspraxis bewährt haben (Wannack 2008, S. 170 ff.).

Baustelle: Forschung

Die empirische Forschung zum Elementarbereich war und ist in Deutschland und auch in der Schweiz schwach entwickelt. Auch die Theorieentwicklung – insbesondere zu der für unseren LEITFADEN besonders wichtigen Didaktik der elementarpädagogischen Arbeit – steckt noch in den Kinderschuhen (siehe Kapitel 2.2). Es gab und gibt einfach zu wenige elementarpädagogische Lehrstühle an Hochschulen und Universitäten (Reyer & Franke-Meyer 2010). Es gibt noch viel zu tun, aber die Situation hat sich in den letzten fünfzehn Jahren spürbar verbessert. „Multivariate" Forschung ist erforderlich, in der nicht nur eine einzige Variable, sondern das komplexe Zusammenspiel aller wichtigen Variablen untersucht wird.[25] Auch ist noch ungenügend geklärt, wie mit kleinen Kindern geforscht werden kann. Und selbst die schlichte Frage, was denn der Ist-Stand der elementarpädagogischen Ausbildung an Berufsbildenden Schulen und Fachhochschulen ist, kann zur Zeit nicht präzise beantwortet werden.

Wir ziehen ein Fazit: Die Elementarpädagogik ist stärker als jede andere Bildungsstufe im Umbruch. Die meisten Signale weisen darauf hin, dass die elementarpädagogische Arbeit enger mit der Bildungsarbeit an Grundschulen verzahnt wird. Die Aufgabenstellungen, die die Erzieherinnen bewältigen müssen, sind seit jeher anspruchsvoll und werden durch die Verzahnung nicht einfacher. Die Verzahnung bringt zusätzlich eine Veränderung im System, so dass wir damit rechnen, dass die Akademisierung weiter geht! Das Ansehen und auch das berufliche Selbstbewusstsein vieler Elementarpädagoginnen wachsen dadurch spürbar. Nur die Bezahlung der Elementarpädagoginnen hinkt noch deutlich hinterher.

1.3 Unsere Hauptbotschaft: selbstbestimmtes und angeleitetes Lernen kombinieren!

Hauptthese und Gegenthesen

Wir haben unsere Hauptbotschaft zu einer Hauptthese zusammengefasst. Sie hat weitreichende, in Kapitel 2 entfaltete Konsequenzen für die Gestaltung der Kindergartenarbeit. Sie lautet:

> **These 1:** Das von der Pädagogin *angeleitete* und das *selbstbestimmte Lernen* der Kinder sind zwei Grundformen der Bildungsarbeit im Kindergartenalter. Wenn sie gemischt werden, ergänzen sie sich wirkungsvoll.

---

25 Deshalb ist es erfreulich, dass ein mehrjähriges Verbundforschungsprojekt zur Analyse opak-permissiver Lolationsstrukturen im inklusiven instructional divinity-setting gestartet wurde, das der international tätige Lolationsforscher Reyem Treblih gemeinsam mit den zwei Schweizer Nachwuchsforschern Kaja und Lars Regaal (siehe Regaal, Regaal & Reyem 2011) durchführen wird.

Beide Grundformen finden sich in allen elementarpädagogischen Einrichtungen:

- Das **selbstbestimmte Lernen** – zumeist als freies Spielen bezeichnet – entspricht einem anthropologisch tief verankerten Bedürfnis der Kinder nach freier Entfaltung (Einsiedler 1999; Largo 2009). Das heißt nicht, dass es sich zwanglos von selbst einstellt. Erforderlich ist eine vorbereitete Umgebung, in der die Erzieherinnen genau beobachten, Lernsituationen arrangieren und im Notfall zur Stelle sind.
- **Angeleitete Lernphasen** liegen überall dort vor, wo die Erzieherinnen bewusst bestimmte Räume und Zeiten bereit halten, in denen sie den Kindern gezielte Bildungsangebote machen und die daraus erwachsenden Spiel- und Arbeitsaktivitäten begleiten.

Beide Grundformen stehen in einem Spannungsverhältnis zueinander:

- **Selbstbestimmtes Lernen** der Kinder ist wichtig, weil sich die Kinder dabei als selbstwirksam und selbstbestimmt wahrnehmen können und weil es die Voraussetzung für das Erreichen anspruchsvollerer Lernziele ist.
- **Angeleitetes Lernen** ist wichtig, weil es die Zugänge zur Welt und die Grundlage für das gemeinsame Weiterlernen schafft.

Beide Grundformen finden sich auch in den nachfolgenden Bildungsstufen – und dies weltweit (Meyer 2007, S. 57 f.):

- Als **offener Unterricht** (open education, schüleraktiver Unterricht, situiertes Lernen, open classroom) werden alle Varianten eines stärker schülerzentrierten Bildungsangebots bezeichnet.
- Als **direkte Instruktion** (direct instruction; teacher-centered instruction) werden eher lehrerzentrierte und lehrgangsförmig geordnete Bildungsangebote bezeichnet.

Beide Grundformen sind wichtig, beide haben ihre Grenzen. Wir halten es für eine Illusion anzunehmen, dass die Kinder selbst am besten wissen, was sie wann, wo, wie und mit wem lernen können. Kinder brauchen einen Orientierungsrahmen, inhaltliche Angebote und methodische Regeln zum Lernen. Und sie verlangen sogar danach, sobald sie erlebt haben, dass und wie viel an interessanten Dingen sie von ihren Erzieherinnen lernen können. Um es anders zu formulieren: Menschen jeglichen Alters genießen es durchaus, wenn ihnen kompetente Interaktionspartner etwas zeigen oder erklären (solange die Interaktionsform stimmig ist). Umgekehrt gilt: Man kann ein Kind auch durch zu viele Angebote erdrücken. Deshalb lautet unser Motto für das ganze Buch:

Mischwald ist besser

als Monokultur!

Zwei Gegenthesen zu These 1 sind denkbar. Die erste könnte lauten: *„Weil die Kinder der Kindergartenstufe noch so klein sind, kann im Wesentlichen nur angeleitetes Lernen stattfinden."* Diese These war früher weit verbreitet, aber heutzutage wird sie von keinem ernst zu nehmenden Autor mehr vertreten. Die zweite Gegenthese könnte lauten: *„Weil die Kinder dieser Altersstufe noch so klein sind, dürfen sie nicht zum angeleiteten Lernen gezwungen werden – nur selbstbestimmtes Lernen ist legitim und erfolgreich."* Diese zweite These ist bei vielen Autoren sehr populär. Sie wird gern konstruktivistisch begründet. Sie ist eng mit dem Konzept der „Selbstbildung" verknüpft. Wir kommen darauf auf Seite 29 zurück.

Was spricht für und was gegen unsere Mischwald-These? Leider lässt sie sich so pauschal nicht in einem streng wissenschaftlichen Sinne beweisen – und zwar deshalb nicht, weil es um eine komplexe Mischung aus empirisch-deskriptiven (beschreibenden) und normativen (wertsetzenden) Annahmen geht. Das ist bei pädagogischen Argumentationen und Begriffsbildungen keine seltene Ausnahme, sondern die Regel (Meyer 2007, S. 56):

- Die *empirische* Annahme in These 1 lautet, dass Menschen dieser Alterslage zum selbstbestimmten Lernen in der Lage sind. Das ist zweifellos der Fall und seit langem wissenschaftlich geklärt.[26] Auch geklärt ist der Tatbestand, dass sich diese Anlage zum „Selbst-Lernen" nur in einem sozialen Umfeld entfalten kann.[27] Nicht geklärt ist dabei die Frage, *welche* Erfahrungsfelder den jungen Menschen für die Entwicklung ihrer Selbstbestimmungsfähigkeit angeboten werden sollten.
- *Empirisch* und niemals normativ ist zu klären, welche Wirkungen ausgelöst werden, wenn beide Grundformen in der vorschulischen Bildungsarbeit angeboten werden.
- *Normativ* – also durch theoretische Begründungen – muss geklärt werden, ob Selbstbestimmung im Vorschulalter wünschenswert ist. Das ist eine politisch-philosophisch-pädagogische Grundsatzfrage, die auch nur in einem politisch-philosophisch-pädagogischen Argumentationsgang beantwortet werden kann.
- Ebenfalls eine nur durch Rückgriff auf *normative Begründungen zu beantwortende Frage ist,* welche der durch das Doppelangebot tatsächlich ausgelösten und empirisch ermittelten Wirkungen als wünschenswert und welche eher als unerwünscht zu gelten haben.

Wir haben in These 1 offen gelassen, um *welcherlei Wirkungen* es gehen könnte. Dafür gibt es viele Antwort-Möglichkeiten (Roßbach & Frank 2008, S. 256 ff.). Wird als Erfolgskriterium ausschließlich der kognitive Lernerfolg der Kinder angesetzt, ist die Frage einfacher zu beantworten – aber die Antworten greifen zu kurz. Auch die Entwicklung des Sozialverhaltens und der Aufbau eines positiven Selbstkonzeptes müssen als Wirkungsvariablen überprüft werden.

---

26 Bei Johann Friedrich Herbart war dies die Selbsttätigkeit, bei Maria Montessori der „absorbierende Geist"; genauere Angaben in jedem entwicklungspsychologischen Lehrbuch.
27 Seel (2000, S. 111 ff.); Largo (2009, S. 78 ff.); Hasselhorn, Lehrmann & Titz (2008, S. 58 ff.).

Wir fassen zusammen: *These 1* ist für die Konzeption dieses LEITFADENs grundlegend. Auf allen Altersstufen geht es darum, das selbstbestimmte und das angeleitete Lernen miteinander zu verbinden. Die These ist so abstrakt aber weder zu beweisen noch zu widerlegen. Sie muss in deskriptive und normative Anteile ausdifferenziert und konkreter gefasst werden. Dann lässt sie sich auch durch die Einordnung in theoretische Modelle plausibel machen und durch Forschungsbefunde empirisch absichern. Das tun wir im Folgenden in der gebotenen Kürze.

Empirische Befunde

Der empirische Anteil unserer Mischwald-These behandelt die Frage, ob kleine Kinder von kompetenten Interaktionspartnern etwas lernen können oder ob sie alles selbst entdecken und sich aneignen sollten. *Wir sagen:* Die Annahme, das Kinder alles, was sie für ihr Großwerden benötigen, selbst entdecken, ist empirisch widerlegt. Sie eignen sich von Geburt an ihre Umwelt aktiv an. Aber diese aktive Aneignung ist in das soziale Umfeld eingebunden:

- Wenn man Bezugspersonen mit Babys beim Wickeln beobachtet, dann übernehmen Kinder beispielsweise die Mimik ihres Gegenübers (Meltzoff & Moore, in Largo 2007, S. 80 ff.).
- Einige Monate später lernen sie – fast immer durch Anleitung beziehungsweise den gemeinsamen Fokus auf einen Gegenstand (Pauen 2011, S. 192 ff.) – wie z. B. ein Aufziehauto funktioniert.
- Im Anschluss daran experimentieren sie unermüdlich und voller Freude mit der angelernten neuen Fähigkeit.

Natürlich ist mit angeleiteten Aktivitäten keine Großgruppenveranstaltung gemeint, wo Kleinst- und Kleinkinder gezwungen werden, ruhig zu sitzen, jemandem still zuzuhören und etwas ihrem Alter Unangepasstes zu üben. Gemeint ist, dass Erwachsene in die Beziehung zu den Kindern voll einsteigen, ihre Handlungen sprachlich begleiten und die Kinder an ihren Handlungen teilnehmen lassen.

Besonderes Gewicht für die empirische Absicherung unserer Hauptthese hat die britische **EPPE-Studie**, auf die wir im Kapitel 2.2 erneut zu sprechen kommen werden. Die Studie zeigt, dass in besonders erfolgreichen elementarpädagogischen Einrichtungen eine Mischung von freien und angeleiteten Aktivitäten hergestellt worden ist. Die Studie belegt weiterhin, dass jene Kinder, die einen Kindergarten besucht haben, den Kindern ohne Kindergartenbesuch in einer ganzen Reihe von Entwicklungsaspekten überlegen sind (Sylva, Melhuish et al. 2003; 2004). Darüber hinaus gibt es Einzelbefunde, die unsere These stützen, welche beispielsweise bei König (2010) zusammengefasst werden. Einen ganz neuen Befund möchten wir in die Diskussion einbringen: Jörg Makalowski (2011) hat in einer kleinen Studie zur „offenen" Kindergartenarbeit nachgewiesen, dass es Kinder sehr schätzen, manchmal geradezu begierig darauf sind, von ihren Erzieherinnen belehrt zu werden bzw. Hilfe zu bekommen.

Deutlich schwieriger ist die Frage zu beantworten, *wann genau* eine ausgewogene Mischung von angeleiteter und selbstbestimmter Lernarbeit erreicht ist.

- Soll der Anteil selbstbestimmter Arbeit bei den Dreijährigen höher als bei den Fünfjährigen sein? Oder ist von Beginn an ein zeitliches Gleichgewicht zwischen freien und angeleiteten Aktivitäten anzustreben?
- Gibt es Kinder, die von Beginn an in hohem Umfang selbstbestimmt arbeiten können und andere, die deutlich mehr Anleitung bedürfen? Wenn ja, wer entscheidet diese Frage? Und was sind die theoretischen Grundlagen dafür?
- Variiert das anzustrebende Mischungsverhältnis im Blick auf unterschiedliche Bildungsbereiche? Ist eine gezielte Anleitung für das Musizieren wichtiger als für das Experimentieren oder die Erkundung der natürlichen Umwelt?

Zu diesen Fragen, die Tag für Tag in der Kindergartenarbeit entschieden werden müssen, haben wir keine empirischen Untersuchungen gefunden. Wir vermuten aber zumindest im Blick auf die Kindergartenarbeit in der Deutschschweiz, dass es vielen Lehrpersonen der Kindergartenstufe gut gelingt, eine angemessene Mischung herzustellen. Wenn diese Annahme zutrifft, unterscheidet sich die Kindergartenstufe deutlich von den Sekundarstufen I und II. Dort liegen viele Studien vor, die eine ganz unausgewogene Bevorzugung der angeleiteten Unterrichtarbeit belegen (Meyer 2007, S. 69).

Warum ist die Beantwortung der Mischungs-Frage so schwierig? Viele unterschiedliche Gesichtspunkte müssen beachtet werden: das Vorwissen und die Selbstbestimmungskompetenzen der Kinder, das Gefahrenpotenzial des Lerninhaltes, die Personalressourcen des Kindergartens, die Kompetenzen der Pädagoginnen u. a. m. Aber die generelle Richtung ist klar: Ein großer Spielraum für selbstbestimmte Tätigkeiten *und* ein breites Angebot angeleiteter Aktivitäten kann einerseits dem Selbstbestimmungsdrang der Kinder gerecht werden, andererseits helfen, die immer deutlicher gewordene Notwendigkeit früher Förderung umzusetzen.

Theoretische Begründungen

These 1 unterscheidet zwischen selbstbestimmtem und angeleitetem Lernen. Es gibt in der Erziehungswissenschaft viele ähnliche, aber natürlich niemals deckungsgleiche Begriffe, um diese Unterscheidung näher zu charakterisieren:

- Selbstbestimmung, Selbstständigkeit, Selbsttätigkeit, Selbststeuerung, Selbstregulation, Selbstorganisation, Eigentätigkeit, Eigenständigkeit, Autonomie;
- Anleitung, Führung, Belehrung, Vermittlung, Instruktion.

Oft, aber nicht immer werden die Begriffe zu Begriffspaaren zusammengefügt. Einige werden wir in dem nun folgenden knappen Durchgang durch die aktuelle akademische Diskussion erläutern. Wir wechseln dabei wiederholt die Begrifflichkeiten — sprechen also hier von Selbstbestimmung, dort von Selbstständigkeit und eine Seite später von Selbststeuerung – nicht, um Sie zu verwirren, sondern deshalb, weil wir uns an die jeweils vorherrschende Fachterminologie anpassen.

Selbstbestimmung, Selbsttätigkeit und Selbstständigkeit als Grundbegriffe der Bildungstheorie

Die Bildungstheorie ist eine inzwischen mehr als 200 Jahre alte Erfindung, die im Wesentlichen von deutschen und schweizerischen Pädagogen stammt.[28] In ihr wird zu klären versucht, woraufhin erzogen werden soll und was dabei der Anteil der Selbsttätigkeit ist. Sie liefert einen theoretischen Orientierungsrahmen für die tägliche Arbeit, auch wenn viele Aussagen ziemlich abstrakt gehalten sind und mehr oder weniger mühsam kleingearbeitet werden müssen. Auch fehlt es bis heute weitgehend an der empirischen Absicherung zentraler Aussagen (Meyer & Meyer 2009, S. 124).

Alle drei in der Überschrift genannten Grundbegriffe finden sich sowohl bei den Klassikern der Bildungstheorie (Johann Heinrich Pestalozzi, Wilhelm von Humboldt, Friedrich Schleiermacher, Johann Friedrich Herbart, Friedrich Fröbel) wie auch bei modernen Vertretern (Wolfgang Klafki, Herwig Blankertz, Lothar Klingberg, Dietrich Benner). Dabei bezeichnet „Selbsttätigkeit" eher den Lern*prozess*, während das gewünschte *Ergebnis* der Selbsttätigkeit als Selbstbestimmungsfähigkeit oder auch als Bildung, Mündigkeit und Emanzipation bezeichnet werden. Alle Bildungstheoretiker sind sich einig:

These 2: Ohne Selbsttätigkeit keine Selbstständigkeit!

So schreibt der Berliner Theologe und Philosoph Friedrich D. E. Schleiermacher in seinen „Pädagogischen Vorlesungen" aus dem Jahr 1826 in einem altertümlichen Deutsch:

„Wenn der Mensch nur als Selbständiges und Selbsttätiges Gegenstand der Erziehung sein kann, so ist also was in der Entwicklung begriffen ist, auch zu seiner Selbsttätigkeit gehörig anzusehen, und muss als solches, insoweit es der Idee des Guten nicht widerstreitet, auch im Zwecke der Erziehung liegen." (Schleiermacher 1957, S. 27 f.).

Selbstständigkeit setzt Selbsttätigkeit voraus, aber sie folgt nicht automatisch daraus. Man kann auch fremdbestimmt selbst tätig werden. Die Selbstständigkeit muss also durch eine förderliche Lernumgebung und durch gezielte Anstrengungen des Indivi-

---

28 Das sieht man auch daran, dass der Terminus „Bildung" nicht ins Englische übersetzt werden kann.

duums entwickelt werden. Deshalb schrieb Herbart, dass die Selbsttätigkeit „gerichtet" werden müsse, weil sie aus sich heraus „unbestimmt" sei (Grell 2010, S. 157).

Um die gewünschte Richtung näher zu bestimmen, haben die Klassiker umfassende Bildungstheorien vorgelegt, die bis heute von Allgemeindidaktikern und Berufspädagogen herangezogen werden (Blankertz 1982; Klafki 1985; Benner 2001, S. 150 ff.). Dabei wurde von Anfang an gefordert, dass Selbstbestimmung nicht auf eine egoistische Selbstverwirklichung reduziert werden dürfe. Gebildet ist nur derjenige, der verantwortungsvoll mit seinen Kompetenzen umgeht. Selbstbestimmungs-, Mitbestimmungs- und Solidaritätsfähigkeit sind deshalb für Wolfgang Klafki die drei Grundprinzipien der Bildung.

Wolfgang Klafki (geb. 1927)

Wir definieren im Anschluss an Klafki (Jank & Meyer 2002, S. 208–211):

> **Arbeitsdefinition:** Bildung bezeichnet die Fähigkeit eines Menschen, in der Auseinandersetzung mit der Welt selbstbestimmt, kritisch, sachkompetent und solidarisch zu denken, zu handeln und sich weiterzuentwickeln.

Wir halten fest: In den klassischen Bildungstheorien wird deutlich zwischen Selbsttätigkeit und Selbstständigkeit unterschieden. Selbsttätigkeit liegt auch dort vor, wo ein Kind fremdbestimmt und mechanisch arbeitet. Aber ohne Selbsttätigkeit läuft gar nichts.

Lothar Klingberg: Dialektik von Führung und Selbsttätigkeit

Die wichtigste Disziplin für die Bearbeitung unserer Hauptthese ist die Didaktik. Ihr zentraler Gegenstand ist ja die Klärung der Frage, wie das Lehren mit dem Lernen zusammenhängt. Es gibt aber viele konkurrierende Allgemeindidaktische Modelle und ähnlich viele Konzepte zur beruflichen Bildung. Wir greifen auf den bekannten DDR-Autor Lothar Klingberg zurück. Er hat das Zusammenspiel von Anleitung und Selbstbestimmung u. E. theoretisch am präzisesten durchleuchtet und zu einer dialektischen Didaktik ausgebaut (Klingberg 1962; 1986; 1989; 1990). Sein Modell hat schon lange vor der Wiedervereinigung die westdeutsche Allgemeindidaktik spürbar beeinflusst.

Lothar Klingberg
(1926–1999)

Dialektik ist nicht jedermanns Sache. Aber sie hilft, Positionen zu schärfen und dabei zu klären. Und sie liefert die didaktische Rechtfertigung für unsere Hauptthese.

Im Mittelpunkt von Klingbergs Theorie steht die *Dialektik von Führung*[29] *und Selbsttätigkeit.* Sie ergibt sich aus dem Widerspruch zwischen dem „aus der Logik des Lehrens resultierenden Erfordernis der führenden Rolle der Lehrenden auf der einen und dem aus der Logik des Aneignungsprozesses resultierenden Erfordernis zur Aktivität und schöpferischen Selbsttätigkeit der Lernenden auf der anderen Seite" (Klingberg 1986, S. 44). Dieser Widerspruch ist in *jedem* Unterrichtsprozess enthalten (Jank & Meyer 2002, S. 248).

These 3: Der dialektische Widerspruch von Führung und Selbsttätigkeit treibt den Unterrichtsprozess voran.

Lehrende zwingen die Lernenden, etwas zu tun, was diese – alleingelassen – gar nicht oder zumindest deutlich anders getan hätten. Aber die Lehrenden tun dies nicht, weil sie die Kinder bzw. Jugendlichen drangsalieren wollen, sondern weil sie die Hoffnung nicht aufgeben, dass diese mit ihrer Hilfe kompetenter werden und Schritt für Schritt mehr Selbstständigkeit entwickeln.

Wir stellen fest*:* Wer lehrt, lenkt. Ob ihm dies bewusst ist oder nicht, ob er es möchte oder nicht, spielt dabei keine Rolle. Wer lenkt, übt „Gewalt" aus. Er verfügt darüber, was andere tun sollen. Deshalb ist – so Klingberg – der Respekt vor den Lernenden der Grundsatz jeder pädagogischen Ethik.

Das Wort „Gewalt" kann leicht missverstanden werden. Natürlich meinen die Autoren, die diesen Begriff weiterhin verwenden, nicht körperliche Gewaltanwendung, auch nicht Psychostress, sondern die „strukturelle" Gewalt, die durch das Verhältnis des erwachsenen Lehrenden zum noch unmündigen und hilfebedürftigen Lernenden ausgeübt wird. Deshalb spricht der Allgemeinpädagoge Dietrich Benner (2000, S. 207) auch davon, dass die Grundlage *aller* pädagogischen Arbeit „ein sich selbst negierendes Gewaltverhältnis über Unmündige" sei. Das klingt kompliziert, aber es begleitet die pädagogische Arbeit fortwährend. Erzieherinnen müssen immer wieder ad hoc entscheiden, ob sie bei einer Regelverletzung eingreifen oder nicht, ob sie ein Lernangebot machen oder abwarten, dass die Kinder selbst aktiv werden, ob sie den Kindern eine Umgangsform unserer Kultur zeigen oder die Kinder unübliche Wege beschreiten lassen.

---

29 Der Begriff „Führung" wird von vielen abgelehnt, weil er durch die NS-Ideologie diskreditiert worden ist. Aber in der internationalen Forschung hat man damit weniger Probleme und spricht überall von „leadership". Der Begriff Selbsttätigkeit ist ebenfalls erläuterungsbedürftig. Klingberg benutzt ihn in einem sehr weiten Verständnis und schließt das mit ein, was wir oben Selbstbestimmung genannt haben.

Der Grundwiderspruch von Führung und Selbsttätigkeit lässt sich, so Klingberg, nicht durch geschickte Planung der Bildungsarbeit beseitigen. Er muss bearbeitet werden, bleibt aber immer bestehen. Aber wenn Lehrpersonen und Lernende gemeinsam daran arbeiten, können sie auch gemeinsam die Verantwortung für den Lehr-Lernprozess übernehmen. Das können auch schon ganz kleine Kinder. Sie zeigen uns durch ihr Verhalten, wann, wie und wo wir ihnen helfen können. Dies werden wir im Kapitel 3 im Blick auf Jugendliche und Erwachsene als Herstellung eines „Arbeitsbündnisses" bezeichnen.

Wir ziehen ein Fazit: Klingbergs Didaktik liefert einen dialektischen Theorierahmen, um den Spannungsbogen von Anleitung und Selbstbestimmung genauer zu fassen. (Mehr dazu in Kapitel 5.3.) Wenn wir in den nachfolgenden Kapiteln vom notwendigen Zusammenspiel zwischen angeleitetem und selbstbestimmtem Lernen sprechen, schwingt die Klingbergsche Dialektik immer mit. Aber es ist nicht zwingend, Anhänger der Dialektischen Didaktik zu werden, um unsere Hauptthese zu übernehmen. Unterrichtsforscher wie Andreas Helmke (2009, S. 49) und Rolf Dubs (S. 43 ff.), Lerntheoretiker wie Albert Bandura (1977), Edward Deci & Richard Ryan (1993), Gabi Reinmann-Rothmeier & Heinz Mandl (2001) und Neurowissenschaftler wie Gerhard Roth (2011, S. 285 ff.) kommen ohne Dialektik zu ganz ähnlichen Schlüssen.

Selbstbildung

Nicht alle Autoren und ebenso wenig alle Praktiker teilen die in unserer Hauptthese formulierte Position. Eine andere Position wird mit den Begriffen „Selbstbildung" und „offene Kindergartenarbeit" verknüpft. Die Selbstbildner fordern, die Kinder selbst entscheiden zu lassen, was sie wann wo wie und mit wem tun wollen.[30]

Vertreter in der Elementarpädagogik sind z. B. Gerd E. Schäfer (2002; 2007a, S. 63, S. 70), Gerhard Regel & Thomas Kühne (2007), Hilde Köster & Hilde von Balluseck (2008). Gerd Schäfer hat sich aber in den vergangenen Jahren neu positioniert und betont nun etwas deutlicher, dass die kindliche Entwicklung nicht nur ein Selbstbildungspotenzial, sondern auch Sachpotenziale, soziale Potenziale, Strukturpotenziale und eine „Resonanz" der Lehrpersonen erfordert.[31]

Der Selbstbildungsansatz legt den Fokus der Bildungsbemühungen auf die Subjektwerdung der Kinder – und das ist gut so. Betont wird, dass Kinder „nicht nur Adressaten mehr oder weniger gut gemeinter Absichten von Gesellschaft, Erwachsenen oder Schule sind, sondern Individuen, die von Beginn des Lebens an befähigt sind, die Welt, die sie umgibt, von den eigenen Ressourcen ausgehend zu begreifen, um in ihr befriedigend leben zu können" (Schäfer 2007b, S. 178). Damit verbunden ist die Auf-

---

30 Sie berufen sich gern auf das berühmte Montessori-Zitat „Hilf mir, es selbst zu tun." Aber da wird Maria Montessori u. E. überinterpretiert. Sie macht ja sehr genaue Vorgaben, wie die vorbereitete Umgebung zu gestalten ist und wie sich die Erzieherin zu verhalten hat. Wenn man genau hinschaut, ist sie gar nicht so weit von Lothar Klingbergs Dialektik entfernt. Im Buch „Erziehung und Frieden" (1984, S. 205) schreibt sie u. a.: „Das Kind tun zu lassen, was es möchte, wenn es noch nicht seine eigenen Kräfte der Kontrolle entwickelt hat, würde bedeuten, die Idee der Freiheit zu verraten." (auch Grell 2010, S. 160).

31 Schäfer (2007a, S. 57; Vorwort zur 4. Aufl. von „Bildung beginnt mit der Geburt" (2012, S. 10).

forderung an Erzieherinnen, das Kind als „Baumeister seiner selbst" (Montessori) zu betrachten, die Stärken und Schwächen jedes einzelnen Kindes zu akzeptieren und keine direkt eingreifenden Methoden einzusetzen. Den Kindern wird zugesprochen selbst zu wissen, was sie brauchen, und die Kompetenz zu haben, sich diese Wissensbestände auch motiviert selbst einzuholen. Eine gezielte Vorbereitung auf die nachfolgenden Bildungsstufen und das dadurch ausgelöste Bestreben, alle Kinder soweit zu bringen, dass sie dieselben Kompetenzen erreichen, wird abgelehnt (Schäfer 2007a, S. 35 ff., S. 62).

Diese Perspektive lässt sich in verschiedenen Konzepten der Kindergartenarbeit wieder finden. Als Beispiel sei hier der „offene Kindergarten" genannt. Die Verfechter dieses Konzepts nehmen eine kindzentrierte, bedürfnisorientierte Sichtweise ein. Sie möchten Kinder weniger bevormunden und ihnen mehr selbständige Entscheidungen zutrauen (Regel & Kühne 2007, S. 12 f.). Die Haltung gegenüber dem Kind wird in konkreten Handlungsbeschreibungen expliziert:

> *„So brauchen Erzieherinnen nicht festzulegen, wie viele Kinder an einem bestimmten Ort spielen können. Auch bei Konflikten zeigen Kinder, dass sie diese meistens selbst lösen können. Gefühle werden nicht übersehen, weggeredet oder unterdrückt, sondern dürfen direkt ausgedrückt werden, auch wenn dabei Leid und Schmerz und Trauer bewältigt werden müssen. Das Feiern des eigenen Geburtstages wird zu einer persönlichen Entscheidung, indem die Kinder gefragt werden, wie und mit wem sie feiern möchten. Sie sollen auch selbst entscheiden, ob sie zum Muttertag oder zu Weihnachten ein Geschenk basteln oder sich vor dem Laternenfest selbst eine Laterne basteln wollen."* (Regel & Kühne 2007, S. 23)

Manchmal wird das Selbstbildungs-Konzept auch mit der Idee verknüpft, aus Kindergärten und Kindertagesstätten eine „herrschaftsfreie Zone" zu machen, in welcher die Kinder entlang ihren Bedürfnissen alles selber entscheiden und so auch die Akteure ihrer eigenen Bildung werden (Regel & Wieland 1993, S. 227). Aber eine plausible theoretische oder gar empirische Untermauerung dieser These haben wir nicht gefunden.

Wir behaupten mit Frithjof Grell (2010) und anderen, dass das Selbstbildungskonzept eine durch die falsche Romantisierung des Rousseauschen Kindheitsbildes entstandene, nicht zu rechtfertigende Verkürzung darstellt. Es hat ungute Konsequenzen für die Theoriebildung in der Elementarpädagogik. Es kann auch in der Praxis zu Blickverkürzungen führen, wenn die Rollen und Aufgaben der Erzieherinnen zu wenig ausgeleuchtet und wenn die Bedürfnisse der Kinder nach tragfähigen Beziehungen zu wenig berücksichtigt werden.

Das Selbstbildungskonzept ist nicht an die frühe Bildung gebunden, wird dort aber besonders oft vertreten, teilweise richtiggehend zelebriert. Warum dem so ist, ist schwer zu erklären. Ein mögliches und ehrenwertes Motiv besteht darin, die Kinder vor der Belehrungssucht der Erwachsenen zu schützen.[32] Lernen soll Spaß machen, die Kinder sollen intrinsisch motiviert an eine Sache herangehen. Es könnte aber auch eine etwas naive Deutung der kindlichen Entwicklung dahinter stecken. Kinder, so die empirisch kaum zu belegende Annahme, wissen selbst am besten, was ihnen gut tut und daher muss man sie einfach gewähren lassen.

Unser Fazit: Wo immer wir in Kindertagesstätten hineingeschaut haben, haben wir beobachtet, dass Angebote gemacht wurden und dass nicht nur indirekt, sondern auch direkt gelehrt und gelenkt wurde. Deshalb behaupten wir: „Reine" Selbstbestimmung oder „reine" Anleitung gibt es in der Bildungsarbeit der Kindergartenstufe und auch der nachfolgenden Schulstufen nur im theoretischen Modell – nicht in der Wirklichkeit. Entsprechend halten wir den Begriff *„Selbst*bildung" für überflüssig und verzichten darauf in diesem LEITFADEN. Würde es so etwas wie „Fremdbildung" geben, könnte man auch über Selbstbildung diskutieren. Aber Fremdbildung ist schon vom Begriff her unsinnig – ein Widerspruch in sich selbst.

Die Neurowissenschaftler – Fehlanzeige

Die Neurowissenschaftler haben in den letzten 30 Jahren beeindruckende Forschungsergebnisse vorgelegt (Spitzer 2002; Hüther 2001; Roth 2001, 2011). Darauf berufen sich Verfechter der Neurodidaktik, die beanspruchen, ein Konzept zum gehirngerechten Lernen entwickelt zu haben (Herrmann 2006)[33] und auch die schon genannten Selbstbildner und die Konstruktivisten (s. u.).

Die Neurowissenschaftler können mit Hilfe der sogenannten bildgebenden Verfahren[34] für nahezu jede bewusste und unbewusste Aktivität unseres Gehirns nachweisen, an welcher Stelle sie stattgefunden hat. Sie haben ein neurowissenschaftlich fundiertes Modell der Persönlichkeitsstruktur von Menschen entwickelt (Roth 2011, S. 59 ff., S. 314 ff.). Sie haben die chemischen und elektrischen Prozesse erforscht, die bei der Entwicklung und Nutzung des Gehirns eine Rolle spielen, und z. B. ein „Bindungshormon" identifiziert, das im Gehirn der Mutter bzw. einer anderen Bezugsperson ausgeschüttet wird, wenn sie ihre erste Mutter-Kind-Beziehung aufbaut (Roth 2011, S. 57) – was wir noch nicht wussten. Sie haben nachgewiesen (Hüther 2006), dass alle kognitiven Prozesse in Emotionen eingebettet sind – was wir schon immer wussten. Sie können zeigen, dass das Erlernen von Emotionen umso besser gelingt, je stabiler das soziale Umfeld ist – was schon Johann H. Pestalozzi mit seinem Satz „Lernen mit Kopf, Herz und Hand" gepredigt hat. Sie können zeigen, wo im Gehirn die affektive Impulssteuerung einerseits, der Realitätssinn und die Risikowahrnehmung

---

32 „Lasst eure Kinder in Ruhe! – Gegen den Förderwahn in der Erziehung" heißt der Titel eines neuen Buches von Wolfgang Bergmann (2011), in dem diese Position breit entfaltet wird. Bergmann fordert, das „Chaos seelischer Reifungsprozesse" der kleinen Kinder zu akzeptieren, weil dies eine „tief fundierte geistig-seelische Ordnung" schaffe. Und er ergänzt (S. 98): „Freilich nur, wenn nicht gelenkt und gelenkt wird". Diesen Zusatz halten wir für falsch – Großwerden ohne Lenkung ist theoretisch denkbar, praktisch aber illusionär.

33 Die Neurodidaktik greift aber u. E. zu kurz. Sie erfasst nicht die ganze zu lösende Aufgabe. Auch die Bewegungskultur und das soziale Lernen, die Einfügung in demokratisches Verhalten und anderes mehr spielen eine Rolle. Also muss als Ergänzung zur Neurodidaktik auch noch eine Gastrodidaktik, eine Rangel-Didaktik u. a. m. entwickelt werden.

34 Dabei wird die bei Gehirnaktivitäten stattfindende Sauerstoffproduktion gemessen und auf dem Monitor räumlich angezeigt.

andererseits zu lokalisieren sind und nachweisen, dass die neuronalen Verbindungen zwischen den für die Handlungssteuerung zuständigen Regionen des Gehirns und dem Zentrum für die Risikowahrnehmung eher dünn sind und dass die Risikoabschätzung erst ab einem Alter von drei Jahren ausgebildet wird (Roth 2011, S. 58) – was man auch früher ahnen, aber nicht so präzis belegen konnte.

Leider lässt sich aus diesen und den vielen weiteren Forschungsbefunden nicht ableiten, ob unsere Ausgangsthese 1 richtig oder falsch ist! Wer diese Frage beantworten will, muss mehr tun, als Gehirnregionen zu identifizieren und die Anzahl und Verflechtung der Synapsen zu studieren. Er muss – theoretisch und praktisch – klären, wie das Lernen und das Lehren zusammen geführt werden können. Aber gerade darüber kann die Neurowissenschaft nichts aussagen. Die dafür zuständigen Wissenschaften sind die Didaktik und die empirische Lehr-Lernforschung. Dort, wo die Neurowissenschaftler – wie Manfred Spitzer – dennoch didaktische Empfehlungen geben, tun sie dies als Hobbydidaktiker und nicht als Neurowissenschaftler und vertun sich dann auch hin und wieder.

Gerhard Roth (geb. 1942)

Wer sich aber – wie der Neurowissenschaftler Gerhard Roth – die Mühe macht, die neurowissenschaftlichen Einsichten auf der Grundlage des didaktischen Wissensstandes neu zu durchdenken, kommt zu dem Ergebnis, dass es das Beste für ein nachhaltiges Lernen ist, wenn selbstbestimmte Unterrichtsformen (Freiarbeit, Projektarbeit) mit stärker vorstrukturiertem Unterricht (direkte Instruktion) kombiniert werden (Roth 2011, S. 296). Wir haben kein Argument gefunden, das es verbieten würde, diese Aussagen auf die Bildungsarbeit mit unter Sechsjährigen zu übertragen. Unsere Hauptthese wird also gestützt.

Wir halten fest: Die Neurowissenschaftler liefern beeindruckende Befunde zur „Mechanik" unseres Gehirns und zur Entwicklung der Geistestätigkeit bei kleinen Kindern, sie haben aber keine eigene Antwort auf das in These 1 formulierte Problem. Dort, wo sie sich bis in die Bildungstheorie und Didaktik vorarbeiten, übernehmen sie unsere Position.

Die Kognitionspsychologen: Lernen setzt Anteile von Selbststeuerung voraus

Die international und auch im deutschsprachigen Raum bis heute dominierende psychologische Forschungsrichtung ist die Kognitionspsychologie, die in den 60er Jahren des letzten Jahrhunderts den sogenannten Behaviorismus weitgehend, aber nicht vollständig abgelöst hat.

Die Mehrzahl der Kognitionspsychologen dürfte unserer Hauptthese zustimmen, aber die Forscher sprechen nicht von Selbstständigkeit oder Bildung, sondern von Selbststeuerung oder Selbstregulation (Mietzel 2007, S. 187 ff.; Brunstein & Spörer 2010) –

zwei Fachbegriffe, die weniger stark normativ überhöht sind und deshalb auch leichter für Forschungszwecke operationalisiert („kleingearbeitet") werden können.

Selbststeuerung ist ein Türöffner zum nachhaltigen Lernen. Der bekannte Kognitionspsychologe Franz E. Weinert schrieb schon 1982:

> **These 4:** Selbstgesteuertes Lernen ist Voraussetzung, Methode und Ziel des Unterrichts.

Selbststeuerung ist ein komplexer Prozess. Er hat motivationale, volitionale (auf das Wollen bezogene), verhaltensbezogene, kognitive und metakognitive Anteile. Die Fähigkeit zur Selbststeuerung kann auch „domänenspezifisch" ausgeprägt sein. Es gibt also Menschen, die im einen Lernbereich bzw. Fachgebiet selbstgesteuert arbeiten, im anderen nicht.

Wer selbstgesteuert arbeitet, entscheidet selbst, was er wann, wie, mit wem und wozu lernen will.

> **Arbeitsdefinition:** Selbststeuerung des Lernens bezeichnet die Fähigkeit und Bereitschaft, die eigene Lernarbeit in wesentlichen Teilen selbstbestimmt vorzubereiten, geeignete Lernstrategien zu aktivieren sowie die Lernarbeit zu kontrollieren und zu bewerten.

Dass Kinder und Jugendliche zur Selbststeuerung in der Lage sind, wird heute von niemandem bestritten (s. o.); ebenso wenig, dass sich nicht alle auf dem selbem Niveau der Selbststeuerung bewegen. Das heißt aber nicht, dass Selbststeuerung des Lernens ein Selbstläufer ist. Ohne ein kognitives, emotionales und soziales Netzwerk drum herum kann sich die Fähigkeit zur Selbststeuerung nicht entfalten. Deshalb sprechen die Kognitionspsychologen auch vom Gerüstbau („scaffolding").

Die Entwicklung des Vermögens zur Selbststeuerung ist gut erforscht (Boekarts, Pintrich et al. 2000). Die Kognitionsforscher Edward Deci & Richard Ryan (1993; 2002) haben daraus eine auch für den vorschulischen Bereich interessante „Selbstbestimmungstheorie der Motivation" gemacht. Menschen, so die Autoren, wollen Autonomie und Kompetenz erleben und erfahren dadurch im eigenen Handeln, wie ihre Kräfte wachsen. Eine soziale Einbindung ist zusätzlich hilfreich – sie ist eine „motivationale Energiequelle", die die Anstrengungsbereitschaft weckt und Solidaritätserfahrungen zulässt.

Was bewirkt Selbststeuerung? Es gibt klare empirische Befunde darüber, dass ein hohes Niveau der Selbststeuerung das Lernen emotional befriedigender, effizienter und dann auch effektiver (Boekarts, Pintrich et al. 2000; Artelt & Moschner 2005) gestaltet.

Was sind die Gelingensbedingungen?

- Selbststeuerung setzt voraus, dass sich der Lernende eigene Ziele setzt, die er dann auch mit einer gewissen Anstrengungsbereitschaft verfolgt. Eine wichtige Einschränkung: Nicht jeder, der selbstreguliert arbeiten könnte, tut dies auch. Die Fähigkeit zur Selbststeuerung muss also durch den Willen dazu ergänzt werden.
- Die Selbststeuerungskräfte werden gestärkt, wenn sie von den Lehrenden bemerkt, wertgeschätzt und aktiv unterstützt werden. Das ist ja auch logisch und doch nicht selbstverständlich, wie ein Blick in viele Kindergartengruppen und Schulklassen zeigt. Allzu oft wird den Lernenden deutlich weniger zugetraut, als sie zu leisten vermögen.
- Die Selbststeuerungskräfte der Lernenden werden gestärkt, wenn es regelmäßiges Feedback zum Lernfortschritt gibt.[35]
- Die Selbststeuerungskräfte werden gestärkt, wenn sich die Lernenden bewusst machen, mit welchen Lernstrategien sie arbeiten.[36]
- Selbststeuerung wird unterstützt, wenn die Lernenden in regelmäßigen Abständen über ihren Lernfortschritt nachdenken. Das wird mit einem Fachbegriff auch als „Metakognition" bezeichnet.[37]

Diese Forschungsergebnisse sind vorwiegend bei schulpflichtigen Kindern ermittelt worden. Ob und wie auch schon kleine Kinder Kompetenz- und Solidaritätserfahrungen machen können und ob sie zur Metakognition und zum bewussten Einsatz von Lernstrategien fähig sind, muss noch genauer untersucht werden. Der Augenschein und die positiven Befunde aus der Grundschule (Wagener 2010) legen aber nahe, dass auch die Kleinen „Selbstregulierer" sind. Um metakognitive Prozesse im institutionellen Rahmen lustvoll zu leben, braucht es Erzieherinnen, die aufmerksam darauf achten und spontan entstehende Gelegenheiten zum Gespräch über Lernerfahrungen nutzen.

Unser Fazit: Sowohl das angeleitete wie auch das selbstbestimmte Lernen setzen die Fähigkeit zur Selbststeuerung voraus, weil niemand Lernen „machen" kann. Aber die Selbststeuerungskräfte wachsen nicht automatisch. Eine die Selbststeuerung stützende Lernumgebung ist wichtig. Wir übernehmen deshalb in unserem LEITFADEN den Sprachgebrauch der Kognitionspsychologen und sprechen im Folgenden von Selbststeuerung.

Die Konstruktivisten: Lernen ohne Belehrung

Viele Allgemein- und Fachdidaktiker bezeichnen sich heutzutage als Konstruktivisten und fordern, stärker als bisher üblich die Vorstellungswelten der Schüler in die didaktische Arbeit einzubeziehen (Voß 2002). Auch in der Elementarpädagogik ist

---

35 Hattie (2009, S. 188–180).
36 Eine Kurzdarstellung der Lernstrategien bei Meyer (2004, S. 108 ff.), eine Langdarstellung für das Grundschulalter bei Hellmich & Wernke (2009). Kritische Rückfragen zur „Metareflexion" im kindlichen Lernen bringt Schäfer (2007a, S. 25 ff.).
37 Artelt & Moschner (2005); Mietzel (2007, S. 261–267); Hattie (2009, S. 29 f.; 188–190).

dies eine oft vertretene Position (Schäfer 2002; 2007a). Die Konstruktivisten gehen davon aus, dass sie die Kognitionspsychologie überwunden und ein eigenes neues Forschungsparadigma geschaffen haben. Aber das sehen die Kognitionspsychologen anders (Jank & Meyer 2002, S. 286–302).

Klassische, auch als „radikal" bezeichnete Konstruktivisten (z. B. Gumberto Maturana, Ernst von Glasersfeld und Heinz von Foerster) dürften unsere Hauptthese 1 schlicht für falsch halten und als theoretischen Ballast der vergangenen Jahrhunderte bezeichnen. Begriffe wie „Anleitung", „Führung" oder „Vermittlung" kommen in ihren Schriften allenfalls in polemischer Ausgrenzung vor. Denn ihre wichtigste Botschaft lautet: Das Gehirn ist gar nicht in der Lage, fremde Impulse direkt zu verarbeiten. Alles, was wir wissen, ist ein Konstrukt unseres Gehirns (Roth 1997, S. 21). Aus dieser Kernthese, die man mit Immanuel Kant, Jean Piaget und anderen belegen kann, können aber unterschiedliche Schlüsse gezogen werden:

- Die radikalen Konstruktivisten folgern daraus, dass alles, was „von außen" kommt, ohne Rückkopplung an äußere Sinngebungen systemintern (d. h. autopoietisch) verarbeitet wird (Glasersfeld 1996, S. 22).
- Die gemäßigten und sozialen Konstruktivisten sind deutlich vorsichtiger. Sie akzeptieren, dass es eine soziale Aushandelung von Normen und Sinngebungen gibt, die man dann auch als „Bildung" bezeichnen kann (Reich 2002, S. 41–52; Schäfer 2007a, S. 30).

Stark ausgeleuchtet wird bei den radikalen wie bei den gemäßigten Konstruktivisten das sich selbst regulierende, ja erschaffende Subjekt. Unterbelichtet bleibt, welche Einflüsse von außen auf diese „Autopoiesis" (Selbst-Machung) einwirken. Die ungenügenden theoretischen Klärungen merkt man auch an der exzessiven Verwendung des Wortes Lernumgebung. Alles, was irgendwie Einfluss nimmt, ist „Umgebung", also auch die Lehrperson und die anderen Kinder. Das finden wir unbefriedigend. Menschen sind keine „Umgebung", sondern Dialogpartner und Bildungsgenossen.

Wir halten fest: Die Kognitionspsychologen sagen: Lernen ohne Selbststeuerungsanteile gibt es nicht. Richtig! Die Konstruktivisten spitzen diese Grundannahme zu und sagen: Es gibt überhaupt nichts anderes als selbstkonstruiertes Lernen. Ob diese Annahme zutrifft oder nicht, ist heiß umstritten. Wir sagen: nein! Es gibt immer ein Mitund Durcheinander von selbst- und fremdgesteuertem Lernen. Das heißt nicht, dass wir das Hauptmotiv der Konstruktivisten kritisieren. Sie wollen „lernerorientiert" arbeiten und das ist immer gut. Wir schließen uns jedoch der Position vieler Kognitionspsychologen an, die sich für die Zusammenführung von konstruktivistischen und kognitionspsychologischen Lerntheorien aussprechen.[38]

---

38 Dafür plädiert Andreas Helmke (2009, S. 49). Auch Reinmann-Rothmeier & Mandl (2001) zeigen an vielen Beispielen, dass man aus beiden Theorien kluge Einsichten über die Grundlagen von Lernprozessen gewinnen kann.

Wir ziehen ein Fazit und fragen noch einmal: *Was spricht für und was gegen unsere Hauptthese von Seite 21?* Es gibt in der Wissenschaft keine ewigen Wahrheiten. Aber sowohl die empirischen Befunde als auch die Mehrzahl der Theoriepositionen stützen unsere These: Selbstbestimmtes und angeleitetes Lernen gehören zusammen.

 **Doppeldecker:** Wir halten es für sinnvoll und lehrreich, den akademischen Theorienstreit über unsere Ausgangsthese auch mit den Berufslernenden und Studierenden zu erörtern. Sie müssen lernen, dass sie selbst Macht haben und diese Macht auch ausüben – unabhängig davon, ob sie dies gern tun oder lieber lassen möchten. Gerade dann, wenn sie in ihren ersten Praktika das Glück haben, in Kindertagesstätten zu kommen, die viel Spielräume für selbstbestimmtes Lernen lassen, ist es wichtig, das Zusammenspiel von Führen und Freigeben zu durchschauen, weil es viele sehr subtile Formen der Lenkung gibt. Drei Reflexionsfragen, die Sie Ihren Berufslernenden stellen können, wenn Sie sie in das Thema dieses Kapitels einführen wollen:

Reflexionsfrage 1: Hat Ihnen jemand gezeigt, wie man ein Soufflé macht oder haben Sie es sich selbst beigebracht?

Reflexionsfrage 2: Hat Ihnen jemand gezeigt, wie man ein Knopfloch näht oder haben Sie dies selbst herausgefunden?

Zusatzfrage: Warum wollten Sie überhaupt lernen, wie man ein Soufflé macht, einen Knopf annäht, ein Fahrrad flickt, ins Internet kommt?

Wir halten fest: Lehren und Lernen sind aufeinander verwiesen. Aber zwischen dem Lehren und Lernen gibt es keine streng symmetrischen Beziehungen. Das Lernen ist die übergeordnete Kategorie. Das Lehren kommt hinzu. Deshalb passiert es hin und wieder, dass man sich selbst etwas beibringt, dass man dann sehr stolz darauf ist und leicht aus dem Auge verliert, dass auch für dieses autodidaktische Lernen eine vorbereitete Umgebung nötig war.

2 Bausteine elementarpädagogischer Bildungsarbeit

Ziele und Inhalt:

Im Unterricht in der Sekundarstufe II und in der Lehre an den Hochschulen soll Grundlagenwissen über die elementarpädagogische Arbeit vermittelt werden, um dadurch Brückenschläge zur zukünftigen Berufspraxis möglich zu machen. Dafür werden wir in den Kapiteln 3 bis 5 konkrete Vorschläge ausformulieren. Das Brückenschlagen kann aber nur gelingen, wenn zuvor der *Gegenstand elementarpädagogischer Bildungsarbeit* geklärt worden ist. Wir liefern aber keinen Überblick über die aktuelle elementarpädagogische Diskussion, sondern skizzieren unser eigenes Konzept:

- Kapitel 2.1 beschreibt ausführlich vier Bausteine der elementarpädagogischen Bildungsarbeit: die selbstbestimmte Aktivität und die Unterstützung dieser Aktivität durch die Pädagogin sowie die angeleitete Aktivität und ihre Vertiefung.
- Kapitel 2.2 beschreibt die Aufgaben, die die Elementarpädagogen bei der Arbeit mit diesen Bausteinen lösen müssen.
- Kapitel 2.3 skizziert drei Hilfestellungen, die die Wissenschaft für diese Arbeit liefert.

Die Hauptbotschaft des zweiten Kapitels lautet: Gute elementarpädagogische Bildungsarbeit besteht aus einer systematischen, aber fantasiereichen Kombination der vier Bausteine! Die theoretische Begründung dafür haben wir bereits in Kapitel 1.3 geliefert.

2.1 Vier Bausteine für selbstbestimmte und angeleitete Aktivitäten

Beschreibung der Bausteine

Wenn eine Praktikantin das erste Mal in eine Kindertagesstätte hineinschaut, sieht sie häufig nicht mehr als ein buntes Gewusel von Kindern, die alle mehr oder weniger beschäftigt sind.

Berufslernende und Studierende müssen lernen, dieses Gewusel zu durchschauen. Dabei kann ihnen ein **Theorierahmen** helfen, den wir in diesem ersten Abschnitt von Kapitel 2 anbieten. Wir haben schon in Kapitel 1.3 festgehalten: In gut geführten Einrichtungen werden verschiedene, geschickt aufeinander abgestimmte Grundformen der Bildungsarbeit angeboten. Es gibt Zeiten, in denen die Kinder selbstbestimmt allein oder in kleinen Gruppen spielen und arbeiten. Und es gibt Zeiten, in welchen sie etwas zusammen mit der Pädagogin tun.

Betrachtet man diese Grundformen unter dem Aspekt der „Bildung", stellt sich die Frage: Welche Erfahrungsfelder stehen den Kindern zur Verfügung und wie viel Spielraum haben sie dabei? Anders formuliert: *Was lernen die Kinder und wer steuert dieses Lernen?* Wie im Kapitel 1.3 beschrieben, kann der Impuls zum Lernen von den Pädagoginnen oder auch von den Kindern selbst kommen. Beim folgenden Theorierahmen geht es uns genau um diesen Aspekt des Lernens – die Steuerung.

Wir behaupten: Die Grundformen lassen sich mit Hilfe des Kriteriums „Selbst- versus Fremdbestimmung" in eine theoretische Ordnung bringen. Der Ordnungsrahmen erlaubt, alle nur denkbaren Konkretionen elementarpädagogischer Bildungsarbeit zu erfassen und einzuordnen.

> **These 5:** Alle in Kindertagesstätten angebotenen Lern- und Arbeitsformen können auf einer Linie von starker Fremd- hin zu starker Selbstbestimmung des Lernens geordnet werden.[40]

Die Grundformen werden im Folgenden als „Bausteine" bezeichnet. Sie umreißen die Tätigkeiten der Elementarpädagoginnen und der Kinder auf hohem Abstraktionsniveau. Sie erfassen nicht die Details, sondern definieren die Handlungs- und Rollenmuster, die den vielfältigen Aktivitäten der Kinder und ihrer Erzieher zugrunde liegen.

Es werden nun nicht nur zwei, sondern vier grundlegende Bausteine definiert, um auch die Mischformen etwas genauer zu erfassen.[40]

Es gibt, wie in der ersten These dieses Kapitels behauptet, eine innere Ordnung der vier Bausteine:

- Baustein 1 ist durch ein hohes Maß an Selbstbestimmung charakterisiert.
- Baustein 3 ist durch ein höheres Maß an Lenkung charakterisiert.
- Die Bausteine 2 und 4 haben eine mittlere Position: Die Kinder haben die Initiative, aber die Erzieherin moderiert die Lernprozesse.

---

39 Das Ordnungskriterium „Niveau der Selbstbestimmung" gilt nicht nur für die Elementarpädagogik, sondern für alle Bildungsstufen bis hin zur Hochschule (siehe Meyer 2007, S. 59). Wir werden im Kapitel 3.3 darauf zurückkommen.

40 Die Beschreibung erfolgt im Anschluss an das Buch „Kindergarten" von Walter & Fasseing (2002, S. 141 ff.; S. 159–247). Dort finden sich weitere Beispiele und Erläuterungen.

Baustein 1:
Selbstbestimmte Aktivität (Freispiel)

Die Kinder wählen bewusst oder unbewusst eigene Zielsetzungen und verfolgen diese auf persönlichen Wegen. Dabei gibt die Pädagogin mit dem Materialangebot einen Rahmen mit herausfordernden Lernsituationen vor.

Baustein 2:
Unterstützung der selbstbestimmten Aktivität

Die Pädagogin nimmt sich Zeit, in die Spielwelt der Kinder einzutauchen und mit ihnen zu spielen, um ihre Vorstellungs- und Handlungswelt kennen zu lernen und „partnerschaftlich" zu erweitern. Spielabläufe werden variiert, Rollen werden lustvoll verändert oder getauscht, Ideen werden ausdifferenziert und inhaltliche Ergänzungen gemacht.

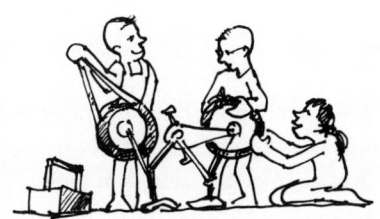

Baustein 3:
Angeleitete Aktivität

Die Pädagogin legt Ziele für angeleitete Sequenzen fest. Sie plant einen Weg, um diese zu erreichen und passt diesen in der konkreten Umsetzung den kindlichen Bedürfnissen an. Die angeleiteten Aktivitäten geben den Kindern Einblicke in verschiedene (Bildungs-)Bereiche. Werden die angeleiteten Aktivitäten mit vielen Kindern gemeinsam gemacht (beispielsweise bei Projekten) legen sie eine Basis für die Gruppe, auf welche alle zurückgreifen können.

Baustein 4:
Vertiefung der angeleiteten Aktivität

Vertiefende Aktivitäten geschehen im Anschluss an gemeinsam angeleitete Aktivitäten oder auch während der Selbstbestimmten Aktivitäten. Sie nehmen Aspekte aus angeleiteten Aktivitäten auf und ermöglichen den Kindern eine Vertiefung eben dieser. Dabei werden die Ziele für einzelne Kinder oder auch für die ganze Gruppe geöffnet oder variiert (innere Differenzierung), so dass alle Kinder Neues lernen können.

Tab. 2.1: Grundlegende Bausteine

Der bekannte Kognitionspsychologe Franz Weinert (1931–2001) hätte das vielleicht so formuliert: Bei den Bausteinen 1 und 2 ist die Erzieherin die Ko-Konstrukteurin ihrer Kinder. Bei den Bausteinen 3 und 4 sind die Kinder die Ko-Konstrukteure ihrer Erzieherin. Deshalb wechseln auch die **Rollen** der Erzieherin:

- In Baustein 1 sorgt die Erzieherin für die vorbereitete Umgebung, zieht sich dann aber auf die Rolle der Beobachterin zurück, die nur in Notfällen eingreift.
- In Baustein 2 moderiert und stützt sie die selbstinitiierten und -gesteuerten Lernprozesse.
- In Baustein 3 hat sie eine leitende Rolle.
- Im Baustein 4 leitet sie ebenfalls, aber weniger direkt und in engem Anschluss an die artikulierten Interessen sowie den Lern- und Entwicklungsstand der Kinder.

Baustein 1: Selbstbestimmte Aktivität

Selbstbestimmte Aktivitäten — umgangssprachlich von vielen etwas ungenau als „Spielen" bezeichnet — gehören zu den motivierendsten Quellen des Lernens für junge Kinder (Einsiedler 1999). Für fremde Beobachter wirken diese Phasen oftmals ziellos, sie sind es aber nicht. Im freien Spiel verbinden sich ja Handeln und Lernen. Deshalb bietet das Spiel den Kindern vielfältige Anregungen, ihr Sachwissen zu festigen und zu erweitern, sozial-kommunikative Kompetenzen aufzubauen und das Selbstwertgefühl zu stärken.

Auch die Erzieherinnen sind im Baustein 1 aktiv: Sie beobachten die Kinder möglichst genau und üben sich im „qualifizierten Nichtstun" (Hans Reichen). Aber sie haben vorher viel gearbeitet und eine liebevoll gestaltete *„vorbereitete Umgebung"* geschaffen, die den Kindern eine breite Palette altbekannter, oft auch völlig neuer Lernfelder eröffnet. Die Erzieherinnen haben Regeln eingeführt und achten auf deren Einhaltung. Sie sind zur Stelle, wenn ein Streit geschlichtet werden muss. Sie achten darauf, dass sich die Kinder nicht selbst gefährden.

Die Frage, wie diese vorbereitete Umgebung gestaltet wird, hängt oft von Zufällen oder auch tradierten Vorstellungen ab. Besser ist, wenn sie an einem Kindergarten-Leitbild und an einem Bildungsplan orientiert ist und eine lebensrelevante Umgebung einbezieht.

Die Gestaltung der vorbereiteten Umgebung kann vielfältig variiert werden.[41] Beispielsweise finden wir in elementarpädagogischen Einrichtungen häufig Funktionsräume für einzelne Bildungsbereiche, welche mehrere Kindergartengruppen gemeinsam nutzen und zwischen denen die Kinder frei wechseln dürfen. Ein Vorteil dieser Organisationsform besteht darin, dass die Kinder ihren Interessen nachgehen können (sofern diese sich in einem der Funktionsräume widerspiegeln). Ein Nachteil besteht darin, dass die Bildungsbereiche voneinander getrennt werden, so dass Kinder, die immer wieder in denselben Funktionsraum gehen, keine Chance haben, durch die

---

41 Hierzu ist eine der besten und aktuell nicht mehr benütze Übersicht diejenige von Gretl Gustorff (1984).

beobachteten Aktivitäten der anderen Kinder in anderen Räumen neue Interessen aufzubauen. Entscheidungen für eine Organisationsform und für das Angebot an Materialien müssen immer unter Berücksichtigung der Vor- und Nachteile bewusst gefällt und immer wieder an die besonderen Lernvoraussetzungen jeder Kindergruppe angepasst werden. Aber auch kleinere und größere Projekte – sofern sie von den Kindern ausgehen – zählen zum Baustein 1. Manchmal müssen dafür temporär Teile der Räume umgestaltet werden.

Baustein 2: Unterstützung der selbstbestimmten Aktivität

Hier geht es darum, die im Spielen der Kinder enthaltenen Lerngelegenheiten weiterzuführen und auszubauen. Vorhandene Kenntnisse, Sprach- und Handlungskompetenzen können geübt, besondere Begabungen gestärkt und Interessen aufgenommen werden. So werden die Kinder auf ihrem persönlichen Lernweg unterstützt.

Wenn sich die Erzieherin die Zeit nimmt, mit den Kindern ins Spiel einzutauchen, gelingt es ihr umso besser, gemeinsam mit ihnen Ideen und kleine Vorhaben weiter zu entwickeln, dabei zu kommentieren, was sie selbst tut, mit Fragen nachzuforschen, was die Kinder denken und tun und so auch auf der sprachlichen Ebene Anregungen zu geben. Das haben die Forscher der britischen EPPE-Studie als „stützendes gemeinsames Nachdenken" („sustained shared thinking") bezeichnet. Damit haben viele Elementarpädagoginnen aber offensichtlich noch Probleme. Nur ein kleiner Teil des Freispiels wird genutzt für anregende, weiterführende Gespräche (Fried 2008b, S. 274).

Mentale Konzepte, die bereits früh im Gehirn entstehen, können aber durch Handlungen und begleitende Gespräche weiter ausdifferenziert werden. Ein kleines Beispiel: Der Begriff „Turm" ist rein verbal nur schwer zu erklären, beim gemeinsamen Bauen mit LEGO-Steinen aber schnell zu erfassen (Selimi & Walter 2011, S. 11).

Baustein 3: Angeleitete Aktivität

Angeleitete Aktivitäten helfen den Kindern, ihr Weltwissen zu erweitern und bilden so die gemeinsame Basis des Weiterlernens, auf welche alle Beteiligten zurück greifen können. Sie finden oft in Kreissequenzen statt, können aber mindestens so gut in einer Werkstatt, durch projektähnliches Arbeiten, im Freien oder während eines Ausflugs realisiert werden.

Angeleitete Aktivitäten eignen sich gut, um den Kindern unbekannte Gegenstände zu zeigen, neue Lieder und Spiele einzuüben und auf Phänomene aufmerksam zu machen, die sie ohne Hilfestellung wahrscheinlich übersehen hätten. Unabhängig vom Alter gilt: Motivierende angeleitete Aktivitäten sind für die Lernenden lustvoll oder zumindest interessant und voller Beteiligung – emotional, kognitiv oder auf der Handlungsebene. Ein Nebensatz: Auch die Erzieherinnen haben fast immer Spaß an den angeleiteten Aktivitäten – und das ist gut so!

Bei der Gestaltung angeleiteter Aktivitäten kann auf folgende *didaktische Prinzipien* geachtet werden:

- Die Erzieherin achtet darauf, dass die Kinder Zugang zu Themen aus verschiedenen Bildungsbereichen bekommen.
- Sie orientiert sich dabei an den Bildungsplänen.
- Sie knüpft an das Vorwissen und die Interessen der Kinder an.
- Sie arbeitet handlungsorientiert und bezieht die Kinder aktiv in die Erarbeitung des Lerninhalts ein. Gemeinsames Handeln ist die Devise.
- Sie bemüht sich, die Themen der Altersstufe entsprechend einzukleiden, z. B. in eine spannende und sinnstiftende Geschichte, in gemeinsames Singen und Musizieren, in die Vorbereitung und Auswertung eines Experiments, in die Beobachtung und Erklärung der Natur, in die Pflege von Pflanzen u. a. m.

Auch ganz kurze Belehrungsphasen zählen für uns – systematisch betrachtet – zu den angeleiteten Aktivitäten. Sie helfen den Kindern, sich „nebenher" in unserer Gesellschaft zu orientieren: Was dürfen wir essen? Was nicht? Wie essen wir? Welche Körperregionen dürfen wir öffentlich berühren? Welche nicht? Wie zählen wir Geld? Wie putzen wir die Zähne? Alle diese Dinge sagen uns andere Personen. Sie erklären etwas; sie weisen uns zurecht; sie zeigen uns den Umgang mit Werkzeugen und Materialien. Auch für den Spracherwerb sind immer wieder kurze Belehrungsphasen sinnvoll: Die Erzieherinnen helfen beispielsweise beim Wortschatzerwerb und bei der richtigen Aussprache mit.

Je älter die Kinder sind, umso besser können sich die meisten Erzieherinnen vorstellen, was mit angeleiteten Aktivitäten gemeint ist. Aber „Anleitung" geschieht auch im Umgang mit Kleinstkindern.

Baustein 4: Vertiefung der angeleiteten Aktivität

Die Kürze der angeleiteten Aktivitäten schafft Raum und Zeit, um immer wieder kleinere Vertiefungsphasen anzuschließen – zumeist direkt nach Baustein 3, oft auch zu einem späteren, vom Kind oder von der Pädagogin bestimmten Zeitpunkt:

- Vielleicht hat das eine oder andere Kind noch Lust, etwas neu Entdecktes zu vertiefen, beispielsweise das Buch nochmals anzuschauen, aus dem die Erzieherin zuvor eine Geschichte erzählt hat. Oder sie möchte gemeinsam mit der Freundin mit den Handpuppen weiterspielen.
- Es ist auch möglich, dem Kind einen kleinen Auftrag zu geben: *„In diesem Buch hat es eine Katze. Zeigst du sie mir, wenn du sie gefunden hast?"* Wenn das Kind bei der Erzieherin auf die gefundene Katze hinweist, kann es zeigen, was es sonst noch im Buch entdeckt hat. Die Erzieherin stellt dann ihrerseits Bezüge zu den Gegenständen her.

So schafft es das Kind, mit Hilfe der Erzieherin – manchmal auch mit Hilfe eines anderen Kindes – auf ungezwungene Weise eine Vernetzung zwischen bestehendem und neuem Wissen herzustellen.

Vertiefungen der angeleiteten Aktivitäten können für ein einzelnes Kind, für ein Tandem oder eine Kleingruppe vorgenommen werden – immer geht es darum, differenziert und auf unterschiedlichen Anspruchsniveaus weiter zu arbeiten. Auch die Helferkultur kann so entwickelt werden: Ein älteres Kind zeigt einem jüngeren, wie ein Spiel gespielt, ein Instrument zum Klingen gebracht wird. Weisen Kinder in einzelnen Entwicklungsbereichen Rückstände auf oder machen sie aus eigenem Antrieb keine weiteren Schritte, können mit einer spielerischen Förderung neue Impulse gesetzt werden (Pfiffner & Walter-Laager 2009, S. 236 ff.).

Wir fassen zusammen: Die geschickte Kombination der vier Bausteine hilft den Kindern, das erworbene Wissen und Können zu vertiefen. Sie erlaubt zugleich das herzustellen, was in höheren Schulstufen zum Zwecke der individuellen Förderung als „innere Differenzierung" bezeichnet wird.

> **These 6:** Gute Bildungsarbeit im Elementarbereich besteht aus einer systematischen, aber fantasiereichen Kombination der vier Bausteine.

Empirische Befunde zur Kombination der Bausteine – EPPE-Studie

Nicht alle Elementarpädagogen teilen unsere Position. Hans-Günther Roßbach (2006, S. 94) hat zwei konträre Lager rekonstruiert: Die eine Position puscht die Ausweitung der systematischen, curricular geordneten Förderung, also unserer Bausteine 3 und 4. Die andere Position betont das freie Spiel, also unsere Bausteine 1 und 2.

Zentrale Hinweise zur Klärung der Streitfrage gibt u. E. die EPPE-Studie.[42] EPPE steht für ein von Kathy Sylva und Mitarbeitern (Sylva, Melhuish et al. 2003; 2004; Sammons et al. 2008) durchgeführtes großes englisches Forschungsprojekt über die „Effective Provision of Pre-School Education". In der Studie wurden 141 Kindergärten erfasst. 14 davon, die exzellente Lernerfolge nachweisen konnten, wurden gesondert untersucht. Die effektivsten elementarpädagogischen Einrichtungen in der englischen Studie realisieren demnach folgende didaktische Prinzipien:

- Die Pädagoginnen ermutigen die Kinder, kognitive Herausforderungen anzunehmen.
- Sie sorgen dafür, dass es lehrreiche Spielumwelten gibt, die auf angeleitetes Lernen vorbereiten.
- Sie begleiten die Kinder in selbstinitiierten Spielphasen.

42 Leider gibt es noch keine vergleichbare Studie im deutschsprachigen Raum!

- Sie vertiefen diese Spielphasen, indem sie an den Denkprozessen der Kinder teilnehmen, sie beim Nachdenken bestärken und die Denkhorizonte erweitern.
- Die Kinder arbeiten häufig in Kleingruppen (Sylva, Melhuish et al. 2004, S. 161 f.).

Die Ergebnisse sind nicht überraschend.[43] Der Wunsch nach Unterstützung durch die Erzieherin ist auch in Kindertagestätten nachzuweisen, die ihrem Selbstanspruch nach „offen" arbeiten. Jörg Makalowski (2011) zeigte in einer qualitativen Studie, dass der größere Teil der Kinder an Erwachsenen interessiert ist und gern mit ihnen spielen würde. Der größere Teil hat Interesse an mehr Angeboten und an mehr Input. Er stellte auch fest, dass die Erwachsenen nicht immer ausreichend Zeit haben und oft nicht einmal realisieren, wann die Kinder Hilfe brauchen.

Kurz- und längerfristige Planung der Bausteine-Arbeit

Sowohl die angeleiteten als auch die selbstbestimmten Aktivitäten müssen von der Erzieherin geplant werden. Das geht am besten im Team. Es ist hilfreich, dabei mehrere Planungsebenen zu unterscheiden (Selimi & Walter-Laager 2011, S. 12):

- die Planung eines einzelnen Bausteins,
- die Planung eines ganzen Tages,
- die Wochenplanung,
- die Planung kleiner Projekte,
- die mittelfristige Planung
- und die Jahres- bzw. Übersichtsplanung.

Der Tagesplan folgt dem Tagesrhythmus, der Wochenplan dem Wochenrhythmus, der Jahresplan den Jahreszeiten. Immer gibt es einen regelmäßigen Wechsel von aktiven und ruhigen Phasen, von Arbeit und Erholung, von neuen Angeboten, Variationen und Wiederholungen:

- Die **Planung eines Bausteins** ermöglicht es der Erzieherin, sich gezielt und konkret vorzubereiten. Materialien werden bereit gelegt, ein Lied wird vorher eingeübt, eine Geschichte wird studiert, um sie am nächsten Tag frei erzählen zu können. Dafür gibt es Planungsraster, die im Prinzip genauso aufgebaut sind, wie die Planungsraster aus anderen Bildungsstufen (siehe Kapitel 3.5): Beschreibung der Ausgangssituation, Einstiegsphase, Durchführungsphase, Abschlussphase, notwendiges Material, Vorüberlegungen zur Auswertung.
- In der **Tagesplanung** wird geklärt, wie eine gute Mischung von offenen und angeleiteten Bausteinen hergestellt werden kann. In manchen Einrichtungen wird die Tagesplanung auch im Morgenkreis mit den Kindern besprochen und mit Piktogrammen visualisiert. Auch Tagesabschlusskreise gehören dazu.

---

43 Zu ganz ähnlichen Feststellungen kommen Studien aus den höheren Bildungsstufen: Frank Lipowsky (2007a) im Blick auf den Primarstufenunterricht; die COACTIV-Forschergruppe für den Mathematikunterricht in der Sekundarstufe I (Kunter & Voss 2011) und Rolf Dubs (2009) im Blick auf die Kombination direkter und indirekter Führung.

- **Projekte** ermöglichen eine handlungsorientierte Auseinandersetzung mit einem Bildungs- bzw. Erfahrungsbereich.
- Die **mittelfristige Planung** kann auf einen Zeitraum von 4 bis 8 Wochen bezogen werden. Darin sollten die Bildungsbereiche aus ihren regional gültigen Bildungs- oder Orientierungsplan ausgewogen berücksichtigt werden. Und auch auf die Vermittlung grundlegender Methodenkompetenzen kann geachtet werden.
- Eine **Übersichtsplanung** für das gesamte Kindergartenjahr ermöglicht es der Elementarpädagogin, die Spielangebote (Bausteine 1 und 2), angeleitete Aktivitäten (Baustein 3) und die Vertiefungsphasen (Baustein 4) gezielt aufzubauen und miteinander zu verbinden. Zu beachten ist dabei wiederum, dass die Aktivitäten über alle Bildungsbereiche gehen (s. u.) und so den Kindern einen breiten Interessens-, Wissens- und Kompetenzaufbau ermöglichen.

Was tun, um eine gut begründete Übersichtsplanung hinzubekommen? In einem ersten Schritt sollten die wichtigsten Eckpunkte des Kindergartenjahres festgehalten werden: Jahreszeiten, fixe Veranstaltungen und Ferienzeiten beeinflussen und strukturieren die Planung. Vielleicht gibt es noch ein Abschlussfest oder weitere Möglichkeiten, ganz bestimmte Angebote außerhalb des Kindergartens zu besuchen, welche das Jahr bestimmen. Veränderungen in der Gruppenzusammensetzung, neu hinzu gekommene Kinder oder neues Personal schaffen weitere Planungsnotwendigkeiten.

In einem zweiten Schritt kann der noch ganz offene Rahmen weiter gefüllt werden: Welche Erfahrungen sollen die Kindergruppe machen dürfen? Welche Musikangebote sollen eingebaut werden und wo würden diese passen? Ist es wichtig, Tieren zu begegnen oder können die Kinder vielfältige Erfahrungen in ihrem familiären Umfeld sammeln?

Solche Fragen können zu weiteren Fixpunkten in der Jahresplanung führen, noch ganz ohne Niveaubeschreibungen der Zielsetzungen. In einem dritten Schritt lohnt es sich zu überlegen, welches die wichtigsten allgemeinen Zielsetzungen sind, um dann eine vorläufige Planung zu erstellen.

Sobald die Überblicksplanung fertig gestellt ist, ist auch ein einfaches Grundgerüst für die kurzfristige Vorbereitung der einzelnen Aktivitäten gelegt. Es ist eine Selbstverständlichkeit, dass die Übersichtsplanung laufend überarbeitet und weiter entwickelt oder in Teilen auch zurück gewiesen wird. Die Planung sollte auch immer offen für Ad-hoc-Änderungen sein.

Wir fassen den Abschnitt 2.1 zusammen:

1) Die zweimal zwei Bausteine liefern den Rahmen, in dem sich die Kinder entwickeln, ihr Wissen und Können lustvoll erleben und üben und so ihr Weltwissen erweitern.
2) Die Rollen, die die Pädagogin beim Begleiten der vier Bausteine einnimmt, wechseln.

3) Durch die geschickte Kombination der Bausteine kann eine Innere Differenzierung vorgenommen werden, die hilft, auf die ganz unterschiedlichen Lerninteressen und -voraussetzungen aller Kinder Rücksicht zu nehmen.
4) Die Bausteine bilden die Grundlage für die kurz- und langfristige Planung der Bildungsarbeit.

2.2 Aufgaben: Ziele klären — genau beobachten — Beziehungen aufbauen — Wissen und Können vermitteln

Elementarpädagogische Arbeit hat drei Grundfunktionen. Sie soll dazu beitragen, die Kinder zu betreuen, sie zu erziehen und zu bilden (Laewen 2006; Cornelsen Lehrbuch 2010). Wir konzentrieren uns aber in diesem LEITFADEN auf die Bildungsarbeit.

Die zuständige Wissenschaft für die Klärung der Aufgaben ist die Didaktik. Sie ist Theorie *und* Praxis des Lernens und Lehrens (Jank & Meyer 2002, S. 14) und deshalb auch für die elementarpädagogische Bildungsarbeit grundlegend. Das schafft Probleme, weil es noch keine allseits anerkannten Didaktikmodelle für den elementarpädagogischen Bereich gibt (Lilian Fried 2008c, S. 141). Das wird sich vermutlich in den nächsten Jahren ändern. Eine Publikation mit dem Titel „Didaktik" von Dagmar Kasüschke (2010) und eine deutlich ältere von Karin Fasseing und Catherine Walter (2002) liegen vor. Allerdings fehlt es in erst genannter noch an praktischen Anleitungen zur Gestaltung der Vorbereitung, Durchführung und Auswertung der Bildungsarbeit (eine Ausnahme: der Beitrag von Neuß & Westerholt). Wir empfehlen deshalb, hin und wieder einen Blick über den Zaun zu werfen und auch die Grundschuldidaktik zu Rate zu ziehen.[44]

Die Didaktik bearbeitet die Fragen,

- wer
- was
- warum
- von wem

- mit wem
- wann
- wo
- wie

- womit
- und woraufhin
  lernen soll.

Wir können nicht alle 10 Fragen gleich breit erörtern und konzentrieren uns auf die *Woraufhin-Frage* (das ist die Frage nach den Zielen), auf die *Wer-mit-wem-Frage* (das ist die Frage nach den sozialen Beziehungen und der Inneren Differenzierung) und die *Was-und-wann-Frage* (die Frage nach den Bildungsinhalten).

---

44 Z.B. Prengel (1993, 1999); Hacker (1998); Einsiedler, Götz u. a. (2001).

Die Ziele klären und konkretisieren

Wir beginnen mit der *Woraufhin-Frage* und fragen uns, was – ganz allgemein formuliert – das Ziel elementarpädagogischer Arbeit sein kann. Die Antwort erfolgt aus einer pädagogischen Perspektive, wohl wissend, dass dies nicht die einzig mögliche ist:

Zieldefinition: Elementarpädagogische Arbeit soll die Kinder in ihrer Entwicklung fördern, sie in die grundlegenden Aspekte unserer Welt einführen und dies in einem Rahmen, in welchem sich die Kinder sicher und geborgen fühlen.

Eine elementarpädagogische Einrichtung leistet also gute Bildungsarbeit,

- wenn ein angstfreies Klima hergestellt wird, in dem die Kinder in ihrer Persönlichkeitsentwicklung gestärkt werden,
- wenn es gelingt, die Kinder zum Lernen anzuregen und dabei ihre Interessensgebiete zu erweitern,
- wenn die Kinder den Bildungsangeboten eine persönliche Bedeutung geben können
- und wenn auch das Personal einen humanen, nicht krankmachenden Arbeitsplatz vorfindet.

Dieser noch recht allgemein gehaltenen Zieldefinition können sicherlich viele Elementarpädagoginnen, aber auch die meisten Einrichtungsträger, die Eltern und politischen Entscheidungsträger zustimmen. Die Schwierigkeiten beginnen bei der Konkretisierung. Das ist immer so! Aus abstrakten Zieldefinitionen lässt sich nicht ableiten, was konkret am nächsten Morgen im Kindergarten passieren soll. Zielformeln müssen „kleingearbeitet" werden – und dabei kommen neue Einsichten und Argumente hinzu, die die abstrakte Zielformel inhaltlich reicher machen. Zwei Beispiele für dieses Deduktionsproblem:

- Das Lernen soll an die Interessen der Kinder anknüpfen. Aber sollen Kinder nur dann an Aktivitäten teilnehmen, wenn sie Lust dazu haben, oder darf gelinder Zwang ausgeübt werden?
- Einzelne Kinder mit Entwicklungsproblemen (z. B. im Sprachbereich oder bei den mathematischen Vorläuferfähigkeiten) sollen gezielt gefördert werden. Aber für die Frage, ob *alle* Kinder gezielt gefördert werden sollen, gibt es viele, zum Teil konträr zueinander stehende Antworten.

Wir sind aus den in Kapitel 1 genannten Gründen der Auffassung, dass die gezielte Förderung *aller* Kinder vernünftig ist. Dies schließt ein möglichst adaptives[45] Fördern einzelner Kinder ein – auch jener mit sehr hohem Entwicklungspotenzial.

---

45 Der Fachbegriff „adaptives Lehren und Lernen" meint nichts anderes als die genaue Berücksichtigung der Lernvoraussetzungen durch angepasste Aufgabenstellungen (Beck, Baer u. a. 2008).

Genau beobachten

Die Fähigkeit, die Kinder genau zu beobachten, wird für die Arbeit von Elementarpädagoginnen immer wichtiger. Sie ist die Grundlage für gezielte Impulse und eine angepasste Förderung.[46] Relevante Aspekte der kindlichen Entwicklung müssen erkannt, angemessene Schlussfolgerungen müssen gezogen werden. Deshalb ist ein methodisch durchgeführtes Sammeln, Aufbereiten und Auswerten von Informationen erforderlich. Gute Anleitungen zur Beobachtung in der Praxis liefern beispielsweise Hans Rudolf Leu (2006) und das Cornelsen Lehrbuch (2010, S, 199 ff.).

Die Fähigkeit, genau zu beobachten, zu dokumentieren und daraus korrekte Schlussfolgerungen zu ziehen, wird seit einigen Jahren auch als Diagnosekompetenz bezeichnet. Sie ist definiert als die Fähigkeit, angemessene, an klar definierten Kriterien orientierte Urteile über das Lern-, Spiel- und Leistungsverhalten der Kinder abzugeben.[47] Dabei können zwei Strategien mit diametral entgegengesetzten Zielsetzungen identifiziert werden:

1) Eher unstrukturierte und „offene" Beobachtungsverfahren geben nur einen groben Rahmen für die Beobachtung vor. Sie gehen von der Prämisse aus, dass jedes Kind aktiv seinem eigenen Entwicklungsplan folgt – mit großer Neugier, im eigenen Tempo und nach seiner persönlichen Strategie.
Basierend auf dieser Prämisse möchten offene Beobachtungsverfahren das Kind in seiner Ganzheit und Individualität erfassen, es sollen Interessen und die aktuellen Themen der Kinder erkannt werden. Auf genaue methodische Anweisungen, auf Angaben zur Häufigkeit der Beobachtung oder zur Gestaltung der Beobachtungssituation wird zumeist verzichtet.
2) Eher strukturierte oder „geschlossene" Beobachtungsverfahren bzw. Diagnoseverfahren geben einen bestimmten Fokus für die Verhaltenserfassung vor. Dazu zählen Tests, Screenings oder auch strukturierte Beobachtungsbögen[48], mit denen die Pädagoginnen gezielt Beobachtungsdaten sammeln. Diese Verfahren sind teilweise gut validiert, also daraufhin überprüft, ob tatsächlich dasjenige getestet wird, was getestet werden soll.
Geschlossene Beobachtungsverfahren sind geeignet, spezifische Facetten des kindlichen Lernstandes zu erfassen. Durch die punktuelle Beobachtung lassen die Verfahren aber außer Acht, ob aufgrund der aktuellen Verfassung der „Probanden" Verzerrungen entstanden sind. Individuelle Herangehensweisen der Erzieherin sind bei dieser Vorgehensweise nicht gefragt und das Sammeln von individuellen Themen der Kinder bei Beobachtungsbögen nicht vorgesehen. Was uns

---

46 Freitag, Schüsseler & Steck-Lüschow (2003); Artelt, Ingenkamp & Lissmann (2005); Jäger (2006); Leu (2006); Gräsel (2010).

47 Einen umfassenden Bericht zum Stand der Forschung zur Diagnosekompetenz von Lehrerinnen und Lehrern liefert Helmke (2009, S. 121–167).

48 Verfahren zur „flächendeckenden" Lernstandsanalyse, Lisker (2011); zwei Beispiele: das von Tröster, Flender & Reinecke (2004) entwickelte „Dortmunder Entwicklungsscreening für den Kindergarten" und das von Jansen u. a. (2002) stammende „Bielefelder Screening zur Früherkennung von Lese-Rechtschreibschwierigkeiten (BISC)".

beunruhigt ist, dass nicht in allen Fällen geklärt ist, dass bei festgestelltem Förderbedarf tatsächlich eine individuelle Förderung erfolgt.[49]

Um Beobachtungsverfahren professionell nutzen zu können, muss man wissen, an welcher Bezugsnorm das Verfahren orientiert ist. Dabei ist es üblich, zwischen „individuellen", „sozialen" und „kriterialen" Bezugsnormen zu unterscheiden. Bei der Verwendung einer sozialen Bezugsnorm liegen Durchschnittswerte aus anderen Untersuchungen vor, mit deren Hilfe der Entwicklungsstand in der eigenen Lerngruppe mit dem Entwicklungsstand anderer Kinder verglichen werden kann. Bei Nutzung der kriterialen Bezugsnorm werden Entwicklungsziele (Kriterien) definiert, um dann zu messen, wie weit sich die Kinder diesen Zielen angenähert haben. Die individuelle Bezugsnorm orientiert sich an den individuellen Veränderungen und Entwicklungen.

Bei Pfiffner & Walter-Laager (2009) zeigte sich, dass in der alltäglichen Beobachtungspraxis der Erzieherinnen große Unterschiede bestehen.

- Manche Erzieherinnen vertrauen auf ihre Intuition und dokumentieren ihre Beobachtungen nicht oder nur wenig systematisch. Sie bemerken dabei nicht, dass sich einige ihrer Kinder bei Problemen oder Konflikten nicht unterstützt fühlen, und dass exakt diese Kinder auch keine gute soziale Beziehung zu ihnen aufgebaut haben. Aufschreckend an diesem empirischen Befund ist, dass sich die fehlende Erfassung der kindlichen Situation auch auf die Beziehungsebene auswirkt.
- Andere Erzieherinnen haben mit allen Kindern solide, tragfähige soziale Beziehungen aufgebaut. Sie beobachten ihre Kinder systematisch und sie dokumentieren ihre Beobachtungen. Sie verlassen sich nicht auf ihr Bauchgefühl, weil sie wissen, dass sie einzelne Kinder aus dem Blick verlieren können.

Es gibt also einen Zusammenhang: Wer die Kinder genauer beobachtet und die Beobachtungsergebnisse dokumentiert, hat auch tragfähigere Beziehungen zu den Kindern (Pfiffner & Walter-Laager 2009, S. 209). Wenn es diesen Erzieherinnen darüber hinaus gelingt, herausfordernde Situationen zu schaffen, können die Lernenden ihr Potenzial sichtbar machen und mit Hilfe der Erzieherinnen optimal entfalten (Stamm 2005, S. 164). Margrit Stamm stellt diese Forderung für überdurchschnittlich begabte Kinder. Genaues Beobachten ist aber für die Förderung jedes Kindes wichtig (Steenbuck 2009, S. 82 f.).

Wir halten fest: Das genaue Beobachten ist eine wichtige Voraussetzung für das individuelle Fördern jedes einzelnen Kindes und auch für die Gestaltung der Arbeit in Gruppen. Wer gut beobachten kann, kann auch besser bilden und erziehen.

---

49 Eine vergleichbare Entwicklung gibt es im Schulsystem: Hier ist die Schulinspektion in der großen Mehrzahl der Bundesländer eingeführt worden. Aber es fehlt am Angebot, um die bei der Inspektion festgestellten Defizite gezielt zu beheben. Der Schul-TÜV ist da – aber die Reparaturwerkstätten reichen bei weitem nicht aus.

Beziehungen aufbauen

Der Beziehungsaufbau hat zentrale Bedeutung für die Entwicklung der Kinder. Das ist seit jeher bekannt und inzwischen auch empirisch gut bestätigt. Die Beziehungsstruktur verändert sich während der Kindheit bis ins Erwachsenenalter ständig und augenfällig (Largo 2007; 2010, S. 95–167; Pauen 2011). Kleine Kinder stehen in großer Abhängigkeit zu ihren Bezugspersonen und binden sich an diese – selbst dann, wenn die Beziehungsqualität nicht sonderlich gut ist. Je älter die Kinder werden, um so weniger besteht eine biologische Notwendigkeit, sich an Bezugspersonen zu binden. Es entstehen soziale Beziehungen, welche stark durch die selbst erlebten Beziehungen und teilweise durch kulturell geprägte Erwartungen gerahmt sind.

Was fördert und was behindert den Beziehungsaufbau? Wir können uns bei der Beantwortung auf eigene empirische Erhebungen stützen (Pfiffner & Walter-Laager 2009, S. 101 ff. und 202 ff.):

- Verlässlichkeit und Gerechtigkeit im Umgang mit den Kindern sind eine zentrale Voraussetzung für den Beziehungsaufbau.
- Die Gruppengröße hat einen schwachen, aber signifikanten Einfluss auf die sozialen Beziehungen.[50]
- Erzieherinnen, die sich selbst als erfolgreich wahrnehmen, geben den sozialen Beziehungen mehr Raum und Gewicht als andere. Sie bauen bewusst ein Vertrauensverhältnis zu ihren Kindern auf.

Der Beziehungsaufbau wird erleichtert, wenn im Kindergarten das gegeben ist, was die Grundschulpädagogin Annedore Prengel (1999) als „gute Ordnung" bezeichnet hat. Eine gute Ordnung ist durch klare Regeln, vereinbarte Rituale und entlastende Routinen gekennzeichnet (beschrieben bei Pausewang & Strack-Rathke 2009, S. 194–208). Die gute Ordnung verregelt aber nicht alles, sondern belässt Handlungs- und Spielräume für die Eigentätigkeit der Kinder (immer nach dem Motto: „So wenig wie möglich, soviel wie nötig").

In grundlegende Aspekte der Welt einführen

Kindertagesstätten haben nicht nur einen formalen, sondern auch einen inhaltlichen Bildungsauftrag. Deshalb sind in allen deutschen Bundesländern zwischen 2002 und 2006 Bildungs- und Erziehungspläne erarbeitet worden, die sich bereits in der Umsetzungsphase befinden (Schuster 2006).[51] Sie haben große Ähnlichkeiten mit den Lehrplänen und Kerncurricula der weiterführenden Bildungsstufen. Bildungspläne legen fest, um welche grundlegenden Aspekte des „Weltwissens" (Donata Elschenbroich) es

---

50 Je größer die Gruppe, umso weniger gut entwickelt sind sie. Ideale Gruppengrößen für Kinder ab vier liegen sowohl im Kindergarten wie in der Primarstufe (Arnhold 2005) zwischen 16 und 20 Kindern. Dies wird mit Kapazitätsgrenzen der Lehrpersonen für die Beziehungspflege und mit der Dynamik innerhalb der Gruppe bzw. Klasse begründet. Bei kleineren Gruppen haben die Kinder zu wenig Auswahl an Spielfreunden, bei größeren Gruppen gehen einzelne Kinder unter.

51 Die Durchschlagskraft dieser Pläne ist allerdings aufgrund des Subsidiaritätsprinzips in der Trägerschaft der Kindertagestätten begrenzt.

geht. Sie definieren darüber hinaus Kompetenzen, die durch die Beschäftigung mit den Erfahrungsbereichen angestrebt werden sollen. Und sie machen Aussagen zur Methodenwahl und zur räumlich-zeitlich-personalen Gestaltung der Lernsituationen.

Die Bildungspläne schaffen den Rahmen, um aus der unendlichen Fülle des Weltwissens ein in sich geordnetes Ganzes zu machen. Um in Weltwissen einzuführen, benötigen die Erzieherinnen selbst eine solide Allgemeinbildung. Das wird oft zu einem Problem. Aber aus der EPPE-Studie (s.o.) ist bekannt, dass die besonders erfolgreichen Elementarpädagoginnen auch über ein breites und tiefes Bildungswissen verfügen.

Sobald dieser Anspruch formuliert wird, kommen Gegenstimmen, welche darauf pochen, dass die elementarpädagogische Arbeit nicht „verschult" bzw. „scholastisiert" werden dürfe (Fölling-Albers 2008, S. 36). Es stellt sich aber die Frage, was hinter dem Begriff „Verschulung" steht. Falls damit Kinder-Drill und vollständige Verplanung der Freizeit gemeint sind, unterstützen wir die Forderung. Wenn damit gemeint ist, dass die Kinder in einer von ihnen noch wenig durchschauten Welt durchgehend frei wählen dürfen, dann macht dies aus unserer Sicht nur wenig Sinn.

Selbstbestimmte und angeleitete Aktivitäten abwechseln

Was damit gemeint ist, ist in Kapitel 2.1 ausführlich erläutert worden. Bei der Umsetzung dieser Maxime befindet sich jede Pädagogin auf einer Gratwanderung zwischen dem Akzeptieren der Individualität eines Kindes einerseits, der aktiven Lernunterstützung mit Angeboten und angeleiteten Aktivitäten andererseits. Extrempositionen, die wir in Kapitel 1.3 skizziert haben, sind sicherlich wenig geeignet, um diese Gratwanderung hinzubekommen: Akzeptiert eine Pädagogin bestimmte Verhaltensweisen, Interessen und Desinteressen der Kinder unhinterfragt, lässt sie das einzelne Kind im Stich und verpasst Chancen, ihm über wichtige (Lern-)Klippen hinweg zu helfen. Zeigt sich die Pädagogin im gezielten Fördern zu engagiert, kann sie das Kind bedrängen, es überfordern und dies führt allenfalls zu einer Blockade.

Das eigene Leben reich gestalten

Gute Erzieherinnen gehen mit offenen Augen durch die Welt. Sie saugen auf, was ihnen begegnet, und reflektieren es in didaktischer Perspektive. Stefania Wilczynska, die vergessene Mitarbeiterin des polnischen Reformpädagogen Janusz Korczak, war für die Ausbildung der Erzieherinnen im Jüdischen Waisenhaus im Warschauer Ghetto zuständig. Deshalb hat sie immer wieder die Lerntagebücher ihrer Praktikantinnen gelesen und schriftlich kommentiert. Einmal hat sie am Rande notiert:

> *„Wenn Du die Kinder erziehen willst, musst Du dein eigenes Leben reich gestalten. Lies, gehe ins Theater, liebe die Natur, versuche dich selbst zu fühlen, soweit und so viel Du nur kannst. Alles, was in dir selbst geschieht, was in dir selbst lebendig werden kann, kommt schließlich der Pädagogik zugute."* (zit. nach Güffens 1995)

Wir fassen zusammen:

1) Das zu lösende Aufgabenspektrum in Kindertagesstätten und Kindergärten ist inhaltlich sehr breit und das Anspruchsniveau hoch.
2) Die Elementarpädagoginnen sollen genau beobachten, Beziehungen aufbauen, eine vorbereitete Umgebung herstellen und in grundlegende Aspekte der Welt einführen.
3) Sie müssen lernen, diese erhöhten Ansprüche bewusst wahrzunehmen und didaktisch-methodisch umzusetzen.

2.3 Professionelle Hilfen

Es gibt eine ganze Reihe von Hilfen, um die gerade aufgelisteten Aufgaben zu bewältigen, z. B. die Arbeit im Team, die Supervision, das kollegiale Hospitieren, Fortbildungen u. a. m.[52] Die Nutzung dieser Hilfen ist keine Selbstverständlichkeit. Deshalb ist es Aufgabe der Berufslehrenden und Hochschuldozentinnen, in den Aufbau, die Funktionen und die Nutzungsmöglichkeiten dieser Hilfen einzuführen. Dazu drei Anregungen.

Beobachtungsinstrumente – KiDiT®

In der Untersuchung von Pfiffner & Walter-Laager (2009) bemängelten alle befragten Lehrpersonen der Schweizer Schuleingangsstufe (Kindergarten und Grundstufe) sowohl die Praktikabilität als auch die Qualität der ihnen zugänglichen Test- und Beobachtungsinstrumente. Die handelsüblichen Tests seien zu zeitintensiv und der Aufwand im Vergleich zum Nutzen zu hoch. Besonders deutlich kritisierten die Lehrpersonen die fehlende Kompatibilität der verfügbaren Testinstrumente mit ihren eigenen Lehr- und Bildungsplänen (Pfiffner & Walter-Laager 2009, S. 249).

Aufgrund dieser Ausgangslage entwickelten wir (Walter-Laager, Pfiffner & Schwarz 2010) in den Jahren 2009 bis 2011 ein lehrplanbasiertes Beobachtungsverfahren für die Kindergarten- und Schuleingangsphase (ab sofort auch in einer Pilotphase für den U3-Bereich), welches die Pädagoginnen in der Urteilsbildung unterstützt und gleichzeitig das Beobachtungsverhalten für die Forschung nachvollziehbar macht.

---

52 In den Hand- und Lehrbüchern werden diese professionellen Hilfen ausführlich beschrieben, z. B. in Fried & Roux (2006, S. 232–265) und im Cornelsen Lehrbuch (2010, S. 35–41, S. 66–77, S. 348–703).

> ### KiDiT®
>
> Das webbasierte Tool KiDiT® (KinderDiagnoseTool) unterstützt Elementarpädagoginnen beim Dokumentieren ihrer Beobachtungen (www.kidit.de). Es bietet die Möglichkeit, freie Notizen anzulegen, daraus Bildungs- und Lerngeschichten zu entwickeln oder auch systematische Beobachtungen in verschiedenen Bildungsbereichen entlang von Aussagesätzen festzuhalten. Das Tool hilft, Beobachtungen zu ordnen und zu jedem Zeitpunkt automatisch und in wenigen Sekunden in diversen Darstellungsformen auszuwerten.
>
> Gleichzeitig ist KiDiT® der Dreh- und Angelpunkt verschiedener Studien rund ums Thema Beobachten und Beurteilen. Erste Ergebnisse sind bereits publiziert, weitere folgen (www. kidit.de).

Bildungspläne

Kinder sollen in grundlegende Aspekte der Welt eingeführt werden. Aber was sind die grundlegenden Aspekte? Woher kommen sie? Und wer entscheidet darüber? Neben den seit jeher von den Elementarpädagoginnen vermittelten Inhalten, welche teilweise auf Entwicklungs- und Fachwissen beruhen, teilweise auch nur die vorgefundene Praxis weiterführen, bilden aktuell auch in der Elementarpädagogik die Bildungs-, Orientierungs- oder Erziehungspläne den verbindlichen oder zumindest den empfohlenen Referenzrahmen.

Anders als an allgemein- und berufsbildenden Schulen, gibt es in der Elementarpädagogik aber noch keine Jahrhunderte alte Tradition der Arbeit mit diesen Plänen.[53] Sinn und Nutzen sind deshalb bei Praktikern umstritten. Ihr Einsatz weist u. E. sowohl Vor- als auch Nachteile auf:

Vorteil 1: Es gibt eine einheitliche Ausrichtung der Bildungsarbeit — genauer gesagt: eine solche wird angestrebt.

Vorteil 2: Die Lehrenden der anschließenden Bildungsstufen können sich besser orientieren, was die Kinder bereits auf der Elementarstufe erlebt und sich erarbeitet haben. (Das entscheidende Problem ist dabei: Gerade Kinder aus Risikogruppen sind in Deutschland nur zum Teil im Kindergarten.)

Vorteil 3: Bildungspläne schaffen eine gemeinsame Diskussionsgrundlage für alle Verantwortlichen.

---

53 Schon von Fröbel und seinen Schülern sind solche Pläne aufgestellt worden. Sie haben aber keinen flächendeckenden Einzug in die Kindergartenprogramme gefunden (Franke-Meyer 2010, S. 71 ff.). In der DDR sah es — zumindest auf dem Papier, aber oft auch in der Realität — anders aus. Mit dem „Gesetz über das einheitliche sozialistische Bildungssystem" von 1965 wurden Kindergarten und Schule zur Zusammenarbeit verpflichtet. Dies schloss die Arbeit nach einem „staatlichen Bildungs- und Erziehungsplan" ein.

Nachteil 1: Bildungspläne sind, wie wir aus der Schulforschung wissen, keine besonders effektiven Steuerungsinstrumente, weil sie nicht von allen Lehrpersonen genutzt werden und weil sie nicht eins zu eins, sondern in vielfältigen Variationen realisiert werden. Deshalb spricht man ja auch in Ergänzung zum nationalen Lehrplan vom hauseigenen und sogar vom „persönlichen" Lehrplan (Vollstädt, Tillmann u. a. 1999).

Nachteil 2: Die verbindliche Einführung von Bildungsplänen kann die Flexibilität in der Planung des pädagogischen Alltags verringern. Sie kann dazu führen, dass ad hoc entstandene Lerngelegenheiten ungenutzt bleiben.

Nachteil 3: Verbindliche Bildungspläne können – falsch verstanden – auch zu einer Überforderung der Kinder beitragen (z. B. durch eine Überflutung mit Trainingsprogrammen).

Vor- und Nachteile sollten nicht nur nach „Bauchurteil", sondern auf wissenschaftlicher Grundlage diskutiert werden. Das geht aber nur, wenn nicht nur die inhaltliche Qualität der Bildungspläne diskutiert, sondern auch ihre Nutzung gründlich empirisch überprüft worden sind. Folgende Fragen sind dabei zu klären:

- Entsprechen die in den Plänen angestrebten Zielsetzungen und Kompetenzdefinitionen überhaupt dem Entwicklungsstand und den Entwicklungsmöglichkeiten der Kinder dieser Altersstufe und dieses sozialen Einzugsbereichs?
- Wird in den elementarpädagogischen Einrichtungen mit den Bildungsplänen so gearbeitet, wie dies vorgesehen ist?
- Welche Aus- und Fortbildung ist erforderlich, um das Potenzial der Bildungspläne nutzen zu können? (Roßbach & Frank 2008, S. 261).

Konkrete deutschsprachige Evaluationsstudien zur Wirksamkeit von Bildungsplänen im Elementarbereich sind uns bisher nicht bekannt geworden.[54] Teile des Forschungsprogramms KiDiT® (s. o.) beschäftigen sich deshalb mit dem Anforderungsniveau der Bildungs- und Lehrpläne. Ergebnisse sind in den nächsten Jahren zu erwarten.

Was gehört in einen Bildungsplan? Im „Gemeinsamen Rahmen der Länder für die frühkindliche Bildung in Kindertageseinrichtungen" in Deutschland wurden sechs Bildungsbereiche – als Erfahrungsbereiche, Themen und Gegenstände – festgelegt, die in der Entwicklung der länderspezifischen Rahmenpläne Berücksichtigung finden sollten:

---

54 Deshalb fordern Tietze und Kollegen für den Bereich der Elementarpädagogik, genauer nachzuschauen, wie die Kindertagestätten mit den seit einigen Jahren vorliegenden Bildungsplänen umgehen. Sie schlagen vor, den Einsatz der Bildungspläne wissenschaftlich zu evaluieren, um so eine Verbesserung der Prozessqualität zu erreichen (Tietze, Rossbach & Grenner 2005, S. 275 ff.).

1) Sprache, Schrift und Kommunikation
2) Personale und soziale Entwicklung, Werteerziehung/religiöse Bildung
3) Mathematik, Naturwissenschaft, (Informations-)Technik
4) Musikalische Bildung/Umgang mit Medien
5) Körper, Bewegung, Gesundheit
6) Natur und kulturelle Umwelten

Im Cornelsen Lehrbuch „Kinder erziehen, bilden und betreuen" (2010, S. 348 ff.) werden diese KMK-Bildungsbereiche aufgenommen, erweitert und ausführlich beschrieben:

1) Ästhetik und Kunst
2) Bewegung
3) Ethik, Religion und Philosophie
4) Gesundheit
5) Literacy
6) Mathematik, Naturwissenschaft und Technik
7) Medien
8) Musik und Rhythmik
9) Natur und Umwelt
10) Emotionale und soziale Kompetenz
11) Spiel
12) Sprache

Im „Offenen Bildungsplan für Kindertageseinrichtungen für Nordrhein-Westfalen" definieren und beschreiben Gerd Schäfer und Mitarbeiter (2007a) die Bildungsbereiche:

1) Bewegung
2) Spielen und gestalten, Medien
3) Sprachen
4) Natur und kulturelle Umwelten
5) Soziales Lernen

Die drei Kataloge erfassen Grunddimensionen der Bildung, die auch in den nachfolgenden Schulstufen eine zentrale Rolle spielen. Sie sind also anschlussfähig an die Kerncurricula der Grundschule und der Sekundarstufen. Sie können umgekehrt wichtige Anregungen für die kindgerechte Gestaltung der Primarstufen-Bildungsarbeit geben. Sie sollten den Berufslernenden und Studierenden zumindest überblicksweise bekannt gemacht werden.

Qualitätsraster – KES R

Aufgrund der Umbrüche in der Elementarpädagogik ist die Qualität elementarpädagogischer Arbeit in Diskussion geraten. Um diese Diskussion zu versachlichen, sind in aufwändigen Forschungsvorhaben Qualitätsraster zur empirischen Analyse der Qualität elementarpädagogischer Einrichtungen entwickelt und dann auch eingesetzt worden.

Beispielsweise haben Wolfgang Tietze und Mitarbeiter mehrere Instrumente zur Messung der Qualität elementarpädagogischer Einrichtungen für den deutschsprachigen Raum erprobt (Tietze, Schuster u. a. 2001, S. 7 f.; Tietze & Lee 2009[55]). Verschiedene Qualitätsbereiche werden durch Qualitätsmerkmale und Indikatoren (= beobachtbare Anzeiger für das genannte Einzelmerkmal) erfasst (Tietze, Schuster u. a. 2001, S. 9):

1) Platz und Ausstattung,
2) Betreuung und Pflege der Kinder,
3) Sprachliche und kognitive Anregungen,
4) Aktivitäten,
5) Interaktionen,
6) Strukturierung der pädagogischen Arbeit,
7) Eltern und Erzieherinnen.

Nur 29 Prozent der in Deutschland mit Hilfe von KES beurteilten Kindergärten erreichten in einer Evaluationsstudie der Berliner Forschergruppe eine gute Qualität (Tietze, Rossbach & Grenner 2005, S. 57). Das ist kein zufriedenstellendes Ergebnis.

 **Doppeldecker:** Sollen die Berufslernenden und Studierenden der Elementarpädagogik auch mit der Qualitätssicherung und der Weiterentwicklung der Elementarpädagogik befasst werden? Wir meinen ja: So wie heute in der Schule von jeder Lehrperson erwartet wird, dass sie sich an der Schul- und Unterrichtsentwicklung beteiligt, wird in Zukunft auch von jeder Elementarpädagogin erwartet, sich für die Weiterentwicklung der Kindertagestätten einzusetzen.

Reflexionsauftrag für Berufslernende und Studierende: *„Bei welchen der sieben Qualitätsbereiche können Sie im Praktikum Einfluss auf die praktische Arbeit nehmen? Und worauf haben Sie keinen Einfluss?"*

---

55 Dabei ist ein US-amerikanisches Evaluationsinstrument für den deutschsprachigen Raum adaptiert worden. Eine Auflistung aller zurzeit bei uns verfügbaren Messinstrumente finden Sie im Cornelsen Lehrbuch (2010, S. 73 f.).

3 Unterricht und Seminararbeit

Ziele und Inhalt:

In diesem Kapitel wollen wir zum einen den Lehrenden der Elementarpädagogik Anregungen geben, den Unterricht in der Sekundarstufe II und an Hochschulen didaktisch und methodisch anspruchsvoll zu gestalten und zum zweiten einen Theorierahmen zur Bestimmung von Unterrichtsqualität entwickeln. Dabei machen wir keine grundsätzlichen Unterschiede zwischen der Ausbildung an Berufsbildenden Schulen und dem Studium an den Fachhochschulen — nicht aus Bequemlichkeit, sondern weil wir keine wesentlichen Unterschiede sehen. Dies heißt nicht, dass die Arbeitsbedingungen gleich sind, wohl aber, dass die Qualitätskriterien einander gleichen.

- Im Kapitel 3.1 beschreiben wir unseren Ausgangspunkt: die Perspektiven der Lernenden und Lehrenden.
- In Kapitel 3.2 skizzieren wir die aus den Wünschen der Berufslernenden und Studierenden hergeleitete Kernaufgabe: Brückenschläge zwischen Theorie und Praxis.
- Kapitel 3.3 beschreibt vier für die Bewältigung der Kernaufgabe hilfreiche Grundformen des Unterrichts und der Seminararbeit: die direkte Instruktion, den individualisierenden Unterricht, den kooperativen Unterricht und die Praktika.
- Kapitel 3.4 bringt einen knappen Exkurs zum leidigen Thema Kompetenzorientierung.
- Kapitel 3.5 bringt einen kurzen „Crashkurs" zur Unterrichtsplanung. Wenn Sie Profi sind, können Sie diesen Abschnitt gern überspringen.
- In 3.6 bis 3.8 folgen dann — ebenfalls in gebotener Kürze — ein Kriterien-Vorschlag, ein Theorierahmen für die Bestimmung von Unterrichtsqualität und zwei Reflexionsübungen.

Die Hauptbotschaft dieses Kapitels lautet: Guter Unterricht leistet Brückenschläge zwischen Theorie und Praxis und realisiert damit das, was in der Literatur als Handlungsorientierung beschrieben wird.

3.1 Die Perspektiven der Lernenden und Lehrenden

Unsere Ausgangsthese lautet:

> **These 7:** An den Perspektiven der *Lernenden* vorbei kann kein selbstgesteuertes Lernen stattfinden. – An den Perspektiven der *Lehrenden* vorbei kann keine Verbesserung der Unterrichtsqualität gelingen.

Deshalb starten wir dieses Kapitel mit der Frage, welche persönlichen Vorstellungen und Interessen die Lernenden und die Lehrenden vom guten und schlechten Unterricht entwickelt haben – nicht, um uns bei der Ausformulierung von Ratschlägen sklavisch daran zu halten, sondern um eine Vorlage zu haben, von der aus weiter über Unterrichtsqualität nachgedacht werden kann.

Berufslernende

Befragt man Berufslernende nach ihren persönlichen Theorien[56] vom guten und schlechten Unterricht, so hat die große Mehrzahl kaum Probleme, seine Wünsche auf den Punkt bringen. In der Studie Pfiffner & Walter-Laager (2009) mit Daten aus der Deutschschweiz sind diese Wünsche ausführlich erhoben worden. Dabei zeigen sich Unterschiede zwischen leistungsstärkeren und -schwächeren Schülern sowie solchen, mit guten bzw. belasteten Beziehungen zur Lehrperson. Es gibt aber auch viele Gemeinsamkeiten.

Die von ihren Lehrpersonen als leistungsstark eingeschätzten Berufslernenden freuen sich, dabei zu sein und begrüßen das breite Bildungsangebot (a. a. O., S. 76):

„In der Grundschule gab es etwa zwei Fächer, die mich interessierten. Und hier in der Berufsschule ist es schon so, dass – außer der Allgemeinbildung, die gehört dazu, die muss man halt machen – eigentlich alles gut und interessant ist."

Die leistungsschwächeren Berufslernenden haben mehr Probleme, sich an die Erwartungen des Systems anzupassen, aber sie analysieren den Unterricht und ihre Bedürfnisse ebenfalls klar und plädieren für mehr Handlungsorientierung und Erfahrungsbezug (a. a. O., S. 72):

„Ich würde [...] weniger reden und den Lernenden etwas zum Machen geben. Etwas, das man selber machen kann. Es wird schon irgendwie mühsam, wenn die Lehrer eine Stunde dort vorne stehen und schwatzen. Irgendwann mag ich nicht mehr zuhören. Und dann geht es auch nicht mehr in den Kopf rein."

---

56 Im Kapitel 3.6 wird erläutert, warum wir hier von „Theorien" sprechen.

Die Berufslernenden haben sehr konkrete, sicherlich auch durch die Medienkultur beeinflusste unterrichtsmethodische Wünsche: Sie schätzen im Unterricht Diskussionen, Filme, illustrierende Musik oder Bilder. Sie genießen es, wenn mit realen Beispielen gearbeitet wird. Das Lesen von Texten scheint der Mehrzahl eher Mühe und wenig Freude zu bereiten.

Sie bewerten es auch als sehr positiv, wenn Lehrpersonen guten Frontalunterricht machen. Ein Berufslernender mit guten sozialen Beziehungen zu seiner Lehrperson gibt zu Protokoll (a. a. O., S. 77):

„Also, Herr R. bringt Sachen klar und deutlich rüber. Man versteht es sofort, man weiß, was er meint. Er weiß, was er erzählt. Er redet nicht über Sachen, über die er nur so halb Bescheid weiß. Die Themen, die wir mit ihm durchnehmen, sind interessant und die spornen einen an, mitzumachen und dabei zu sein. Und es ist dann noch interessant, wenn man zu Hause am Küchentisch sagen kann, dieses oder jenes sei nicht so, mein Lehrer hat das so erklärt. Das ist noch spannend!"

Wenn Berufslernende belastete Beziehungen zu ihren Lehrenden haben, dann dosieren sie ihr Engagement im Unterricht ganz bewusst auf ein Minimum.

Ebenso wichtig sind für die Berufslernenden die Inhalte. Sie meinen, dass ausschließlich die von ihnen als relevant für ihr gegenwärtiges und zukünftiges (Berufs-)Leben erkannten Inhalte vermittelt werden sollten:

Interviewerin: *„Was interessiert Sie im Unterricht und was interessiert Sie nicht?"*

Berufslernender: *„Themen, welche für uns im Alltag wichtig sind, die interessieren uns sicher. Nicht solche, die man einfach liest und theoretisch können muss. So Gesetzestextzeug, das interessiert einen einfach nicht, weil man nichts damit zu tun hat."*

Insgesamt hat die Studie für die Gruppe der Berufslernenden ergeben: (1) Sie wünschen sich ein motivationsförderliches Klima, (2) ein vielfältiges Methodenangebot und (3) fachkompetent gemachten Frontalunterricht. (4) Sie wollen aktiv einbezogen werden. (5) Die Unterrichtsinhalte sollen für ihre zukünftige Berufsarbeit, aber auch für aktuelle Lebensfragen relevant sein. Zusammengefasst:

These 8: Die Berufslernenden wollen auf ihrem Weg in die Berufstätigkeit dort abgeholt werden, wo sie stehen, und eine kompetente fachliche Begleitung erhalten.

Dieses Ergebnis ist nicht überraschend. Wir gehen davon aus, dass bei einer Befragung von Berufslernenden in Deutschland ähnliche Auskünfte gegeben worden wären.

Bachelor- und Master-Studierende

Wir haben für diesen LEITFADEN Studierende der Elementarpädagogik ein Internet-Forum als Chatroom eingerichtet.[57] Daraus zitieren wir. Wir halten die einzelnen Statements für aussagekräftig, zumal die Mehrzahl der Studierenden beide Systeme – den Sek-II-Unterricht und die Hochschullehre – persönlich kennen gelernt hat. Wir haben die umfangreichen Stellungnahmen zu sechs Kernaussagen verdichtet:

1) Die tradierten Ausbildungsgänge sind in den Augen der Studierenden besser als ihr Ruf!

Die Sek-II-Ausbildung wird als praxisnäher und „irgendwie familiärer" bezeichnet. Beides wird begrüßt. Rückblick einer Fachhochschulabsolventin, die jetzt wieder als Erzieherin arbeitet:

„In der Erzieherinnen-Ausbildung war es schön, dass wir zu manchen Themen Kurse hatten, denen man sich zuordnen konnte. So konnte man sich gewisse Schwerpunkte innerhalb eines Lernfeldes selbst legen. Dadurch waren die Kurse auch nicht so voll und man konnte angenehm arbeiten. Die praktischen Anteile waren bei mir in der Ausbildung auch gut vorhanden (Praktika aber auch praktische Kurse mit Musik, handwerklichem Zeug, Sport etc.). Das belebt den Schulalltag enorm. Das Klima zwischen Lehrenden und Schülern war irgendwie familiär. Man kümmerte sich um einander. Und wir wissen ja, dass eine positive Beziehung die Grundlage des Lernens ist. Außerdem habe ich immer noch hin und wieder Kontakt zu meinen alten Lehrern, was ich genieße, weil man merkt, dass sich die Kommunikationsebene mittlerweile verändert hat."

2) Die Lehrveranstaltungen in den neuen akademischen Ausbildungsgängen genügen überwiegend nicht den Ansprüchen an guten Unterricht bzw. gute Lehre!

Kritisiert werden die Stofffülle, die Praxisferne der Inhalte und die Methodenmonotonie. Ein Masterstudent der Elementarpädagogik schreibt:

„Gruppenarbeiten sind auch innerhalb meines aktuellen Studiums das didaktische Mittel, worauf alle Dozenten zurückgreifen. Das wäre kein Problem, wenn diese abwechslungsreich gestaltet wären, aber oftmals sind sie das nicht. Es heißt lediglich: Bearbeitet innerhalb der Gruppe Thema XY (oftmals relativ frei wählbar), so dass am Ende ein Referat steht. Viele, gerade die schon länger angestellten Dozenten (meistens Profs) sollten sich nicht dem Alltagstrott hingeben, sondern dafür sorgen, dass was gelernt wird. D. h. sie sollten sich nicht nur über ihren Stoff Gedanken machen, sondern auch Einflüsse der Selbstbildung der Studenten betrachten und sich folglich auch den Kopf darüber zerbrechen, wie Studenten möglichst viel Stoff aufnehmen (didaktische Planung)."

Überraschend für uns Autoren: Es wird über zuviel Gruppenarbeit geklagt. Aber die Kritik überzeugt: Die Arbeitsaufträge sind im Urteil der Studierenden zu pauschal, die Ergebnissicherung ist unter Niveau.

---

57 Die Studierenden waren mehrheitlich weiblich, nur einzelne in einem grundständigen Studium. Alle nahmen an einem der ersten Studiengänge der Bundesrepublik Deutschland im elementarpädagogischen Bereich teil.

3) Die Rahmenbedingungen für erfolgreiches Lernen sind im Hochschulbetrieb nicht oder nur ungenügend gegeben.

Der „normale" Massenbetrieb der Hochschulen und Universitäten schockt insbesondere jene Studierenden, die aus dem Sek-II-Unterricht andere Standards gewohnt sind. Eine Fachhochschulabsolventin, die jetzt wieder als Erzieherin arbeitet, schreibt:

„Meiner Meinung nach bringen manche Seminare nichts, wenn sie im Hörsaal gehalten werden und 200 Studenten dort sitzen und quatschen, weil es mal wieder für 200 auf einmal ein Pflichtseminar war!!! Selbst ein popeliges Rechtsseminar könnte Spaß machen, wenn man es in einem kleinen Kreis lebendig durchführen kann. Bei zu vielen Seminaren war es reines Absitzen."

4) Die Bedeutung der sozial-emotionalen Dimension des Lernens wird von den Studierenden betont und bei den Dozenten eingeklagt.

Studierende erwarten, dass sich die Dozenten um ein lernförderliches Klima bemühen. Sie wünschen, dass diese sich auch von ihrer persönlichen Seite zeigen und zu erkennen geben, dass sie am persönlichen Wohlergehen ihrer Studierenden interessiert sind. Eine Fachhochschulabsolventin, die nun wieder als Erzieherin arbeitet:

„Dozierende fahren immer besser, wenn sie eine emotionale Bindung zu ihren Schülern aufbauen, als wenn sie diese nur als Menschen sehen, denen sie etwas voraus haben. Meine Erfahrung in der Ausbildung war, dass Dozenten, die uns mal was zum Schmökern mitgebracht haben oder sich auch privat etwas geöffnet haben, grundsätzlich eine angenehmere Arbeitsatmosphäre hatten als diese, die nur stupide ihr Ding oder ihren Stoff runtergeleiert haben. Das sich gegenseitig etwas besser Kennen lernen schafft eine andere Basis und mehr Respekt füreinander. Die Blockseminare haben mir am Besten gefallen: Da hatte man schneller eine Beziehung zur Dozentin aufgebaut und für mich ist das ein ausschlaggebender Punkt fürs Lernen."

5) Die Studierenden erwarten Praxisnähe.

Die Studierenden erwarten praxisrelevante Informationen und keine „utopischen Theorien". Geschätzt werden Anregungen zur Reflexion des eigenen Verhaltens, die Arbeit mit Fallbeispielen und deutliche Bezüge zur zukünftigen Berufstätigkeit. Eine Studierende, die in einem Kindergarten arbeitet und berufsbegleitend einen Masterstudiengang Elementarpädagogik an einer Uni absolviert, schreibt über die Lehre:

„Meist handelte es sich innerhalb der Blockseminare um berufstätige, junge Dozenten, welche versuchten möglichst optimal Praxis und Theorie anzunähern. Dozenten mit einem Prof. am Anfang, und Ü50 hatten zwar Erfahrung im jeweiligen Bereich, aber meist nur theoretisch. Innerhalb meines aktuellen Masterstudiums erlebe ich ständig ältere Professoren, welche so utopische Theorien vorstellen, dass diese nicht anwendbar sind"

Eine studierte Erzieherin:

„Mich haben vor allem Inhalte angeregt, die mit Verhalten zu tun hatten wie z. B. die Konditionierungstheorien. Diese konnte ich gut auf meinen Alltag übertragen und darüber habe ich mich viel mit den Mädels im Studium, aber auch privat unterhalten. Alles was ich auf mich oder mein Umfeld übertragen konnte, war mir einleuchtend. Reflexion war auch sehr prägend bei mir in der Ausbildung. Dadurch dass wir viele Fallbeispiele oder Praxissachen reflektieren mussten, habe ich eine gesunde Einschätzung bezüglich meines Verhaltens erworben. Jetzt erst im Berufsleben merke ich, wie wichtig das für einen ist, da es viel mit dem Selbstbild zu tun hat. Ich kann mich gut einschätzen egal ob positiv oder negativ und habe ein angemessenes Selbstbewusstsein entwickeln können. Andere Kollegen können das nicht und verarbeiten negative Erlebnisse oft nur als Kritik statt als Chance.“

Eine Fachhochschulabsolventin, die jetzt wieder als Erzieherin arbeitet:

„Ein Mittel was mir gut gefallen hat war, dass wir Elterngespräche oder eigene Vorträge auf Video aufgenommen haben. So wurde man erst aufmerksam, wie man überhaupt in einem Gespräch oder bei einem Vortrag rüber kommt. Ich wusste bis dahin gar nicht, dass ich zwischendurch mit den Hüften wackle.“

6) Brückenschläge zwischen Theorie und Praxis sind unverzichtbar.

Immer wieder werden diese Brückenschläge eingeklagt. Eine Elementarpädagogin, die jetzt als stellvertretende Leiterin einer Kindertagesstätte tätig ist und der das Brückenschlagen – offensichtlich überwiegend aus eigener Anstrengung – gut gelungen zu sein scheint, schreibt im Chatroom:

„Aus meinem Studium kann ich insbesondere Themen der frühkindlichen Bildung, wie verschiedene pädagogische Ansätze (wir arbeiten nach dem Situationsansatz) reflektieren, überarbeiten und in meiner täglichen Arbeit umsetzen. Ich arbeite aktiv mit der Leiterin zusammen und gestalte mit ihr das pädagogische Konzept neu.

Kürzlich habe ich ein neues Eingewöhnungskonzept in meiner Einrichtung eingeführt und schriftlich fixiert. Ich profitiere demnach von theoretischen Inhalten, welche ich während des Studiums bearbeitet habe und versuche diese auch an meine Mitarbeiter weiterzugeben. Ebenso wird mein theoretisches Wissen in Sachen Qualitätsmanagement anerkannt und von Kollegen erfragt. Ich bekomme also an meinem Arbeitsplatz jede Unterstützung, mein Wissen einzubringen und Neues auszuprobieren. Auch zum Thema Management gibt es vieles, was ich als Gruppenleitung z. B. in Sachen Personalplanung direkt umsetzen kann (Dienstpläne gestalten, Mitarbeitergespräche etc.) Natürlich ist es in der Praxis immer schwierig, alles was man gerne probieren möchte und weiß, auch umzusetzen. Meist fehlt einfach die Zeit und ebenso müssen sich neue Strukturen ja erst langsam integrieren.

Wichtig zu sagen ist noch, dass ich mich mit meinen Kollegen, welche zum größten Teil eher praktische Erfahrungen und nicht studiert haben, gut ergänze und wir voneinander sehr profitieren können. Insgesamt kann ich sagen, dass mir das Studium sehr sehr viel für meine tägliche Arbeit bringt. Man geht einfach mit einem umfassenden Blick auf die Dinge zu und kann, mithilfe des Trägers und der Leitung, seine Ressourcen ein- und umsetzen. Es sollte Standard werden, dass Mitarbeiter im Elementarbereich studieren.“

Was ist das „Geheimnis“ der von dieser Studentin geleisteten eigenen Brückenschläge?

1) Das Studium hat den Horizont der Erzieherin erweitert. Sie geht nun „mit einem umfassenden Blick“ auf die Dinge zu. Sie betrachtet das Theoriewissen als ein Angebot, das genutzt, aber auch ausgeschlagen werden kann.
2) Sie hat gar nicht erst die falsche Vorstellung, dass das neu im Studium erworbene Wissen 1 zu 1 umgesetzt werden könne. Das angebotene Theoriewissen wird reflektiert, überarbeitet und erst danach praktisch umgesetzt.
3) Die lokalen Bedingungen für den Einsatz neuer Konzepte werden gründlich bedacht. Das gilt insbesondere für das Ressourcenmanagement und für den behutsamen Einbezug der nicht-studierten Kolleginnen in neue Projekte und Vorhaben.

Dieser Studentin ist es offensichtlich gelungen, eine *doppelte* reflexive Distanz herzustellen: Sie sieht nun ihre eigenen berufspraktischen Erfahrungen kritischer, sie geht aber auch mit dem im Studium angeeigneten Theoriewissen kritisch um. Das haben wir in der Einleitung als „Aufbau einer forschenden Haltung“ bezeichnet — ein anspruchsvolles, aber unverzichtbares Ziel jeder akademischen Aus- und Weiterbildung.

Wir fassen zusammen:

> **These 9:** Die Wünsche der Berufslernenden und Studierenden sind nüchtern und anspruchsvoll zugleich. Sie wollen fachkompetent und berufsbezogen ausgebildet werden — und das in einer freundlichen und lernförderlichen Atmosphäre.

Berufslehrende und Dozenten

Was macht Berufslehrende und Dozenten glücklich? In der nun schon wiederholt herangezogenen Studie von Pfiffner & Walter-Laager (2009, S. 189 ff.) wurde bei Lehrpersonen der Kindergartenstufe und bei Lehrenden der Primarstufe sowie der Sekundarstufe II aus der Deutschschweiz erhoben, was befriedigende Momente in ihrem Alltag sind. Wir fassen wiederum zu wenigen Kernaussagen zusammen:

1) Positives emotionales Feedback als Benefit

Für die meisten Lehrpersonen steht beim Unterrichten die angemessene sozial-emotionale Beziehung im Zentrum. Sie wollen nicht nur Wissensvermittler sein, sondern freuen sich, wenn sie für ihre Schüler zu Vertrauenspersonen geworden sind.

Berufsschullehrerin: *„Ich habe auch dann ein Erfolgsgefühl, wenn Lernende beispielsweise mit ihren ‚Sachen' Probleme haben. Also in ihrem Privatleben oder auch in der Schule oder im Job, wenn sie sagen: Sie, können wir nicht einmal mit Ihnen reden, wir haben dieses oder jenes Problem. Dann ist das für mich ein Erfolgsgefühl, weil ich feststelle, dass mir die Schüler vertrauen. Ich bin für sie eine Vertrauensperson. Das sind für mich zwei schöne Erfolgsgefühle."*

Auch gute Beziehungen der Lernenden untereinander wurden von den Lehrpersonen als positives Erlebnis wahrgenommen.

2) Sichtbare Lernfortschritte der Schülerinnen und Schüler als Benefit

Auf jeder Schulstufe betonen die Lehrpersonen, dass sie sich über Lernerfolge ihrer Schüler freuen.

Grundstufenlehrerin: *„Ich freue mich mit den Schülern, wenn sie lesen können und wirklich alles lesen. (...) Wenn ihnen die ganze Welt der Buchstaben offen steht und sie wirklich eintauchen und Freude daran haben. Das sind für mich Erfolgserlebnisse."*

Als besonders beglückend wird dabei empfunden, wenn die Schüler selbstständig gearbeitet haben.

Berufsschullehrerin: *„Ich freue mich, wenn ich nach einer gewissen Zeit in einem bestimmten Bereich den Lernzuwachs sehe. Ganz konkret handelt es sich um die Selbsterarbeitung von kleinen Dokumentationen oder um kleine Gruppenarbeiten und deren Präsentationen. Dann, wenn ich das ganz gezielt geübt und aufgebaut habe. Oder, wenn sie nach etwa zwei Monaten in der Schule ganz frei ein Plakat gestalten können und am Schluss dann die selbständige Vertiefungsarbeit. Dort zeigen die Schüler jedes Jahr tolle Präsentationen.*

3) Gelungene didaktische Settings als Benefit für Lehrpersonen

Lehrpersonen freuen sich, wenn sie sehen, dass ihr didaktisches Geschick den Lernprozess der Schüler befördert hat:

Lehrperson: *„Ich freue mich, wenn ich die Jugendlichen unterstützen kann. Wenn sich meine Unterrichtsplanung bewährt. Wenn das, was ich geplant habe, am Schluss auch gelingt."*

Die Frage, was Berufslehrende und Dozenten glücklich macht, mag auf den ersten Blick überflüssig erscheinen – sie ist es aber nicht. Auch Lehrende haben Bedürfnisse:

These 10: Unterrichtsqualität darf nicht einseitig auf die Lernenden ausgelegt werden. Nur dann, wenn auch die Berufszufriedenheit der Lehrpersonen hoch ist, kann von gutem Unterricht bzw. von guter Hochschullehre gesprochen werden.

Wir fassen zusammen:

1) Die Rücksichtnahme auf die individuelle Lernbiografie jedes einzelnen Berufsler- nenden und Studierenden ist wichtig. Viele Berufslehrende können das und tun es auch – aber offensichtlich nicht alle Hochschullehrer.
2) Die Berufslernenden und Studierenden verfügen z. T. über ein hoch ausdifferen- ziertes Vorwissen und auch über ein hohes Maß an Reflexionsfähigkeit. Deshalb übernehmen sie die Lehrinhalte nicht 1 zu 1, sondern integrieren sie in ihre Lernbiografie.
3) Die Ausbildung gelingt in einer „vorbereiteten Umgebung", wie sie in den Berufs- bildenden Schulen noch häufiger gegeben war, besser als in den unwirtlichen Räumen der Hochschule.
4) Die Studierenden wollen einen klar ausgewiesenen Praxisbezug. Das ist aber kei- ne Theoriefeindlichkeit. Theorien, die für sie einen erkennbaren praktischen Be- zug haben, werden hoch geschätzt.
5) Auch die Lehrenden möchten eine für sie persönlich befriedigende Berufsarbeit leisten.

3.2 Brückenschläge zwischen Theorie und Praxis

Plädoyer für handlungsorientierten Unterricht

Die Berufslernenden und die Studierenden sollen lernen, ihr eigenes Denken und Handeln kritisch und konstruktiv zu reflektieren und weiterzuentwickeln. Dafür bie- tet sich das schon über 100 Jahre alte Konzept des *handlungsorientierten Unterrichts (HoU)* an, das weit über den Bereich der Berufsbildung hinaus eingesetzt wurde und wird und das durch die aktuellen Berufsbildungs-Forderungen, in Lernfeldern zu ar- beiten und kompetenzorientiert zu unterrichten, neue Bedeutung erhalten hat. Hand- lungsorientierung erfordert ein hohes Niveau der Selbststeuerung der Lernenden. Die theoretischen Grundlagen dafür haben wir schon im Kapitel 1.3 skizziert. Wir merken aber an, dass nicht der gesamte berufsfeldbezogene Unterricht handlungsori- entiert erfolgen muss. Es wird auch immer wieder kürzere oder längere Phasen der direkten Instruktion geben.

Im Jahr 2007 hat die Deutsche Kultusministerkonferenz *„Handreichungen für die Erar- beitung von Rahmenlehrplänen ... für den berufsbezogenen Unterricht"* verabschiedet und darin den HoU in den Mittelpunkt gerückt. Als Orientierungspunkte für den HoU definieren die Autoren:

- „Didaktische Bezugspunkte sind Situationen, die für die Berufsausbildung bedeutsam sind (Lernen für Handeln).
- Den Ausgangspunkt des Lernens bilden Handlungen, möglichst selbst ausgeführt oder aber gedanklich nachvollzogen (Lernen durch Handeln).
- Handlungen müssen von den Lernenden möglichst selbstständig geplant, durchgeführt, überprüft, gegebenenfalls korrigiert und schließlich bewertet werden.
- Handlungen sollen ein ganzheitliches Erfassen der beruflichen Wirklichkeit fördern, z. B. technische, sicherheitstechnische, ökonomische, rechtliche, ökologische, soziale Aspekte einbeziehen.
- Handlungen müssen in die Erfahrungen der Lernenden integriert und in Bezug auf ihre gesellschaftlichen Auswirkungen reflektiert werden.
- Handlungen sollen auch soziale Prozesse, z. B. der Interessenklärung oder der Konfliktbewältigung, sowie unterschiedliche Perspektiven der Berufs- und Lebensplanung einbeziehen." (KMK 2007, S. 12 f.)

Die KMK hat damit ein durchaus anspruchsvolles Konzept verbindlich gemacht, das sich weitgehend mit den Interessen und Erwartungen der oben zitierten Berufslernenden und Studierenden der Elementarpädagogik deckt. Es wird aber von den Autoren betont, dass es ganz unterschiedliche Möglichkeiten der didaktisch-methodischen Umsetzung geben muss.[58]

Was ist handlungsorientierter Unterricht? Wir definieren im Anschluss an Jank & Meyer (2002, S. 315):

Arbeitsdefinition: Handlungsorientierter Unterricht ist ein ganzheitlicher und schüleraktiver Unterricht, in dem die zwischen dem Lehrenden und den Lernenden vereinbarten Handlungsprodukte die Gestaltung des Unterrichtsprozesses leiten, so dass Kopf- und Handarbeit der Lernenden in ein ausgewogenes Verhältnis zueinander gebracht werden können.

Dort (a. a. O. S. 321–326) werden auch lerntheoretische, sozialisationstheoretische und bildungstheoretische Gründe genannt, die für den Einsatz dieses Konzepts sprechen.

Bei der Planung des HoU ergeben sich sieben Gestaltungsaufgaben:

---

58 Eine Engführung des Unterrichts auf das immer wieder gleiche Abspulen einer „vollständigen Handlung" nach Hacker und Volpert muss vermieden werden!

1) Die Aufgabenstellungen des HoU werden interessenorientiert und entwicklungsbezogen formuliert.

Die zwischen der Lehrperson und den Lernenden vereinbarte Aufgabenstellung sollte so formuliert werden, dass sie den subjektiven Interessen möglichst vieler Lernenden entspricht, zugleich aber auch für möglichst viele eine sinnvolle Entwicklungsaufgabe darstellt. Deshalb müssen die Lehr-Lernhandlungen an die schon gemachten Erfahrungen anknüpfen; sie sollten aber nicht bei ihnen stehen bleiben, sondern den Erwerb neuer Kompetenzen einschließen.

2) Die Handlungsplanung erfolgt produktbezogen.

Die Verständigung des Lehrenden und der Lernenden über das im Unterricht anzustrebende Handlungsprodukt ist der Start- und Angelpunkt für die Realisierung des HoU. Dabei kommt es darauf an, dass möglichst oft reale, vorzeigbare Produkte entstehen. Das können Planungsprodukte sein (z. B. für einen der Bausteine aus Kapitel 2); das können Präsentationsformen sein, z. B. eine kleine Inszenierung, ein Internetauftritt oder die Gestaltung einer Exkursion, ein Beobachtungsvorhaben in einer Kindertagestätte u. a. Die Vereinbarung eines Handlungsprodukts hilft den Studierenden, stärker selbstreguliert zu lernen und zu arbeiten. Warum? Weil die Lernenden dann, wenn sie sich mit der vereinbarten Aufgabe identifizieren, auch fantasievoll an das Austüfteln von Lösungen gehen und zugleich disziplinierter beim Einhalten der vereinbarten Spielregeln, Termine und Qualitätsstandards sind.

3) Die „soziale Architektur" ist kooperativ.

Die Schülerinnen und Studierenden arbeiten in Tandems und kleinen Teams. Zwischendurch gibt es immer wieder Reflexionsphasen, in denen alle zusammenkommen. So können die Lernenden von Anfang an an der Planung, Durchführung und Auswertung des Unterrichts beteiligt werden. Nicht alle Schülerinnen sind teamfähig – aber wenn überhaupt, so haben sie im HoU die Chance, ihre Teamfähigkeit zu entwickeln.

4) Es gibt eine sorgfältig vorbereitete Umgebung.

Räume werden vorgehalten, mit denen sich die Lernenden identifizieren können und für deren Gestaltung sie Mitverantwortung übernehmen können. (Das ist an Fachhochschulen und Universitäten schwierig, aber nicht unmöglich.) Materialien werden vorgehalten oder gemeinsam erarbeitet, die für das Handlungsprodukt erforderlich sind.

5) Berufliche Lernsituationen stehen im Mittelpunkt.

Die im HoU bearbeiteten Themen werden nicht aufgrund einer wissenschaftlichen Fachsystematik, sondern aufgrund ausbildungsrelevanter Praxisprobleme ausgewählt, die zu berufsrelevanten Lernsituationen verdichtet worden sind. Sie erlauben die Arbeit in einem authentischen Kontext, in dem nicht nur Fachkompetenzen, sondern auch berufsrelevante Haltungen aufgebaut werden können.

Aber selbstverständlich gibt es auch im HoU lehrgangsförmig strukturierte, kürzere oder längere Einschübe, in denen sich die Schüler und Studierenden das Fachwissen und die Kompetenzen aneignen, um Probleme zu lösen.

6) Die Prozesssteuerung ist offen und produktorientiert.
Damit ist die zeitliche Phaseneinteilung der Lernprozesse gemeint. Hier gibt es erhebliche Probleme, weil ein handlungsorientiertes und projektförmiges Lernen deutlich schwerer in feste Zeitgefäße zu packen ist. Oft wird es deshalb nur dadurch zu schaffen sein, dass Lehrende und Lernende ihr Zeitdeputat überschreiten.

7) Es gibt ausreichend Freiräume für selbstorganisiertes Lernen.
Nicht alles darf verplant werden. Es ist wichtig, die Studierenden manchmal auch etwas alleine erarbeiten zu lassen. Der Stolz über ein gelungenes Arbeitsergebnis ist dann umso größer. Gleichzeitig werden Rückzugsräume und -phasen geschaffen, die von den meisten Schülerinnen und Studierenden begrüßt und nur selten missbraucht werden.

Es gibt inzwischen insbesondere in der beruflichen Bildung viele erprobte Modelle zum handlungsorientierten Unterricht. Wir nennen zwei davon:

- Das in der niedersächsischen Schulinspektion verwendete und allen Lehrern empfohlene Konzept des HoU ist in einer gelungenen Grafik komprimiert dargestellt (siehe Abb. 3.1 auf S. 69). Dazu heißt es im erläuternden Text (Niedersächsisches Landesinstituts für schulische Qualitätsentwicklung 2011): *„Die im Folgenden vorgestellten Kategorien eines didaktischen Konzepts beruflicher Handlungsorientierung sollen einer strukturierten Qualitätsanalyse der schulischen Curriculumarbeit und des Unterrichts dienen. ... Während die zentralen Kategorien „Komplexe Problemstellung", „Handlungssystematik" und „Handlungsprodukt" kennzeichnend für einen handlungsorientierten Unterricht sind, können alle anderen Kategorien auch in einem nicht handlungsorientierten Unterricht (direktiv, fachsystematisch, ...) positive Ausprägungen haben."*
- Uta Oelke von der Fachhochschule Hannover hat für die Ausbildung in Pflegeberufen ein umfassendes Konzept des Erfahrungsbezogenen Unterrichts entwickelt, das ebenfalls gut geeignet ist, um die geforderten Brückenschläge zu gewährleisten und deshalb viele Anregungen für die Elementarpädagogik geben kann (Oelke & Menke 2005; Oelke & Meyer 2012).

Handlungsorientierter Unterricht kann richtig Spaß machen, er kann aber auch anstrengend werden, weil er viel Arbeit macht und risikoreich ist. Die Lernenden können sich nicht mehr hinter dem Rücken ihres Vordermanns verstecken. Sie sind fortwährend gefordert, müssen mitplanen, mitarbeiten und ihre Arbeitsergebnisse der Kritik der Mitschüler aussetzen. Die Lehrenden haben ebenfalls viel Vorbereitungsarbeit. Hinzu kommt, dass der Unterricht — vorsichtig formuliert — überraschungsin-

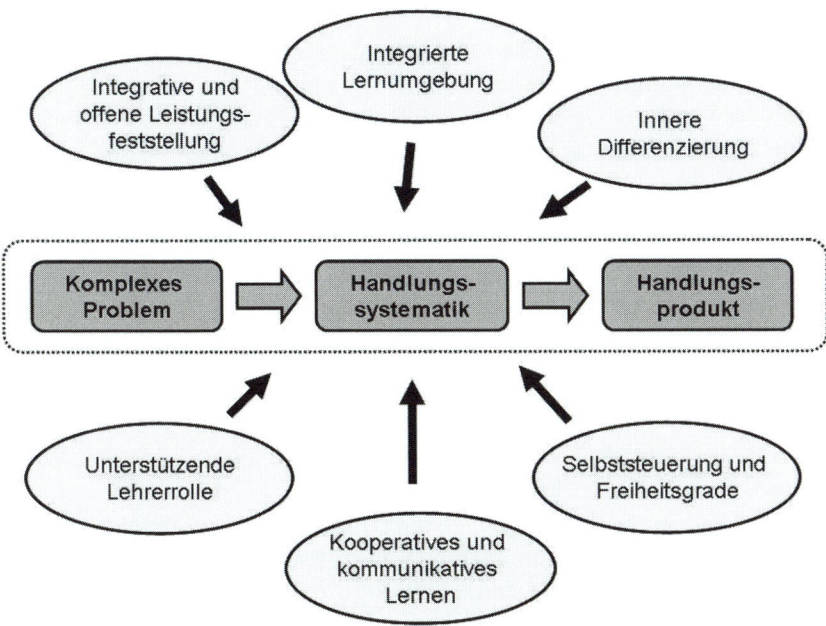

Abb. 3.1: Raster Handlungsorientierung

tensiver als der herkömmliche Fachunterricht ist: Es kann unerwartete Krisen bei der Herstellung anspruchsvoller Produkte geben, die Arbeitsergebnisse können enttäuschend ausfallen, auch die Leistungsbewertung ist kompliziert.

Wir fassen zusammen:

1) Handlungsorientierter Unterricht kann kompetenzbezogen gestaltet werden, indem berufliche Anforderungssituationen als „Lernsituationen" in dem Mittelpunkt der Arbeit gestellt werden.
2) Die Lernsituationen werden so gestaltet, dass das vernetzende Denken und Handeln gefördert wird.
3) Im Unterricht entstehen Handlungsprodukte. Sie werden so ausgewählt und gestaltet, dass theoretische und praktische Anteile des Unterrichts gut miteinander verknüpft werden können.

Praxisberichte

Die folgenden vier Praxisbeispiele genügen u. E. den oben genannten Ansprüchen an die handlungsorientierte Unterrichtsgestaltung zumindest ansatzweise. Alle Beispiele sind mehrfach erprobt.

Beobachten und Bewerten von Lernsituationen

In vielen elementarpädagogischen Ausbildungsgängen ist „Beobachten und Bewerten" ein zentrales Modul. Inhalt des Moduls ist zumeist die Vermittlung verschiedener theoretisch fundierter Beobachtungsinstrumente. Die ersten Beobachtungsübungen können mit Hilfe von Videosequenzen innerhalb des Seminars gemacht werden. Ideal ist es allerdings, wenn ein vorbereiteter Praxisbesuch angeschlossen wird, in dem real beobachtet wird:

Ablaufschema: Beobachtungstraining mit Praxisbesuch

1) In einem Theorieschub werden die Grundbegriffe und -fertigkeiten des Beobachtens, samt typischer Fehlerquellen behandelt.
2) Die Seminargruppe wird in 2er Gruppen aufgeteilt. Jedes Tandem bereitet einen kleinen Posten vor, den die Kinder in circa 5 Minuten absolvieren können.
3) Jedes Tandem entwickelt zusätzlich ein Beobachtungsverfahren für seinen Posten (z.B. einen Beobachtungsbogen) und lässt sich dabei von bestehenden, eingeführten Instrumenten anregen.
4) Posten und Beobachtungsverfahren werden im Seminar vorgestellt, beurteilt und gemeinsam optimiert.
5) Zeitnah begibt sich die Seminargruppe in eine Kindertagesstätte und installiert sich im Hauptraum, in den Nebenräumen und draußen. Die Kinder dürfen alles ausprobieren, was sie wollen und soviel sie mögen – die Studierenden arbeiten mit den Kindern und setzen dabei ihre Beobachtungsverfahren ein und dokumentieren das Erlebte.
6) Über jedes Kind entsteht ein Dossier. Reflektiert wird zusätzlich die Eignung der Posten und der Beobachtungsverfahren.
7) Die im Dossier festgehaltenen Beobachtungsergebnisse werden interpretiert. Dabei findet ein Rückbezug auf die theoretischen Grundlagen des Beobachtungsbogens und auf entwicklungspsychologische Grundlagen statt.
8) Falls die Zeit dies zulässt, werden Fördersequenzen für einzelne Kinder oder ganze Kindergruppen ausgearbeitet.

Methodenreflexion: Für die Studierenden ist die authentische Situation ausgesprochen anregend. Die Auswertungen werden mit großem Ernst vorgenommen. Und auch für die Kinder ist es ein großer Spaß, wenn sie aus einem großen anregenden Angebot an Posten auswählen können. Die Dozentin hat ebenfalls ihren Benefit: *„Ich (CWL) hatte Zeit, Fotos im Kindergarten zu machen, die dann in späteren Seminarsitzungen weiter genutzt werden konnten. Zusätzlich war ich für Notfälle zuständig und half über Klippen, wenn die Studierenden nicht mehr weiter wussten, weil eine Situation nicht so lief wie erhofft. Aber das wichtigste bei solchen Sequenzen ist: Die Studierenden arbeiten hoch motiviert und die Selbstreflexion wird gratis mitgeliefert."*

Rollenspiele als Simulation öffentlicher Auftritte

Rollenspiele leben von der lebendigen und aktiven Übernahme einer Rolle. Das setzt in der Regel voraus, dass zuvor in einer kurzen Theoriephase Rollenmerkmale skizziert und möglicherweise widersprüchliche Erwartungen an die Rollenausfüllung bewusst gemacht worden sind.[59]

Rollenspiele eignen sich gut für die Simulation von Situationen, die im Praktikum und auch innerhalb oder außerhalb der Universität nicht gut erlebt werden können. Das sind z. B. Beratungssituationen, bei denen die Anwesenheit von Studierenden stören würde. Gerade die Gesprächsführung mit Eltern oder Behördenmitgliedern über pädagogische Anliegen will gelernt sein und braucht Übung. Nur so kann ein professionelles Auftreten eingeübt werden. Gleichzeitig erleben die Berufslernenden in der „Rolle des Gegenübers", wie sich diese Situation in etwa anfühlt.

Ablaufschema Rollenspiel

1) Die Rollenspielidee wird von der Dozentin vorgestellt und erläutert. Die zu vergebenden Rollen werden benannt, z. B. „Erzieherin", „Mutter", „Vater" und „Kita-Leiterin".
2) Ein Lehrtext zum Fachhintergrund wird verteilt. Die Studierenden lesen sich ein.
3) Die Rollen werden verteilt, auch mehrfach.[61] Jede überlegt sich, welche Fragen sich in ihrer Rolle aufdrängen. Alle übrigen Teilnehmer werden zu Expertinnen für einen Teilaspekt ernannt und arbeiten sich ebenfalls ein.
4) In zwei Runden können sich die Rollenspieler bei den Expertinnen schlau fragen. Dazu verteilen sich die Expertinnen im Raum; die Rollenträger mit Informationsbedarf zirkulieren.
5) Eines oder mehrere Rollenspiele zum selben Thema werden durchgeführt, beispielsweise in Form einer Diskussionsrunde in einem Stuhlkreis in der Mitte des Raumes.
6) Zusätzlich kann ein zu Beginn noch leerer Expertenstuhl mit in die Runde gestellt werden. So kann jede Expertin ihr Expertenwissen einbringen, wenn es sie unter den Nägeln brennt.

Methodenreflexion: In einer gemeinsamen Schlussrunde werden die Erfahrungen unter Einbezug der unterschiedlichen Perspektiven der Rollenspieler ausgewertet.

---

59 Eine ausführliche Darstellung der Gestaltungsprinzipien, Spieltechniken und des Ablaufs bei Meyer (1987, Bd. 2, S. 357 ff.).
60 Dabei haben wir gute Erfahrungen mit Rollenkarten gemacht, auf denen ganz kurz die Rolle beschrieben wird: „Du spielst die Mutter. Sie ist unzufrieden und beklagt sich." (Detaillierte Beschreibungen sind eher hinderlich für die kreative Rollenübernahme.)

Ein Doppeldecker: Beobachtung der Berufslernenden und Studierenden

 Die Berufslernenden und Studierenden müssen lernen, die Lernwege der Kinder zu begleiten. Dies können sie umso besser, wenn sie auch in der Schule bzw. der Hochschule auf ihrem Lernweg begleitet worden sind. Wir empfehlen also erneut einen Doppeldecker. Dazu der folgende Praxisbericht:

Beobachtungen und Rückmeldungen zum Studierenden-Verhalten

Catherine Walter-Laager berichtet: *„In Hochschulen herrscht die Unart, dass die Studierenden nur sehr selten pädagogisch wertvolle Situationen erleben. Häufig werden die Studierenden einfach geprüft und die Note wird zurück gemeldet. Jeweils in einem meiner laufenden Seminare mache ich das anders: Ich lege zu Beginn eine Übersicht über die Teilnehmerinnen und Teilnehmer an und reflektiere die Modulziele. Dann starte ich eine systematische Beobachtung. Dabei leiten maximal drei Schwerpunkte meine Beobachtungen. Dies können beispielsweise*

- *Wissensbausteine sein,*
- *die Auftrittskompetenz bei Referaten und*
- *die Qualität, mit der die Studierenden miteinander interagieren.*

So gerüstet versuche ich, mir während der ganzen Veranstaltungen kurze Notizen zu machen. Schon bald kristallisieren sich durch das systematische Beobachten jene Personen heraus, welche ich sonst nicht wahrnehme, wie auch diejenigen, welche sich ständig melden und aktiv sind. Die Unauffälligen fokussiere ich in der Folgeveranstaltung speziell und mache mir extra Notizen. Oder ich spanne auch schon mal die Studierenden selbst in die Beobachtung ein. Jeder bekommt ein Notizblatt und muss eine eigene Handlung über die gesamte Unterrichtseinheit hinweg dokumentieren. (Einmal mussten sich die Studierenden beispielsweise aufschreiben, wie häufig sie sich gemeldet haben und wie häufig sie zu Wort gekommen sind – was sehr spannend war.)

Arbeitsphasen zu zweit oder in Gruppen sind gut geeignet, um mit jeder Person in Kontakt zu treten, Präsentationen von Arbeitsergebnissen im Plenum sind gut, um die Auftrittskompetenz zu erfassen.

Gegen Ende des Seminars mache ich jeweils mehrere Rückmeldungsrunden.

Wenn die Zeit knapp wird oder wenn der Inhalt dies fordert, habe ich auch kleine Lerngeschichten über die Studierenden mit Hilfe ihrer Kommilitoninnen anfertigen

lassen. Das Konzept dazu stammt von Margret Carr (2007). Es ist in der Elementarpädagogik sehr verbreitet und wird in den Modulen zu Beobachtungsverfahren fast überall vermittelt."

Lernstandsüberprüfung

Berufslernende müssen lernen, den Lernstand von Kindern zu überprüfen. Das geht gut bei selbstbestimmten Aktivitäten (Bausteine 1 und 2), weil mehr Zeit zum genauen Beobachten bleibt. Dazu ein vierter Praxisbericht mit Doppeldecker-Funktion.

Freispiel mit Videoanalysen zum Lernstand

Am Ende der Berufsausbildung von Lehrpersonen für die Kindergartenstufe (Deutschschweiz) war in den Modulplänen eine Vertiefungseinheit zum Freispiel vorgesehen. Sämtliche Studierenden hatten bereits theoretische wie auch praktische Kenntnisse und so war es wichtig, dass man nicht bei Null anfing.

Für die Seminarsitzung wurden von der Dozentin ganz einfache Utensilien mitgebracht, welche ein traditionelles Spielangebot im Kindergarten erweitern. Die Studierenden bildeten Tandems. Sie mussten sich zu zweit ein Lernmaterial auswählen. Sie hatten dann 3 Minuten Zeit, sich abzusprechen. Und dann ging es los zu einem nahegelegenen Kindergarten.

Angekommen zeigten die Studierenden den Kindern, was sie mitgebracht hatten. Es bildeten sich spontane Spielgemeinschaften. Dort wo die Kinder nicht einstiegen, spielten die beiden Studierenden zusammen und interessierte Kinder kamen hinzu. Das Spiel der Studierenden wurde von mir auf Video aufgenommen.

Die Videoaufnahmen bildeten dann die Grundlage für die Weiterarbeit: Die Studierenden analysierten den Lernstand der Kinder – ich machte behutsame Aussagen zum Lernstand der Studierenden.

Die Aufnahmen wurden in folgenden Seminarsitzungen mehrfach erneut genutzt: z. B. zur Analyse des Freispiels und zur Prüfung von Interventionsmöglichkeiten im Freispiel.

Methodenreflexion: Wir wissen aus der Forschung, dass Microteaching eine hoch effektive Lern- und Übungsform ist (Hattie 2009, S. 112). Das zeigte sich auch bei diesen Übungen. Die Authentizität des Videomaterials stachelte alle an, sehr genau hinzuschauen und alternative Verhaltensweisen zu durchdenken.

Wir hoffen, dass die vier Praxisbeispiele deutlich gemacht haben: Brückenschläge zwischen Theorie und Praxis sind möglich – aber sie erfordern eine klare wissenschaftliche Orientierung der Lehrperson, gründliche Vorbereitung und eine „starke" Wahrnehmung der Lehrenden-Rolle.

Ein Arbeitsbündnis schmieden

Wie lernen Erwachsene? Gibt es überhaupt Besonderheiten des Erwachsenen-Lernens? Ein großer Teil der Lernbedingungen und -prozesse ist ja zwischen Kindern und Erwachsenen gleich, aber es gibt doch deutliche Akzentuierungen:

- Nicht nur die Kinder, auch die Jugendlichen und Erwachsenen lernen gern und intensiv „am Modell"; damit ist der Nachvollzug vorgelebter Verhaltensweisen und Haltungen gemeint (Bandura 1976).
- Das Lernen funktioniert besser, wenn ein Interesse am Lerngegenstand besteht (Krapp 2001).

Beim Lernen von Erwachsenen kommt hinzu:

- Bekanntes gibt Sicherheit: Sich in einem wenn auch noch so kleinen Gebiet gut auszukennen und dies allenfalls sogar anderen zu zeigen, macht einfach Spaß.
- Unbekanntes weckt Neugier: Sich auf neue geistige Abenteuer einzulassen, macht der Mehrzahl der Lernenden Spaß – und manche behalten ihre Neugier bis zum Lebensende.
- Das Eintauchen in eine berufliche Gemeinschaft kommt als Entwicklungsaufgabe hinzu. Dem dienen die Praktika, aber auch Gespräche und gemeinsam benennbare Bezugspunkte.

Ein Punkt, der für das Lernen von Erwachsenen besonders wichtig ist, ist noch nicht genannt: Die Lernenden müssen kapieren, dass ihnen die Lehrenden helfen wollen. Wenn die Lernenden dies kapiert haben, ist es einfach, ein Arbeitsbündnis mit ihnen zu schmieden.

Ein **Arbeitsbündnis** ist ein didaktisch-sozialer Vertrag zwischen den Lehrenden und Lernenden (Meyer 2007, S. 90). Die Lehrperson sagt den Schülern/den Studierenden deutlich, was sie erwartet, sie macht aber ein ebenso deutliches und klares Angebot, was sie selbst zu leisten bereit ist. Ein Arbeitsbündnis kann sehr unterschiedliche Formen annehmen:

- Das Arbeitsbündnis kann am ersten Schultag oder in der ersten Seminarsitzung förmlich vereinbart worden sein, nachdem Sie Ihre Planung erläutert, mit den Schülern/Studierenden diskutiert und dann einen Konsens gefunden haben.
- Es kann auch auf leisen Sohlen daher kommen. Die Klasse/das Seminar akzeptiert Sie sofort, weil Sie Fachkompetenz ausstrahlen und weil Sie freundlich und gut vorbereitet wirken. Dann brauchen Sie gar nicht lange zu verhandeln. Sie fangen einfach mit der Arbeit an.
- In manchen Klassen/Kursen ist es erforderlich, das Arbeitsbündnis ganz deutlich und explizit zu vereinbaren, gern auch schriftlich – das kann insbesondere dort sinnvoll sein, wo die Schüler mit erheblichen Lernproblemen zu kämpfen haben, oder auch dort, wo sie aus ihrer vorherigen Schulzeit keinerlei Erfahrungen mit expliziten Arbeitsbündnissen mitbringen.

Es gibt einige Voraussetzungen auf Lehrendenseite für das Zustandekommen eines Arbeitsbündnisses:

- ein respektvoller Umgang mit jedem Einzelnen und mit allen zusammen,
- hohe Verlässlichkeit in der Betreuung,
- Berechenbarkeit des Verhaltens
- und Verständlichkeit der Absprachen.

Voraussetzungen auf der Seite der Schülerinnen und Studierenden sind:

- Respekt und Vertrauen gegenüber der Lehrperson und den Mitschülern und Mitstudierenden,
- Einhalten von Absprachen,
- und didaktische Kompetenz (s. u.).

Das Arbeitsbündnis muss *belastbar* sein. Ein aus Zeitgründen vorschnell verabschiedetes Arbeitsbündnis, bei dem die Lehrenden ihre Interessen einseitig durchgedrückt haben oder bei dem eine durchsetzungsfähige Minderheit der Klasse die übrigen Schülerinnen bzw. Seminarmitglieder majorisiert hat, bricht meist nach wenigen Stunden in sich zusammen. Dann ist noch nicht „Ende der Fahnenstange", aber im Unterricht muss eine Zäsur gemacht und erneut verhandelt werden.

Damit die Teilnehmer das eingegangene Arbeitsbündnis tatsächlich umsetzen können, benötigen sie **didaktische Kompetenz**. Damit ist mehr gemeint als die Fähigkeit, den persönlichen Lernweg bewusst zu gestalten (was wir in Kapitel 1 bereits als Selbststeuerungskompetenz beschrieben haben). Gemeint ist die Fähigkeit und Bereitschaft, den Lern- und Arbeitsprozess der ganzen Klasse/des ganzen Seminars in den Blick zu nehmen, Inhalts- und Methodenvorschläge zu machen, Teile der Lehre zu übernehmen und den Lernfortschritt der ganzen Klasse zu reflektieren (Jank & Meyer 2002, S. 258).

Wie Arbeitsbündnisse im Schulalltag gestaltet werden oder auch misslingen können, haben Werner Helsper, Rolf-Torsten Kramer u. a. (2009) in einer empirischen Studie zur Schul- und Unterrichtskultur eindrucksvoll belegt. Die Autoren können sogar zeigen, dass hier und dort die Schüler die Initiative ergreifen, um die Lehrperson dazu zu bringen, ein anspruchsvolleres Arbeitsbündnis anzubieten als zunächst vorgesehen.

Wir fassen Kapitel 3.2 zusammen:

1) Guter berufsbezogener Unterricht zeichnet sich durch regelmäßige Brückenschläge zwischen Theorie und Praxis aus.
2) Das Konzept des handlungsorientierten Unterrichts liefert dafür eine gute Grundlage.
3) Praxisbeispiele belegen die Praktikabilität dieses Ansatzes.
4) Ein Arbeitsbündnis hilft, das Konzept umzusetzen.

3.3 Vier Grundformen des Unterrichts

Alle Jahre wieder werden den Kolleginnen und Kollegen in Deutschland, in der Schweiz und anderswo brandneue Unterrichtskonzepte präsentiert, die dann möglichst alle Lehrenden auf der Stelle übernehmen sollen. Vor 40 Jahren war das der Projektunterricht, vor 30 Jahren der handlungsorientierte Unterricht, vor 20 Jahren die Wochenplan- und Freiarbeit, vor 10 Jahren das Lernen-durch-Lehren (Gruppenpuzzle u. a. m.). Was davon ist unverzichtbar? Was kann man getrost vergessen?

Die Antwort auf diese Frage ist kompliziert. Erforderlich ist ein **theoretischer Orientierungsrahmen**, in den die vielen neuen und auch die uralten didaktischen Erfindungen eingeordnet werden. Das geht am besten, indem ein Satz von Grundformen des Unterrichts definiert wird, denen dann die aktuellen und auch die seit jeher genutzten Unterrichtskonzepte zugeordnet werden können. Erst danach kann dann auch eine begründete Empfehlung ausgesprochen werden, ob das Unterrichtskonzept einer Fachschule bzw. eines Hochschulstudiengangs ausgewogen ist oder nicht.

Im zweiten Kapitel dieses LEITFADENs ist bereits gefragt worden, welche unverzichtbaren „Bausteine" der elementarpädagogischen Bildungsarbeit es gibt. Vier Aktivitäten sind dabei definiert worden. Wir fragen nun: Gibt es im Sekundarstufenunterricht und in der Hochschullehre eine vergleichbare theoretische Ordnungsmöglichkeit? Wir sagen: Ja, auch wenn die in der Kindergarten-Bildungsarbeit gebräuchlichen Bezeichnungen nicht mehr vorkommen. Üblich ist es ja, von Kursen, Modulen, Lehrgängen, von Vorlesungen und Seminaren, von Trainingseinheiten, Praktika, Hausarbeiten, Vertiefungsarbeiten usw. zu sprechen. Schaut man genauer hin, so sind auch hier die gleichen Ordnungsmuster zu erkennen.

Wir schlagen vor, auch hier vier Grundformen zu unterscheiden, die aber anders geschnitten sind als in der elementarpädagogischen Bildungsarbeit.[61] Zwei Kriterien sind für die Definition der vier Grundformen ausschlaggebend: zum einen das von Nr. 1 bis Nr. 4 zunehmende Niveau der Selbststeuerung des Lernens; zum anderen die damit systematisch verbundene jeweils unterschiedliche Konstellation von Lehrenden und Lernenden.

In allen vier Grundformen können Brückenschläge zwischen Theorie und Praxis hergestellt werden. In allen vier Formen ist die Selbstregulation des Lernens — wenn auch in unterschiedlichem Ausmaß — nötig und möglich.

Jede der vier Grundformen hat ihre starken und ihre schwachen Seiten, bestimmte didaktische Funktionen und bevorzugte Methoden:

- **Grundform 1**: Die **direkte Instruktion** dominiert bis heute in nahezu allen Schulformen und -stufen. Die wichtigsten Varianten sind der Fachunterricht und die Lehrgänge. Typische Lehrendentätigkeiten sind das Vortragen, das Zeigen, Erläu-

---

61 Dabei handelt es sich um eine berufsbildungsbezogene Variation des an anderer Stelle (Meyer 2007, S. 57–69) vorgestellten „Ei des Kolumbus". Deshalb auch die von den Erläuterungen abweichende Nummerierung.

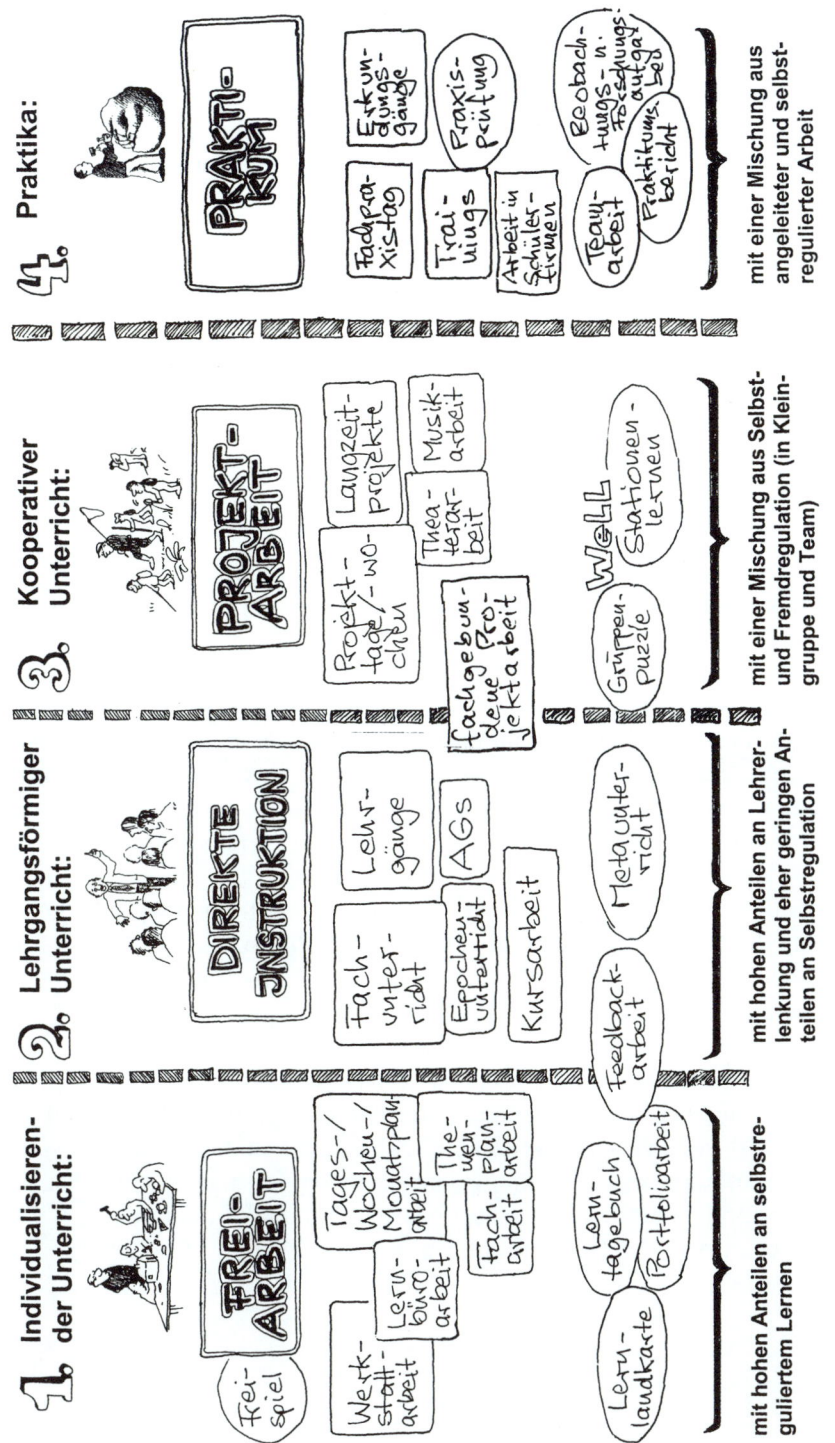

1. Individualisierender Unterricht:

FREIARBEIT

- Freispiel
- Werkstattarbeit
- Lernbüroarbeit
- Tages-/Wochen-/Monatsplanarbeit
- Themenplanarbeit
- Facharbeit
- Lerntagebuch
- Portfolioarbeit
- Lernlandkarte

mit hohen Anteilen an selbstreguliertem Lernen

2. Lehrgangsförmiger Unterricht:

DIREKTE INSTRUKTION

- Fachunterricht
- Lehrgänge
- AGs
- Epochenunterricht
- Kursarbeit
- Feedbackarbeit
- Metaunterricht

mit hohen Anteilen an Lehrerlenkung und eher geringen Anteilen an Selbstregulation

3. Kooperativer Unterricht:

PROJEKTARBEIT

- Projekttage-/-wochen
- Langzeitprojekte
- Musikarbeit
- Theaterarbeit
- fachliche Projektarbeit
- Gruppenpuzzle
- WELL
- Stationenlernen

mit einer Mischung aus Selbstund Fremdregulation (in Kleingruppe und Team)

4. Praktika:

PRAKTIKUM

- Fachpraxistag
- Trainings
- Arbeit in Schülerfirmen
- Erkundungsgänge
- Praxisprüfung
- Teamarbeit
- Beobachtungs- u. Forschungsaufgabe
- Praktikumsbericht

mit einer Mischung aus angeleiteter und selbstregulierter Arbeit

Abb. 3.2: Vier Grundformen des Unterrichts

tern und Fragenstellen. Typische Lernertätigkeiten sind Zuhören, Abschreiben, Nachdenken und Antworten. Direkte Instruktion ist gut geeignet, um einen Sach-, Sinn- und Problemzusammenhang aus der Sicht des Lehrenden zu vermitteln. Die Vergleichbarkeit der individuellen Leistungen ist dabei hoch. Der Einbau kurzer Phasen selbstregulierten Lernens — z. B. in Form von Tandem- und Einzelarbeit — ist möglich.

- **Grundform 2:** Die Schüler arbeiten **im individualisierenden Unterricht** allein oder hin und wieder auch im Tandem an vorgegebenen oder selbst gesetzten Aufgaben. Sie können das Thema, den Kooperationspartner und die Arbeitsformen selbst bestimmen oder zumindest Vorschläge dazu machen. Sie müssen in regelmäßigen Abständen Rechenschaft über ihren Lernfortschritt ablegen. Die wichtigsten Varianten des Individualisierten Unterrichts sind an Grund-, Haupt- und Gesamtschulen die Wochenplan- und die Freiarbeit, an Realschulen, Gymnasien und Berufsbildenden Schulen die Anfertigung von Fach- und Hausarbeiten, die individuelle Produktion von Werkstücken, die Beteiligung an Schüler-Wettbewerben u. a. m. In der Hochschule gibt es individualisiertes Lernen im definierten Sinne ebenfalls in erheblichem Umfang, z. B. beim Lesen und Durcharbeiten von Fachliteratur, bei der Vorbereitung von Referaten, bei der Prüfungsvorbereitung u. a. m. — zumeist jedoch ohne jedes Coaching durch die Dozenten.

- **Grundform 3:** Der **kooperative Unterricht** erfasst alle Unterrichtsformen, in denen die Schüler in wesentlichen Teilen selbst die Regie übernehmen, aber nicht — wie in Grundform 2 — allein vor sich hinarbeiten, sondern in ein Team eintreten. Der kooperative Unterricht entspricht am ehesten dem, was wir in Kapitel 3.2 als handlungsorientierten Unterricht beschrieben haben. Typische Lehrer- und Schülertätigkeiten sind das gemeinsame Planen von kleinen Vorhaben und großen Projekten, die Arbeit an diesen Vorhaben in Kleingruppen, die Präsentation der Arbeitsergebnisse und die gemeinsame Reflexion und Kontrolle des Erreichten. Kooperativer Unterricht vermittelt eine erste Ahnung davon, was in der Gesellschaft als „solidarisches Handeln" bezeichnet wird und was offensichtlich angesichts weltweiter Entsolidarisierungstendenzen immer wichtiger wird. An Hochschulen wird diese Grundform eher stiefmütterlich behandelt.

- **Grundform 4: Praktika** werden inzwischen in nahezu allen Schulen von der 7. oder 8. Klasse an aufwärts angeboten. In der Beruflichen Bildung und an den Hochschulen sind sie unverzichtbar, um ein realistisches Bild vom angestrebten Beruf zu entwickeln und erste Handlungskompetenzen aufzubauen. Praktika werden von der großen Mehrzahl der Berufslernenden und Studierenden geliebt — auch dort, wo sie schlecht betreut werden.

Jede der vier Grundformen legt eine andere Wahrnehmung der **Lehrendenrolle** nahe:

- In der **direkten Instruktion** dominiert die traditionelle Rolle des *Lehrenden*. Die Lehrperson kann und soll Spaß daran haben, vorn vor der Klasse/vor dem Kurs zu stehen, in ein neues Themengebiet einzuführen und ihre Fachkompetenz ausspielen. Sie soll fordern und fördern. Vor allem aber: Sie soll ihre Begeisterung für das Fach auf die Schülerinnen und Schüler überspringen lassen.
- Im **individualisierenden Unterricht** ist die Lehrperson verantwortlich für die angemessene Vorbereitung der Lernumgebung. Sie übt sich, wie wir dies schon in Kapitel 2.1 angemerkt haben, im „qualifizierten Nichtstun". Soll heißen: Sie ist die Mentorin im Hintergrund, sie beobachtet und sie ist zur Stelle, wenn die Selbststeuerung des Lernens zusammenbricht oder nicht richtig in die Gänge kommen will.
- Im **kooperativen Unterricht** ist die Lehrperson die Moderatorin der gemeinschaftlich organisierten Arbeit. Sie hilft bei der Planung und bei der Herstellung von Außenkontakten. Sie warnt vor überzogenen Hoffnungen. Sie achtet darauf, dass die Auswertung der Arbeiten nicht zu kurz kommt. Hin und wieder bringt sie sich als Fachfrau ein – aber dann ist sie gleichberechtigtes Projektmitglied, auch wenn es vielen Schülern schwer fällt, dies zu akzeptieren.
- In den berufsbezogenen **Praktika** ist die Praktikumsleiterin der Coach, der auf der Grundlage genauer Lernstandsanalysen gemeinsam mit der Mentorin vor Ort die ersten Gehversuche des Lernenden im neuen Berufsfeld begleitet.

Die Grundformen stehen nicht isoliert nebeneinander – sie können sich gegenseitig ergänzen, aber auch behindern. Die direkte Instruktion schafft die Grundlagen für erfolgreichen kooperativen Unterricht; der individualisierende Unterricht schafft die Grundlagen für die direkte Instruktion, aber auch den kooperativen Unterricht; Praktika bringen Anschauung in den Theorieunterricht usw. Daraus folgt: Es wäre abwegig, die direkte Instruktion bewusst deformieren zu wollen, nur damit man mehr Luft für die anderen Grundformen hat. Gut geführt, bilden die vier Grundformen ein Qualitätsnetzwerk. Die Mischung der Grundformen des Unterrichts hilft, ihre spezifischen Stärken und Schwächen auszugleichen.

> **These 11:** Guter Unterricht in der Sekundarstufe II und an Hochschulen besteht aus einer systematischen, aber flexibel und fantasievoll gestalteten Mischung der vier Grundformen.

Wann von einer *ausbalancierten Mischung* der Grundformen geredet werden kann, ist am grünen Tisch kaum zu beantworten (s. o., S. 25). Das geht nur in einer differenzierten Analyse der curricularen Vorgaben, der Ausbildungsziele und Prüfungsansprüche. Empirische Erhebungen in der Sekundarstufe I (Meyer 2007, S. 69) legen aber nahe, dass keinerlei Anlass besteht davor zu warnen, dass der individualisierende und der kooperative Unterricht zu häufig praktiziert werden. Die direkte Instruktion dominiert nahezu überall – und die systematischen Bezüge der direkten Instruktion zu den drei anderen Grundformen sind zumeist unterentwickelt und deshalb auch für die Lernenden zumeist nur schwer zu erkennen.

Drei-Räume-Modell: Ein überzeugendes Rahmenkonzept, das unseren Vorschlägen sehr nahe kommt, ist von Dorothee Gutknecht, Helmut Greiner und Hermann Schöler (2010) an der PH Heidelberg im Rahmen des dort angebotenen Bachelor-Studiengangs Frühkindliche und Elementarbildung als „Drei-Räume-Modell" entwickelt worden. Dabei werden in den ersten beiden Praxisräumen Tages- und Blockpraktika systematisch mit thematisch fokussierten Theorie-Modulen verknüpft und im dritten Praxisraum, der „Supervidierten Exemplarischen Elementarpädagogischen Praxis" – einer Variation des individualisierenden Unterrichts – vertieft.

Wir fassen zusammen:

1) Die Vielfalt der berufsbezogenen Unterrichts- und Ausbildungsformen lässt sich mit Hilfe der zwei Kriterien „Selbststeuerungsniveau" und „soziale Formation" auf vier Grundformen zurückführen.
2) Jede Grundform hat ihre starken und ihre schwachen Seiten.
3) Guter Unterricht zeichnet sich durch eine systematische, aber fantasiereiche Variation der Grundformen aus, welche miteinander vernetzt sind.

> **Reflexionsangebot für Lehrende:** Die Reflexionsübung können Sie allein, besser aber im Team an Ihrem Arbeitsplatz realisieren.
>
> 1) Klären Sie, ob und wenn ja mit welchen Fachbegriffen die vier Grundformen des Unterrichts an Ihrer Schule/in Ihrem Fachbereich bezeichnet werden.
> 2) Analysieren Sie, welche Schwerpunkte Sie in Ihrem eigenen Unterricht/in Ihrer Lehrtätigkeit in den vier Grundformen setzen.
> 3) Analysieren Sie, welche prozentualen Anteile in den Stundentafeln bzw. Studienordnungen für Elementarpädagogik für die vier Formen vorgesehen sind und wie viel von diesen Vorgaben tatsächlich umgesetzt wird.
> 4) Klären Sie für sich bzw. diskutieren Sie im Team, wo es Angebotslücken gibt.

Zumeist kommt bei einer solchen Analyse heraus, dass das an Ihrer Schule/in Ihrem Studiengang vorgehaltene Lehr-Lernangebot bereits erstaunlich differenziert ist. Die Übung kann aber auch helfen, scheinbar selbstverständlich gültige Setzungen in Ihrem Kollegium zu hinterfragen.

3.4 Kompetenzorientierung

Nicht alle Berufspraktiker empfinden die Erwartung der Bildungspolitik, ab sofort (genauer: seit 2004) kompetenzorientiert zu unterrichten, als Bereicherung ihrer Arbeit. Sie entwickeln allerlei Abwehrstrategien. Die Verfechter des Konzepts erhoffen sich, dass dadurch mehr anwendungsfähiges Wissen und Können vermittelt wird. Diese Hoffnungen sind realistisch, aber sie erfordern viel didaktisch-methodische Detailarbeit in den Kollegien und Fachbereichen.[62]

Die Kernidee der Kompetenzorientierung des Unterrichts ist nicht neu und auch nicht sonderlich originell. Die Lernenden sollen kein träges Wissen anhäufen, sondern etwas lernen, was sie befähigt, im späteren Leben berufliche, private und gesellschaftliche Herausforderungen zu meistern. Deshalb kommt es nicht so sehr darauf an, ein bestimmtes Fachwissen durchzunehmen, sondern darauf, mit dem angeeigneten Wissen in realen oder zumindest realitätsnahen Anwendungssituationen zu arbeiten. Wir definieren:

> **Definition:** Kompetenzorientierter Unterricht ist ein offener und schüleraktiver Unterricht,
>
> - in dem die Lehrerinnen und Lehrer ihre Unterrichtsplanung, die Durchführung und Auswertung an fachlichen und überfachlichen Kompetenzstufen-Modellen orientieren,
> - in dem die Schülerinnen und Schüler die Chance haben, ihr Wissen und Können systematisch und vernetzt aufzubauen
> - und in dem sie den Nutzen ihres Wissens und Könnens in realitätsnahen Anforderungs- und Anwendungssituationen erproben können.

Es gibt nur ein einziges, allerdings auch besonders kompliziertes *Alleinstellungsmerkmal* für dieses Konzept, das nicht auch in anderen seit Jahrzehnten vertrauten didaktischen Konzepten propagiert wird. Das ist das genaue Diagnostizieren des Lernstandes auf der Grundlage von Kompetenzstufen-Modellen.

Das Denken in Kompetenzstufen ist im Schulalltag nichts Ungewöhnliches – und zwar sowohl auf Seiten der Lehrenden wie auch der Lernenden. Es ist gar nicht zu vermeiden, tagtäglich die unterschiedlichen Leistungen der Schüler zur Kenntnis zu nehmen und sie gestuft zu bewerten: Wir erläutern bei der Klausurrückgabe, warum keine Schülerin mehr als 12 Punkte erzielt hat. Wir loben ein Gruppenarbeitsergebnis als „weit überdurchschnittlich" und begründen dies mit „hoher Teamkompetenz" der Berufslernenden. Es gibt keine berufserfahrene Lehrerin, die nicht mindestens

---

62 Eine gelungene Einführung für Berufspädagogen liefert Eberhard Jung (2010). Allgemeindidaktische Einführungen bei Faulstich-Christ, Lersch u. a. (2010); Paradies, Wester & Greving (2010) und Tschekan (2011). Einen guten Überblick über verschiedene Kompetenzbegriffe bringen Frey & Jung (2011). Über einen Modellversuch zum selbstgesteuerten Lernen im Berufsschulunterricht berichten Breuer, Ettmüller u. a. (2011).

fünf oder sechs Dutzend persönliche Stufungsmodelle in ihr unterrichtspraktisches Denken und Handeln integriert hat. Die empirischen Forscher haben sich nun daran gemacht, die real ablaufenden Prozesse des Kompetenzerwerbs genauer zu untersuchen. Sie sind aber noch nicht weit gekommen.[63]

Wir schlagen deshalb vor, die von den Praktikern immer schon benutzten Stufungsmodelle als Folie für die Entwicklung pragmatisch gewonnener und einsetzbarer Kompetenzstufenmodelle zu nehmen (Meyer 2007, S. 155 ff.). In einem niedersächsischen Projekt zur Ausbildung von Unterrichtsentwicklungsmoderatoren haben wir dabei gemeinsam mit Praktikern das folgende Strukturmodell entwickelt.

Pragmatisches Kompetenzstufenmodell

Stufe 0	Naiv-ganzheitliches Nachvollziehen
Stufe 1	Nachvollziehen und Handeln nach Vorgabe
Stufe 2	Reflektieren und Handeln nach Einsicht
Stufe 3	Selbstständige didaktische Reflexion und Prozesssteuerung

---

Das Stufenmodell ist normativ orientiert, weil in ihm als übergeordnetes Kriterium die zunehmende Fähigkeit zur Selbststeuerung gesetzt wird. Es ist aber auch praktisch orientiert, weil dieses Kriterium im Schul- und Ausbildungsalltag relativ fest verankert ist.

Dazu ein Beispiel: Auf welchen Kompetenzstufen kann sich eine Berufslernende/Studierende bewegen, die ihr erstes elementarpädagogisches Praktikum macht und den dritten der in Kapitel 2.1 definierten Bausteine realisieren soll?

Kompetenzstufenmodell zum Baustein 3 „angeleitete Aktivität"

Stufe 0: Handeln und Entscheiden nach Bauchgefühl: Die Praktikantin hat noch so gut wie kein professionelles Wissen. Sie orientiert sich bei der Durchführung der Geführten Aktivität an intuitiven Annahmen darüber, was die Kinder wohl wissen und können und was sie gern hätten. Ideen der Kinder zur Durchführung werden eher als Störung registriert.

---

63 Ein grundlegendes Problem besteht darin, dass Kompetenzen die Tiefenstruktur von Lernprozessen betreffen. Gemessen werden kann aber immer nur das, was auf der Oberfläche zu beobachten ist – die sogenannte Performanz (Klieme 2004). Ein weiteres Problem besteht darin, dass der Kompetenzerwerb „nachhaltig" sein soll, also unmittelbar am Ende einer Unterrichtseinheit nur begrenzt geprüft werden kann.

Stufe 1: Denken und Handeln nach Vorschrift: Die Praktikantin verfügt über ein elementares professionsbezogenes Wissen. Sie tut genau das, was sie im vorausgegangenen elementarpädagogischen Unterricht/in der Seminararbeit gelernt hat. Sie kennt die wichtigsten Fachbegriffe. Sie weiß, dass sie unterschiedliche Lernstände und Interessen der Kinder beachten soll. Sie übernimmt einen im Unterricht beispielhaft skizzierten Ablauf einer angeleiteten Aktivität wortwörtlich. Sie ist aber noch nicht in der Lage, die Vorgaben auf die Realsituation in ihrer Kindergruppe zu übertragen und sie situationsbezogen zu variieren. Sie zeigt im Nachgespräch wenig reflexive Distanz.

Stufe 2: Denken und Handeln nach Einsicht: Die Praktikantin verfügt über ein breiteres professionsbezogenes Wissen. Sie zeigt durch ihr Verhalten, dass sie ethische Grundsätze verinnerlicht hat. Sie kann verbalisieren, von welchen pädagogischen Grundsätzen sie ausgeht. Sie hat kritisch durchdacht, was Sinn und Zweck der angeleiteten Aktivität ist. Sie hat die Lernvoraussetzungen der Kinder ansatzweise geklärt. Sie plant und realisiert die angeleitete Aktivität selbstständig. Sie kann angepasste Hilfestellungen geben. Sie ist geschickt im Aufnehmen der Impulse der Kinder. Kurz: Sie hat gelernt, sich frei in einer Rezeptur zu bewegen.

Stufe 3: Selbstständige Prozessteuerung und didaktische Reflexion: Die Praktikantin geht selbstbewusst an die Arbeit. Sie verfügt bereits über ein differenziertes professionsbezogenes Wissen. Sie respektiert den Eigensinn der Kinder und schafft es, offen auf die Impulse der Kinder einzugehen. Sie hat Sinn und Zweck der vier Bausteine verinnerlicht. Sie kann selbstständig entscheiden, wann welcher Baustein „angesagt" ist. Sie arbeitet mit eigenen didaktisch-methodischen Ideen. Sie entwickelt im Nachgespräch reflexive Distanz zum eigenen Handeln.

Was tun, wenn eine Berufslernende auf Stufe 0 oder 1 verharrt? Wir haben kein Rezept dafür. Eine gute Möglichkeit besteht aber u. E. darin, den Cognitive-Apprenticeship-Ansatz zu nutzen, den wir auf Seite 125 f. beschreiben werden. Die Kompetenzorientierung schärft den Blick auf die Frage, ob und wie die Lernenden das im Unterricht erworbene Wissen und Können nutzen können. Deshalb passt dieser Ansatz auch gut zur Berufsbildung und zum handlungsorientierten Unterricht. Das Konzept sagt aber wenig oder gar nichts zur Frage, wie die Beziehungskultur im Unterricht entwickelt werden kann und welche Methoden eingesetzt werden sollen, um bestimmte Kompetenzen aufzubauen. *Unsere These:*

These 12: Kompetenzorientierung allein macht noch keinen guten Unterricht. Eine phantasiereiche, die Persönlichkeitsbildung stärkende Unterrichtsgestaltung muss hinzukommen.

3.5 Unterrichtsplanung

Die Didaktik hilft, Lehr-Lernprozesse zu strukturieren. Deshalb unternehmen wir im Folgenden den Versuch, einen pragmatisch orientierten „Crashkurs" für das Stundenplanen im berufsbildenden Unterricht zu entwerfen. Im Zentrum steht dabei ein Planungsraster mit sechs Schritten, der Ihnen helfen soll, gemeinsam oder auch im Alleingang den Unterricht zu planen.[64]

DIDAKTISCHES SECHSECK

Unterrichtsforscher haben es leicht. Sie können Teilaspekte der Unterrichtsarbeit herausgreifen und fragen: Welchen Einfluss hat diese Variable auf den Lernerfolg? Und welchen jene? Lehrer können das nicht. Sie müssen auf Gedeih und Verderb *die ganze Aufgabe* des Unterrichtens in den Blick nehmen und Lösungen finden, die sie dann auch in ihrer täglichen Arbeit umzusetzen wissen. Aber was ist diese „ganze Aufgabe"? Der Beantwortung dieser Frage dient unser *DIDAKTISCHES SECHSECK*.[65] Es erfasst jene Grunddimensionen des Unterrichts, die beim Unterrichten immer gegeben

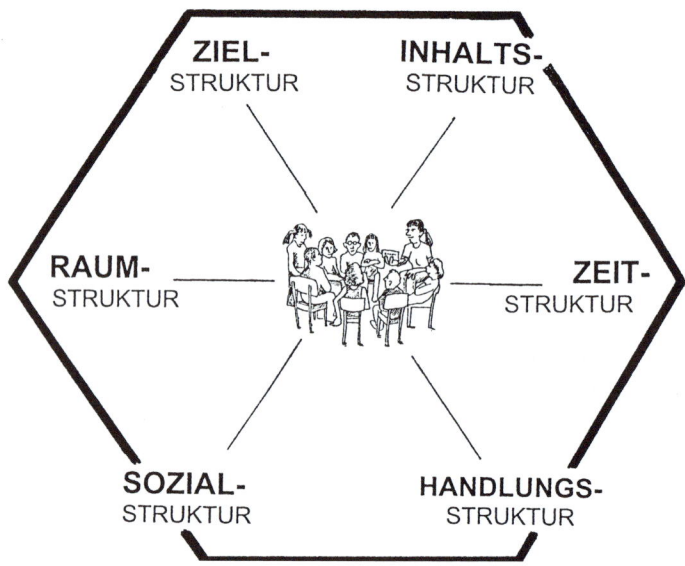

Abb. 3.3: Didaktisches Sechseck

---

64 Ausführlichere Darstellungen dieses und weiterer Raster finden Sie bei Meyer (2007, S. 36 ff. und S. 98 ff.) Empfehlenswert auch für berufsbezogenes Lernen, aber bei Meyer (2007) noch nicht berücksichtigt: Diethelm Wahls „Sandwich-Prinzip" (Wahl 2006, S. 103).
65 Aus Meyer (2007, S. 175 ff.).

sind, die also in jeder Sekunde, in der man selbst unterrichtet oder eine Schulklasse/ein Seminar bei der Arbeit beobachtet, in dieser oder jener Weise vorhanden sind. Die beteiligten Personen sind in der Bildmitte. Denn sie sind keine „Zutat", sondern die zentrierende Mitte des Unterrichts. Die sechs Ecken erfassen:

- die Zielstruktur (die Wozu-Frage des Unterrichts),
- die Inhaltsstruktur (die Was-Frage),
- die Zeit- oder Prozessstruktur (die In-welcher-Reihenfolge-Frage),
- die Methoden- oder Handlungsstruktur (die Wie-und-Womit-Frage),
- die Sozial- und Beziehungsstruktur (die Wer-mit-Wem-Frage),
- die Raumstruktur des Unterrichts (die Wo-Frage).

Es gibt natürlich noch weitere Aufgaben, die im SECHSECK unbeachtet bleiben, weil sie nicht in jeder Sekunde des Unterrichts relevant sind: die Leistungsbeurteilung, der Medieneinsatz, die Beratung der Lernenden, die Beteiligung an der Schul- und Unterrichtsentwicklung u. a. m.

Jede Grunddimension hat *eine äußere* und *eine innere Seite.*[66] Die äußere Seite ist jedem fremden Beobachter auf den ersten Blick ersichtlich. Man kommt in den Unterrichts- oder Seminarraum und kann sehen, ob das Plenum zusammen ist oder ob Gruppen- oder Einzelarbeit gemacht wird, man hört, welche Arbeitsaufträge gegeben wurden, man hört und sieht, welcher Inhalt gerade besprochen wird usw. Die innere Seite kommt erst dann in den Blick, wenn Fachleute fachkundige Fragen stellen und Interpretationen vornehmen, z. B. die nach der plausiblen oder ungelenken Abfolge der Unterrichtsschritte. Deshalb kann die innere Seite nicht einfach empirisch-analytisch erfasst werden. Sie muss auf der Grundlage eines Vorverständnisses von gelingendem Unterricht erschlossen werden. (Und das geht nur mit Hilfe hermeneutischer Methoden.)

Jede Grunddimension des SECHSECKs hat ihre *eigene Logik*, die nicht ungestraft unbeachtet gelassen werden kann: Die Ziele bauen aufeinander auf, sie können nicht beliebig angesetzt werden. Die Inhalte haben bestimmte thematische Zuschnitte, die nicht zerstört werden sollten. Der Unterrichtsverlauf folgt einer Prozesslogik, die etwas anderes als die Sachlogik ist. Die eingesetzten Methoden (= Handlungsmuster) sind in sich zielorientiert. Die Sozialformen bestimmen die Kommunikations- und Beziehungsstrukturen – sie müssen zu den Zielen passen. Die Lernumgebung muss auf die Ziele und die Arbeitsabläufe ausgerichtet sein. *Unsere These:*

> **These 13:** Guter Unterricht ist daran zu erkennen, dass eine hohe Stimmigkeit zwischen den in jeder Dimension des Sechsecks getroffenen Entscheidungen erreicht worden ist.

---

66 Die Unterscheidung von innerer und äußerer Seite didaktischen Handelns haben wir aus Lothar Klingbergs Didaktik (1989, S. 256 ff.) übernommen.

Entscheidungen in der einen Ecke des Sechsecks haben also aufgrund ihrer Eigenlogik immer – und nicht nur hin und wieder – Rückwirkungen[67] auf die fünf anderen Ecken:

- Wenn im Unterricht ein Planspiel gemacht wird, so hat das aufgrund der Eigenlogik dieser Methode fast zwangsläufig zur Folge, dass sich die eingesetzten Teams gegenseitig lustvoll bekämpfen. Das erhöht die Konkurrenzsituation und macht es deshalb schwer, Ziele wie Empathiefähigkeit oder Toleranz zu befördern.
- Wenn man Gruppenarbeit ansetzt, muss man auch Spiel-Raum für selbstgesteuertes Handeln geben. Lässt man die Teilnehmer in U-Form sitzen, braucht man sich nicht zu wundern, dass die Gruppengespräche nicht richtig in Gang kommen.

Die Wechselwirkungen machen die pädagogische Arbeit interessant, aber auch überraschungsintensiv. Das merkt man z. B. dann, wenn etwas mal wieder nicht geklappt hat, weil die gewählte Sozialstruktur nicht zum gestellten Arbeitsauftrag passte, weil den Schülern die unterstellten Methodenkompetenzen fehlten, um zielführend zu arbeiten usw.

Das Zusammenwirken der sechs Dimensionen zu erkennen, ist für Berufseinsteiger nicht immer leicht. Aber vielleicht haben Sie schon einmal einem Ihrer Auszubildenden gesagt: „Die Kreissequenz war rund und schön!" Oder auch: „Das hätte ich dir gleich sagen können, dass das nicht funktionieren kann!" Solche Urteile sind Stimmigkeits-Urteile. Zugleich wird schon an der Wortwahl deutlich, dass gelungene Lehr-Lernprozesse eine ästhetische Dimension haben, die Anfänger und Laien zumeist nur als Bauchgefühl artikulieren, die Experten aber als Stimmigkeit des Zusammenspiels der 6 Ecken identifizieren.

Man kann das SECHSECK sowohl zur Analyse als auch zur Planung von Unterricht nutzen:

- um eine schnelle Skizze einer Unterrichts- bzw. Seminarplanung vorzunehmen,
- um durchzuchequen, ob alles Wesentliche bedacht ist,
- um den Berufslernenden und Studierenden die eigene Planung zu „verklickern",
- um allein, mit den Teampartner/innen oder mit den Teilnehmenden die Seminarauswertung zu machen.

---

67 Diese Wechselwirkungen sind seit jeher in der Didaktik diskutiert und als „Implikationszusammenhang" (Blankertz 1972, S. 94 ff.) oder als „Grundrelationen" (Klingberg, in: Jank & Meyer 2002, S. 254) theoretisch gefasst worden. Auch in der empirischen Forschung wird intensiv danach gefahndet. Die Empiriker sind aber vorsichtig mit Kausalhypothesen und sprechen lieber davon, dass sie „Korrelationen" zwischen den einzelnen Dimensionen nachgewiesen haben.

Planungsraster

Routiniers brauchen keine Raster-Vorlagen – sie haben bestimmte Schemata seit langem im Kopf. Aber für Anfänger sind sie hilfreich, um die eigene Planungstätigkeit zu strukturieren und auf Vollständigkeit zu prüfen. Das hier vorgeschlagene Raster (siehe Abb. auf der nächsten Seite) ist nicht völlig neu. Vorlagen stammen aus der Didaktik-Diskussion der letzten 50 Jahre.[68] In dem Raster tauchen alle im DIDAKTISCHEN SECHSECK definierten Grunddimensionen wieder auf. Das Raster ist sowohl für den von uns propagierten handlungsorientierten Unterricht wie auch für Unterricht nach dem Muster der direkten Instruktion geeignet.

Wir erläutern die Details:

1) Thema und Aufgabenstellung: Um mit der Planung beginnen zu können, benötigen Sie erstens ein zumindest vorläufig festgelegtes Thema und zweitens eine kluge Idee zur methodischen Umsetzung. Das Thema ist zumeist lange vorher durch den hauseigenen Lehrplan oder bei der Seminarausschreibung festgelegt worden. Die kluge methodische Idee sollte von Ihnen selbst kommen, weil sie dann authentischer „rüberkommt". Aber wenn Sie irgendwo abgekupfert haben, so ist das fast genauso gut. Entscheidend ist, dass Sie selbst von Ihrer Idee zur Unterrichtsgestaltung überzeugt sind.

Schlüsselsituationen: Eine kluge Idee kann auch darin bestehen, die Planungstätigkeit mit der genaueren Analyse einer Schlüsselsituation mit hohem berufspraktischem Potenzial zu beginnen.[69]

- Schlüsselsituationen sind *exemplarische* Situationen, an denen allgemeine Strukturen und Handlungsperspektiven des Berufsfeldes aufgezeigt werden können.
- Sie sind *problemhaft* und nicht „auf die Schnelle" zu lösen.
- Sie sind *handlungsorientiert* und laden dazu ein, in Form von Simulationen, Streitgesprächen usw. verlebendigt zu werden.
- Sie sollten möglichst oft so gewählt werden, dass vorhandene *Erfahrungen* und *Kompetenzen* der Lernenden aktiviert werden können.

Anhand der Themenstellung und der klugen Idee können Sie nun eine **vorläufige Aufgabenstellung** formulieren. Sie ist grundsätzlich vorläufig, weil sie ja nur ein Angebot an die Berufslernenden bzw. Seminarteilnehmer darstellt.

2) Die **Bedingungsanalyse** kann grob in drei Teile aufgegliedert werden: die Analyse der Lernvoraussetzungen und Interessen der Lernenden, die Klärung der eigenen Lehrkompetenzen und die Klärung der Rahmenbedingungen der Arbeit.[70]

---

68 Wir orientieren uns an den seit Jahrzehnten in der Allgemeinen Didaktik vorliegenden und insbesondere in der Lehrausbildung benutzten „Strukturmodellen" didaktischen Handelns von Paul Heimann, Wolfgang Schulz, Lothar Klingberg und anderen (Meyer 2007, S. 98–106 und S. 177–214).

69 S. o., S. 67; Allespach, Meyer & Wentzel (2009, S. 98).

70 Ausführlich in Meyer (2007, S. 130–174).

1.

das **Thema** der Stunde festlegen

die **Aufgabenstellung** der Stunde vorformulieren

2.

Bedingungsanalyse

Lernvoraussetzungen curriculare Vorgaben Lehrvoraussetzungen

3.

Didaktische Strukturierung

Ziele: Welche Ziele sollen im Seminar/im Unterricht verfolgt werden?

Inhalte: Welche Themenstellungen und Inhalte sollen erarbeitet werden und wie sind sie strukturiert?

Prozessstruktur: Welche Phasen hat das Seminar?

mit dem Didaktischen Sechseck

Methodenwahl: Welche Handlungsmuster, Einstiegs-, Erarbeitungs- und Präsentationsformen sollen im Seminar praktiziert werden?

Sozialstruktur: Wie viel Plenums-, Gruppen-, Tandem- und Einzelarbeit soll es geben?

Medien und Raumstruktur: Welche Materialien müssen vorbereitet werden? Wie muss der Seminarraum hergerichtet werden?

4.

Stunden- bzw. Sitzungsverlauf
- Einstieg
- Erarbeitung
- Ergebnissicherung

5.

Vorüberlegungen zur **Auswertung** machen

Abb. 3.4: Planungsraster

Bei der Ermittlung der Lernvoraussetzungen hilft es wenig festzulegen, was die Lernenden können *müssten* – entscheidend ist die möglichst nüchterne Ermittlung dessen, was sie *tatsächlich* können. Im Einzelnen kann es um Vorkenntnisse und Vorerfahrungen, um unterschiedliche Kompetenzniveaus und um die Klärung der Heterogenität der Lernvoraussetzungen gehen.

Zur Bedingungsanalyse gehört auch die nüchterne Erfassung der eigenen Lehrkompetenzen. Wenn Sie Bauchschmerzen haben, bestimmte Aufgaben noch nicht optimal übernehmen zu können, sollten Sie überlegen, ob die Berufslernenden und Seminarteilnehmer selber Teilaufgaben übernehmen können oder ob Sie einen Experten „einfliegen". Das ist nicht ehrenrührig. Im Gegenteil: Zuzugeben, dass man nicht alles weiß, aber damit klug umzugehen versteht, schafft mehr Akzeptanz als halbkompetente Unterrichtsführung.

3) Die **didaktische Strukturierung** stellt den wichtigsten Teil der Unterrichtsplanung dar. Sie dient dazu, den Unterrichtsinhalt zu strukturieren und einen begründeten Zusammenhang von Ziel-, Inhalts-, Methoden-, Material- und Raumentscheidungen herzustellen.[71] Logisch betrachtet geht es dabei nicht mehr um möglichst nüchterne Analysen der Lehr- und Lernvoraussetzungen, sondern um möglichst geschickte didaktische Entscheidungen und ihre Begründung. Dabei sind in jeder der sechs Ecken unseres SECHSECKs Entscheidungen erforderlich.

Gute Didaktische Strukturierungen kann man nicht aus irgendwelchen allgemein- oder fachdidaktischen Theorien ableiten. Sie sind grundsätzlich das Ergebnis eines mehr oder weniger intuitiven und schöpferischen Planungsprozesses.

4) Bei der **Verlaufsplanung** geht es darum, einen plausiblen Unterrichtsverlauf auszutüfteln. „Plausibel" ist der Verlauf, wenn der zweite Schritt schlüssig aus dem ersten, der dritte aus dem zweiten usw. folgt. Wir empfehlen Ihnen, sich dabei an den methodischen Grundrhythmus von Einstieg, Erarbeitung und Ergebnissicherung zu halten (siehe S. 126 ff.). Ein entfaltetes Phasenmodell, das wir Ihnen ebenfalls empfehlen, ist das bereits zitierte Sandwich-Modell von Diethelm Wahl (2006).

5) Eine **Auswertung** ist – rein logisch – immer erst nach dem Unterricht oder allenfalls auf halber Strecke möglich. Man kann aber schon bei der Vorbereitung Vorüberlegungen zur Auswertung machen. Sie sollten sich vorher überlegen, woran Sie den Erfolg oder Misserfolg Ihrer Unterrichtsstunde bzw. Ihres Seminars festmachen wollen.

Planungsbeteiligung: Es ist oft, aber nicht immer zu empfehlen, die Lernenden an der Planung, Durchführung und Auswertung zu beteiligen. Das kostet Zeit und setzt voraus, dass Sie tatsächlich die Handlungsspielräume haben, auf die Vorschläge der Lernenden einzugehen. Das Mitteilen der Ziele reicht dabei nicht aus, weil es oft angesichts fehlender Vorkenntnisse nur wenige konkrete Fantasien auslöst. Viel infor-

---

71 Das hat Wolfgang Klafki (1963) etwas missverständlich statt als didaktische Strukturierung als „Analyse" bezeichnet.

mativer ist es für die Teilnehmer, wenn Sie die Aufgabenstellung und den geplanten Verlauf erläutern und begründen.

Einsteiger-Vorbereitung: Wir wissen aus der Forschung, dass sich Einsteigerinnen in die Lehrberufe anders als Profis vorbereiten. Einsteiger sind aufgeregter und haben zumeist ein deutlich höheres Sicherheitsbedürfnis. Sie wollen für alle Eventualitäten gewappnet sein und bereiten sich manchmal tagelang bis ins letzte Detail vor. Das ist vernünftig. Aber man wird leicht zum Gefangenen seiner eigenen Vorbereitung. Deshalb empfehlen wir Ihnen, sich nicht an starre Planungspapiere zu klammern, sondern mit Spickzetteln zu arbeiten. Auf ihnen ist all das notiert, was man nicht im Kopf zu haben braucht, aber an bestimmten Stellen des Unterrichts- bzw. Seminarverlaufs wissen muss.

„Wer gründlich plant, wird vom Zufall besonders hart getroffen."
(Referendarsweisheit)

Noch wichtiger als die gründliche Vorbereitung ist die feste Überzeugung, dass die Berufslernenden/Studierenden mit Ihrer Hilfe besser lernen werden als ohne Sie. Das nennen die Motivationsforscher die „Selbstwirksamkeitsüberzeugung" (Schwarzer & Warner 2011).

Profi-Vorbereitung: Wir wissen aus der Expertenforschung (Bromme 1992), dass Profis bei ihrer Planung sehr flexibel vorgehen und nicht alles bis ins letzte Detail verplanen. Das können sie so gut, weil sie – anders als die Anfänger – in der Lage sind, aus sehr wenigen Informationen über die Klasse/das Seminar viele konkrete Entscheidungshilfen herauszusaugen (Jank & Meyer 2002, S. 96). Routiniertes Planungsverhalten zeichnet sich dadurch aus,

- dass die von den Teilnehmer/innen *zu lösenden Aufgaben* in den Mittelpunkt der Planungstätigkeit gerückt werden,
- dass die Detailfragen der Planung zügig miteinander *vernetzt* werden,
- dass die Planungsaufgabe spiralförmig *in mehreren Durchgängen* durchdacht wird
- und dass die Planung auf einem *mittlerem Abstraktionsniveau* verbleibt, weil viele konkrete Entscheidungen erst routinemäßig im Unterricht selbst getroffen werden.

Profis haben also ein breites Repertoire an Reflexions- und Handlungsroutinen entwickelt, die in Sekundenschnelle aktiviert werden können und zumeist auch zu akzeptablen Ergebnissen führen. Dadurch haben sie den Kopf für die wirklich wichtigen, weil unerwarteten Probleme frei. Anfänger haben diese Routinen noch nicht. Das heißt aber nicht, dass nur Profis gute Lehrveranstaltungen machen können. Viele Anfänger bringen von vorn herein hohe Handlungskompetenzen mit. Und vor allem erspüren die Lernenden recht bald das hohe Engagement, mit dem die Anfänger zumeist bei der Arbeit sind.

Kollegiales Coaching: Das kollegiale Hospitieren (Buhren 2011) und das Lern-Coaching (Pallasch & Hameyer 2008) ist für die meisten Einsteigerinnen als Ergänzung zur gründlichen Vorbereitung empfehlenswert. Damit ist gemeint, das ein erfahrener Lehrender gemeinsam mit einem Novizen den Unterricht/das Seminar gestaltet und dabei einen vorher abgesprochenen, vom Novizen festgelegten Beobachtungs- und Beratungsauftrag erhält, auf dessen Grundlage dann eine Nachbesprechung gemacht wird. Bei uns (CWL, HM) hat es sich bewährt, dass wir ein Seminar thematisch parallel zu einer jungen Kollegin, aber zu einer anderen Uhrzeit gehalten haben. Sie setzte sich bei uns rein, bekam alle Unterlagen und entwickelte den Unterricht für sich selbst weiter. Einzelne Seminarsitzungen gestalteten wir mit ihr gemeinsam.

Aufgabenstellungen und Arbeitsaufträge

Die Planungstätigkeit beginnt ja zumeist mit der Festlegung des vorläufigen Themas. Wenn Sie die Bedingungsanalyse und die didaktische Strukturierung halbwegs fertig gestellt haben, sollten Sie sich noch einmal diese vorläufige Aufgabenstellung anschauen, sie gegebenenfalls korrigieren und sie dann zu einzelnen Arbeitsaufträgen kleinarbeiten.

Eine gut formulierte Aufgabenstellung ist ein kleines Kunstwerk, in dem Ziel-, Inhalts- und Methodenentscheidungen zusammengefasst werden. Deshalb ist die Aufgabenstellung keine siebte Ecke in unserem SECHSECK, sondern ein Integrationsbegriff:

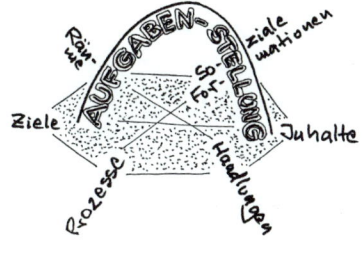

Es lohnt sich, viel Gehirnschmalz in die Ausformulierung der Aufgabenstellung zu investieren. In den letzten Jahren sind viele fachdidaktische Veröffentlichungen zu diesem Thema erschienen. Dabei ist es fast schon zu einer Mode geworden, alles und nichts als eine „kognitiv aktivierende Aufgabenstellung" zu bezeichnen (Kunter, Baumann u. a. 2011, S. 88; Helmke 2009, S. 205). Das ist wichtig, aber nicht ausreichend. Erforderlich ist, immer auch die sozial-kommunikative Dimension einer Aufgabenstellung in den Blick zu nehmen.

Beim gründlicheren Ausformulieren einer Aufgabenstellung kann Ihnen die folgende Checkliste helfen:

Checkliste Aufgabenstellung

1) Wie lautet die *Aufgabe,* die Sie für das gesamte Seminar oder für Teilabschnitte vorsehen, *konkret*?
2) Gibt es eine *Schlüsselsituation*, an der die Aufgabenstellung verdeutlicht werden kann?

3) Welche *Vorkenntnisse* und Interessen zum Thema bringen die Lernenden mit? Muss die Aufgabe wegen des unterschiedlichen Vorwissens differenziert gestellt werden?

4) Welche *Sozial-* und welche *Methodenkompetenzen* werden für die Lösung der Aufgabe vorausgesetzt? Welche müssen neu angeeignet werden?

5) Welche *Arbeitsschritte* müssen die Lernenden vollziehen, um die Aufgabe zu lösen? Bauen die Schritte streng aufeinander auf oder gibt es unterschiedliche Zugänge, die zum gleichen Ergebnis führen? Wie viel Zeit ist für die einzelnen Schritte erforderlich?

6) Welche *Infos und Materialien* benötigen die Lernenden, um die Aufgabenstellung verstehen und bewältigen zu können?

Selbstgesetzte Aufgaben: Klassen und Seminare, die „gut in Schuss sind", sollten immer wieder das Recht eingeräumt bekommen, sich selbst Aufgaben zu stellen und dann auch die Verantwortung für den nachfolgenden selbstregulierten Lernprozess zu übernehmen. Das können schon die ganz Kleinen. Also sollten es die Berufslernenden und Studierenden auch können.

Arbeitsaufträge sind kleingearbeitete Aufgabenstellungen. Sie hängen eng mit der Abfolge einzelner Unterrichtsschritte zusammen. In der Regel gehört also zu jedem Arbeitsschritt einer Stunde auch ein eigener Arbeitsauftrag – dort, wo themendifferenzierte Gruppenarbeit gemacht wird, auch mehrere. Wenn die Unterrichtsarbeit aus den Fugen geraten ist, haben fast immer unklare Arbeitsaufträge vorgelegen. Deshalb ist die genaue Verständigung über die Arbeitsaufträge besonders wichtig. Sie sollten sich nicht scheuen, die Arbeitsaufträge vor der Stunde schriftlich auszuformulieren und den Lernenden auszuhändigen.

Auftragsformate: Sie können von Arbeitsschritt zu Arbeitsschritt variieren:

- ein Brainstorming machen (= gemeinsames Sammeln von Ideen und Assoziationen),
- ein Problem analysieren,
- einen Planungs- oder Vorbereitungsauftrag geben,
- etwas sortieren,
- etwas aus einer Liste von Alternativen auswählen und die Auswahl begründen,
- einen Text lesen und in geeigneter Weise zusammenfassen,
- zwei oder mehrere Positionen einander konfrontieren,
- etwas erkunden und über das Erkundungsergebnis mündlich oder schriftlich berichten,
- eine Internet-Recherche machen,
- sich etwas ganz neu ausdenken („Versetzt euch in die Situation…"),
- eine Konfliktsituation simulieren (z. B. im Rollenspiel),
- eine Strategie entwickeln und begründen,

- etwas korrigieren oder überarbeiten,
- etwas auswerten.

Es gibt geschlossene (keine Spielräume zulassende), halboffene und ganz offene Arbeitsaufträge. Oft, aber nicht immer sind die geschlossenen Aufträge die einfacheren. Gerade die offenen Aufträge sollten klar als offen gekennzeichnet werden. Sonst vermuten die Lernenden – gewitzt durch lange Schulerfahrung – allzu oft, dass die Lehrperson doch einen ganz bestimmten Arbeitsweg vor Augen hat.

Wir fassen Kapitel 3.5 zusammen:

1) Im DIDAKTISCHEN SECHSECK werden sechs Grunddimensionen des Unterrichts beschrieben, die helfen, die „ganze Aufgabe", die bei der Unterrichtsplanung zu lösen ist, in den Blick zu nehmen.
2) Ein Planungsraster hilft, die Planungsideen zu ordnen und in eine plausible Reihenfolge zu bringen.
3) Besondere Aufmerksamkeit verdienen die Aufgabenstellungen.

3.6 Unterrichtsqualität

Persönliche Theorien guten Unterrichts

Alle, die irgendwie mit Schule zu tun haben, haben hoch differenzierte persönliche Vorstellungen vom guten und schlechten Unterricht verinnerlicht (Reusser u. a. 2011). Diese Vorstellungen sind zumeist schon in der eigenen Schülerzeit erworben und dann in Studium und Berufspraxis erfahrungsbasiert weiter entwickelt worden. Deshalb sitzen sie auch zumeist sehr fest. Sie lassen sich nicht wie ein dreckig gewordenes Hemd abstreifen; eher sind sie mit einer zweiten Haut zu vergleichen, die man nur in kleinen Teilen und unter Schmerzen verliert. Wir wissen aber aus der Forschung, dass es typische Verzerrungen dieser persönlichen Vorstellungen gibt (Clausen 2002):

- Wir alle neigen vorschnell dazu, bei Problemen im Klassenzimmer die fehlende Motivation der Schüler und ein schwieriges soziales Umfeld als Ursache anzunehmen. Die Frage, ob das eigene Methodenrepertoire (noch) ausreicht, um diese Schüler zu erreichen und ob die eigene Haltung eine Rolle spielt, wird deutlich seltener gestellt.
- Wir neigen dazu, die Anteile an Frontalunterricht im eigenen Unterricht zu niedrig zu taxieren und entsprechend die Gruppen- und Tandemarbeit zu hoch zu taxieren (Helmke 2009, S. 141). Die eigenen Schüler sind, wie wir aus der Forschung wissen, zumeist präziser in ihren Urteilen über Verständnisprobleme, aber auch über die Sozialformhäufigkeit als die Lehrer.
- Wir übersehen viel zu oft, wenn es Mobbing-Probleme im Klassenzimmer/im Seminar gibt (Alsaker 2004).

Deshalb lohnt es sich, diese persönlichen Überzeugungen hin und wieder an der Wirklichkeit, aber auch an empirischen Forschungsergebnissen zu überprüfen. Wenn Sie dies tun, wächst das, was wir als „persönliche *Theorie*" guten Unterrichts oder auch als Praktikertheorie bezeichnen: eine erfahrungsbasierte, aber eben auch durch Theoriewissen angereicherte Vorstellung von Unterrichtsqualität. Dabei wird der Theoriebegriff von uns recht weit definiert, aber keineswegs überstrapaziert: Nicht nur Wissenschaftler, auch Praktiker können Theorieproduzenten sein (Altrichter & Posch 2007, S. 76–84).

> **Arbeitsdefinition:** Persönliche Theorien guten Unterrichts sind die auf der Grundlage eigener Erfahrungen *und* der gezielten Aneignung von Theoriewissen formulierten und in Aktions-Reflexions-Spiralen erprobten und reflektierten Annahmen über Grundlagen und Ursache-Wirkungszusammenhänge unterrichtlichen Handelns.

Nicht nur die Berufslehrenden, auch jede Erzieherin entwickelt ihre persönliche Theorie. Das folgende Beispiel stammt von Silvia Veronesi, Zürich:

„Gute Bildungsarbeit im Kindergarten heißt für mich vor allem, dass sich die Kinder einbringen können. Sie beeinflussen meine Arbeit, indem sie ihren Wissenstand, ihre Gedanken, ihre Wünsche und Ideen einbringen. Wenn ich dann flexibel genug bin, um darauf einzugehen, entsteht gute Bildungsarbeit. Auch gehört dazu, dass ich manchmal auf die Seite gehen und dem Geschehen seinen Lauf lassen kann.

Die Welt des Kindergartens, der Alltag muss so gut strukturiert und vorbereitet sein, dass es fast so aussieht, als würde alles von alleine funktionieren – vielleicht in die von mir vorbereitete Zielrichtung oder auch in eine völlig andere Richtung. Eine Bedingung dafür ist, dass sich die Kinder sicher und aufgehoben fühlen oder anders formuliert: Die Grundlage für alles ist die positive Beziehung zu den Kindern und zu deren Eltern.

Ich habe natürlich aufgrund meiner Erfahrung bestimmte Strukturen aufgebaut, von denen ich denke, dass sie richtig sind und eingehalten werden sollen. Ich habe auch Inhalte bzw. Erfahrungsfelder, die aus meiner Sicht dazu gehören und allen Kindern dieses Alterssegments zugänglich gemacht werden müssen. Trotzdem überdenke ich die Gestaltung des pädagogischen Alltages ständig und passe ihn an die Gruppe, an einzelne Kinder und die aktuellen Geschehnisse an.

Gute Bildungsarbeit ist also reflektierte Bildungsarbeit. Ich probiere etwas Neues aus, schaue was dabei herauskommt, und wenn es klappt, überarbeite ich mein Konzept. Wenn ich beispielsweise merke, dass ein Kind in einem bestimmten

Bildungsbereich nicht auf einen grünen Zweig kommt, dann suche ich mir einen fachlichen Input: Ich vertiefe mich in Fachliteratur oder hole mir eine Fachfrau, welche mich beobachtet und mit der ich mich hinterher austausche. Die Anregungen setze ich meist nicht eins zu eins um, aber sie geben mir Anstöße, um meine Arbeit weiter zu entwickeln und meine Denkschleifen in eine neue Richtung zu lenken."

Eine differenzierte persönliche Theorie guten Unterrichts entsteht und wächst also durch das wiederholte und kontrollierte Wechseln zwischen Unterrichts-Aktionen einerseits, dem gründlichen Reflektieren über Erfolg und Misserfolg dieser Aktionen andererseits. Das wird in der Professionalisierungsforschung als Aktions-Reflexionsspirale beschrieben (Schön 1983; Altrichter & Posch 2007, S. 17).

Natürlich sind diese persönlichen Theorien noch nicht so gründlich abgesichert wie die Theoretiker-Theorien. Aber im Prinzip müssen und können sie den gleichen Gütekriterien wissenschaftlichen Arbeitens genügen wie die im Wissenschaftsbetrieb produzierten Theorien:

- Sie enthalten bewusst formulierte Hypothesen über Korrelationen und Ursache-Wirkungszusammenhänge („Wenn ich x tue, dann müsste y die Folge sein!"; „Weil sich Schüler x auf Kompetenzstufe y bewegt , kriegt er z nicht gebacken!"; „Weil die Absprachen über unser Methoden-Curriculum nicht eingehalten werden, komme ich bei Aufgaben mit hoher Selbstregulation nicht voran.").
- Sie gelten auf Widerruf, werden also an der Praxis überprüft und gegebenenfalls verworfen oder überarbeitet.
- Sie sind eingebettet in ein tiefes Verständnis des Faches und in einen ethischen Code, also in einen Satz von Werten und Regeln des zwischenmenschlichen Umgangs und der pädagogischen Orientierung.

Die persönlichen Theorien leiten unser Handeln bei der Unterrichts- und Seminararbeit stärker als jede Theoretiker-Theorie. Deshalb sprechen britische Aktionsforscherinnen wie Jean McKniff auch von der „living theory", die Lehrpersonen immerfort mit sich herumschleppen. Es ist funktional, dass die Persönlichen Theorien mächtiger als die Theoretiker-Theorien sind. Denn Lehrpersonen müssen oft in Sekundenschnelle Entscheidungen treffen und handeln. Da wäre es überhaupt nicht möglich, erst das Problem zu definieren, dann in die Theorie hochzurechnen, dort die Antwort zu suchen und dann wieder zu einer Einzelentscheidung kleinzuarbeiten. Berufspraktiker müssen zügig zwischen ihrem Theoriewissen und der jeweils wieder neuen unterrichtspraktischen Herausforderung vermitteln. Das hat der Aufklärungspädagoge Herbart treffend als „pädagogischen Takt" bezeichnet (s. u., S. 196 ff.).

> **These 14:** Die in mehr oder weniger langen Jahren berufspraktischer Erfahrung aufgebauten persönlichen Theorien guten und schlechten Unterrichts steuern unser Denken, Fühlen und Handeln im Klassenzimmer und Seminarraum effizienter als jede Theoretikertheorie.

Und das ist gut so.

ZEHNERKATALOG

Der in diesem Abschnitt vorgestellte KATALOG mit 10 Merkmalen für guten Unterricht kann Ihnen bei der Weiterentwicklung Ihrer persönlichen Theorie guten Unterrichts helfen. Sie können ihn als Folie nutzen, um an Ihren eigenen Vorstellungen zu schnitzen und zu feilen.

Die Mehrzahl der in den letzten Jahren im deutschsprachigen Raum entwickelten Kriterienkataloge zum guten Unterricht sieht recht ähnlich aus. Das ist kein Zufall, sondern eine Folge der Orientierung am internationalen Forschungsstand, und dabei insbesondere an dem, was auf Neudeutsch „school effectiveness research" oder auch „Prozess-Produkt-Forschung" genannt wird (Helmke 2009, S. 22–35). Wir können heute genauer und verlässlicher als früher sagen, welche Merkmale alltäglichen Un-

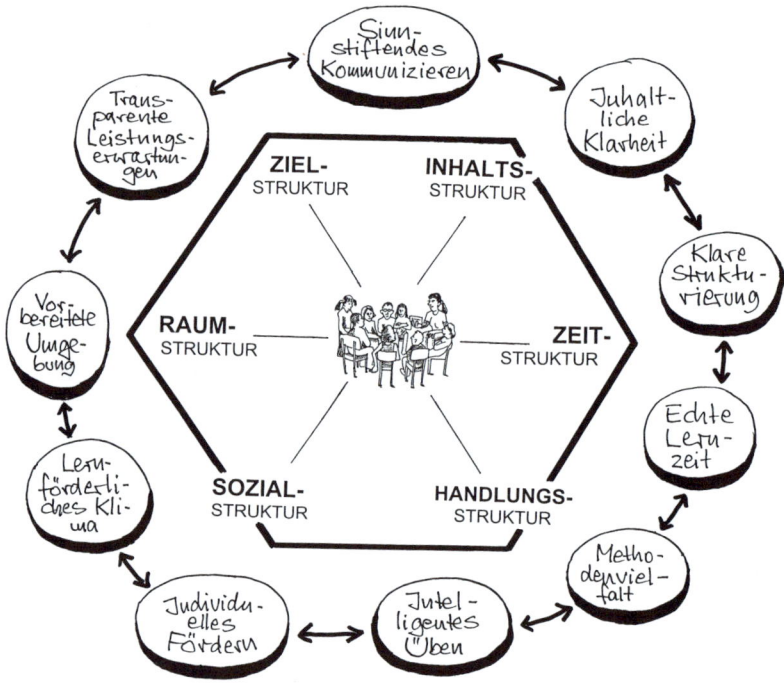

Abb. 3.5: ZEHNERKATALOG

terrichts zu dauerhaft hohen kognitiven, methodischen und sozialen Lernerfolgen beitragen. Ich (HM) habe diese Forschungsergebnisse studiert, sie didaktisch gewichtet, um zwei empirisch schlecht abgesicherte, aber m. E. wichtige Merkmale ergänzt und dann zu zehn Merkmalen guten Unterrichts verdichtet. Die Merkmale können wie ein Kranz um das DIDAKTISCHE SECHSECK herumgelegt werden.[72]

Zehn Merkmale guten Unterrichts

KRITERIENMIX

1) **Klare Strukturierung des Unterrichts** (Prozess-, Ziel- und Inhaltsklarheit; Rollenklarheit, Absprache von Regeln, Ritualen und Freiräumen)
2) **Hoher Anteil echter Lernzeit** (durch gutes Zeitmanagement, Pünktlichkeit; Auslagerung von Organisationskram; Rhythmisierung des Tagesablaufs)
3) **Lernförderliches Klima** (durch gegenseitigen Respekt, verlässlich eingehaltene Regeln, Verantwortungsübernahme, Gerechtigkeit und Fürsorge)
4) **Inhaltliche Klarheit** (durch Verständlichkeit der Aufgabenstellung, Monitoring des Lernverlaufs, Plausibilität des thematischen Gangs, Klarheit und Verbindlichkeit der Ergebnissicherung)
5) **Sinnstiftendes Kommunizieren** (durch Planungsbeteiligung, Gesprächskultur, Schülerkonferenzen, Lerntagebücher und Schülerfeedback)
6) **Methodenvielfalt** (Reichtum an Inszenierungstechniken; Vielfalt der Handlungsmuster; Variabilität der Verlaufsformen und Ausbalancierung der methodischen Großformen)
7) **Individuelles Fördern** (durch Freiräume, Geduld und Zeit; durch innere Differenzierung und Integration; durch individuelle Lernstandsanalysen und abgestimmte Förderpläne; besondere Förderung von Schülern aus Risikogruppen)
8) **Intelligentes Üben** (durch Bewusstmachen von Lernstrategien, passgenaue Übungsaufträge, gezielte Hilfestellungen und „überfreundliche" Rahmenbedingungen)
9) **Transparente Leistungserwartungen** (durch ein an den Richtlinien oder Bildungsstandards orientiertes, dem Leistungsvermögen der Schülerinnen und Schüler entsprechendes Lernangebot und zügige förderorientierte Rückmeldungen zum Lernfortschritt)
10) **Vorbereitete Umgebung** (durch gute Ordnung, funktionale Einrichtung und brauchbares Lernwerkzeug)

Joker für weitere Kriterien

---

72 Jedes der zehn Merkmale des KATALOGs wird bei Meyer (2004) auf jeweils 7 bis 10 Seiten erläutert. Dort finden sich jeweils eine Definition des Merkmals, ein Indikatoren-Katalog, ein Bericht zum Forschungsstand und einige didaktisch-methodische Ratschläge. Im „Leitfaden Unterrichtsvorbereitung" (Meyer 2007) finden Sie auf den Seiten 230–235 drei Unterrichts-Beobachtungsbögen mit insgesamt 48 Items, die aus den 10 Merkmalen des KATALOGs hergeleitet worden sind.

Konstruktionsregeln:

1) Alle zehn Merkmale sind so ausgewählt und definiert worden, dass *sowohl die Lehrpersonen als auch die Lernenden* dazu beitragen können, dass die Merkmalsausprägungen *im Unterricht stark gemacht* werden. Keines der zehn Kriterien ist ausschließlich lehrerzentriert, keines ausschließlich schülerzentriert gemeint.
2) Die Merkmale sind *nicht hierarchisch geordnet.* Sie können die Reihenfolge im Blick auf Ihre persönliche Theorie guten Unterrichts variieren. Sie können auch Ergänzungen vornehmen.
3) Die Merkmale sind *fachdidaktisch gesehen neutral.* Sie können also fachdidaktisch spezifiziert und/oder ergänzt werden. Deshalb habe ich als elftes Merkmal den Joker platziert.
4) Die Merkmale sind bewusst *abstrakt* gehalten, damit sie nicht mit Rezepten verwechselt werden. Sie müssen also mit Phantasie und Fachverstand für die Beurteilung konkreter Unterrichtsarrangements oder -planungen kleingearbeitet werden. Deshalb gelten sie mit geringfügigen Veränderungen auch *für alle Schulstufen und -formen* und darüber hinaus auch für angeleitete Aktivitäten in der Kindergartenarbeit, für die Uni, für eine Orchesterprobe u. a. m.

Vielleicht vermissen Sie einige Variablen guten Unterrichts, die Sie persönlich für das wichtigste Merkmal guten Unterrichts halten, z. B. die Lernbereitschaft der Schüler oder die Persönlichkeitsstruktur der Erzieherin/der Lehrperson. Beides ist sehr wichtig (s. o., Kapitel 3.1). Aber es sind in unserer Systematik keine Kriterien von Unterrichtsqualität, sondern personale Voraussetzungen, um Unterrichtsqualität herzustellen.

Andreas Helmke (2006) hat ebenfalls einen Zehnerkatalog formuliert. Der wesentliche Unterschied zum Meyerschen Katalog liegt darin, dass mehrere seiner Merkmale aus der *Lehrer*perspektive formuliert sind.

ZEHNERKATALOG Helmke

1) Strukturiertheit, Klarheit, Verständlichkeit
2) Effiziente Klassenführung und Zeitnutzung
3) Lernförderliches Unterrichtsklima
4) Ziel-, Wirkungs- und Kompetenzorientierung
5) Schülerorientierte Unterstützung
6) Angemessene Variation von Methoden und Sozialformen
7) Aktivierung: Förderung aktiven, selbstständigen Lernens
8) Konsolidierung, Sicherung, intelligentes Üben
9) Vielfältige Motivierung
10) Passung: Umgang mit heterogenen Lernvoraussetzungen

Funktionen: Sie können die zwei ZEHNERKATALOGE nutzen, um blinde Flecken in Ihrer persönlichen Theorie zu identifizieren. Sie können damit eine Stärken-Schwächen-Analyse machen, indem Sie analysieren, bei welchen der 10 Merkmale Sie schon stark sind und wo Sie Entwicklungsbedarf haben. Sie können den KATALOG als Richtschnur für die kollegiale Hospitation verwenden. Dann empfehlen wir Ihnen aber, nicht sofort alle 10 Merkmale in den Blick zu nehmen, sondern dem Hospitierenden ein oder zwei Merkmale zu nennen, auf die dieser besonders achten soll. Sie können den KATALOG auch benutzen, um Schüler- bzw. Studierenden-Feedback einzuholen (s. u., S. 111 f.).

„Viele Wege führen nach Rom"

Wir behaupten im Anschluss an Helmke (2009), Hattie (2009) und andere, dass das Starkmachen der zehn Merkmale des KATALOGS den Lernerfolg der Schülerinnen und Schüler erhöht. Aber es gibt keine Effektivitätsautomatik einzelner Merkmale des Katalogs. Der eine Lehrer erzielt sehr gute Ergebnisse z. B. mit stark ausgeprägten Merkmalen 1, 2 und 4; beim anderen Lehrer sind diese Merkmale nur mittelstark entwickelt, aber er hat dennoch Spitzenleistungen aufgrund stark ausgeprägter anderer Merkmale. Zu diesem Ergebnis kommt auch die berühmte SCHOLASTIK-Studie von Weinert & Helmke (1997, S. 250). Die Merkmale guten Unterrichts sind hier nur sechs,

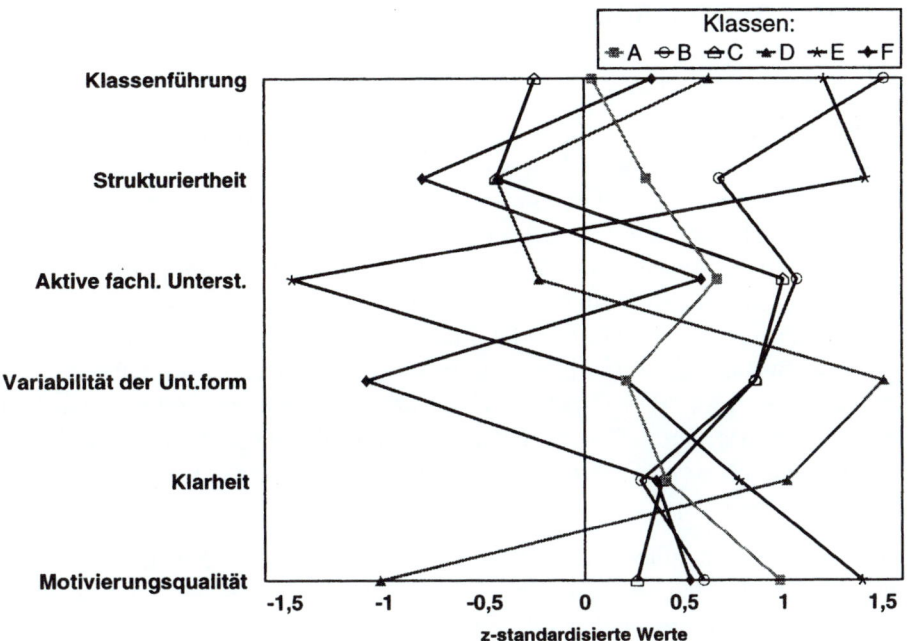

Abb. 3.6: Qualitätsprofile von Best-Practice-Klassen

und sie sind etwas anders geschnitten, bleiben aber vergleichbar.[73] Die Grafik (Abb. 3.6) zeigt die jeweiligen Qualitätsprofile der sechs besten Klassen aus einer großen Studie mit insgesamt 54 Klassen.

Das überraschende Ergebnis: Gerade in den sechs „best practice"-Klassen gab es eine erhebliche Streuung im Ausprägungsgrad einzelner Merkmale und einige sehr deutliche „Ausrutscher" (linke Hälfte der Grafik). Einzelne Klassen zeigten sehr schlechte Werte bei einzelnen Variablen − sie zählten dennoch zu den sechs besten. Allerdings wissen wir nicht, ob diese Schulklassen vielleicht noch bessere Leistungen gezeigt hätten, wenn auch die „Ausrutscher-Variablen" stark gemacht worden wären.

Wir folgern daraus: Gerade Lehrpersonen mit hohem Leistungsvermögen entwickeln ein je eigenes Profil ihres Unterrichts. Sie können Schwächen im einen Bereich durch Stärken in anderen Bereichen kompensieren. Deshalb wäre es grundverkehrt, bei der Qualitätssicherung und -steigerung alle Lehrpersonen „über ein und denselben Leisten" spannen zu wollen. Ein Kollegium ist wie ein bunter Blumenstrauß. Da gibt es diese und jene Farben und hin und wieder auch eine leicht angetrocknete Blume.

These 15: Viele (*nicht alle*) Wege führen nach Rom!

3.7 Ein Theorierahmen für Unterrichtsqualität

Es geht nicht ohne eine Bildungstheorie

Ein Erlebnis vorweg: Als ich (HM) vor vier Jahren eine Studienreise nach China gemacht habe, habe ich auch in sieben verschiedenen Schulen in Shanghai, Hangshou, Wuhu und andernorts am Unterricht teilgenommen. Er war überall sehr lehrerzentriert, aber die Schülerinnen und Schüler waren froh und munter bei der Sache und die Lernergebnisse waren, wie wir inzwischen auch aus der vierten PISA-Studie (2010) wissen, fast immer sehr gut (oberhalb der finnischen Durchschnittswerte). Wieder zu Hause in Deutschland, las ich in den Medien, dass das Kollegium der Rüetli-Schule aus Berlin einen öffentlichen Protest formuliert hatte, dass der reguläre Unterrichtsbetrieb zusammengebrochen sei und dass es so nicht weiter gehen könne. Ich fragte mich: *„Machen wir in Deutschland etwas grundsätzlich falsch? Müssen wir zu dem stärker lehrerzentrierten Unterricht zurückkehren, um endlich wieder Boden unter die Füße zu bekommen?"*

Kurze Zeit später war Andreas Helmke zu einem Vortrag in Oldenburg und ich erzählte ihm, dem Südostasien-Spezialisten, von meinen Erfahrungen. Darauf Andreas Helmke: *„Herr Meyer: Sie machen einen Denkfehler. Wir wissen doch gar nicht, ob die*

---

73 „Aktive fachliche Unterstützung" entspricht meinem „individuellen Fördern"; „Strukturiertheit" und „Klassenführung" sind bei mir zum Merkmal 1 fusioniert, „Motivierungsqualität" entspricht meinem „lernförderlichen Klima".

Schülerleistungen in China nicht noch besser würden, wenn in China mehr offener Unterricht nach europäischem Muster gemacht würde. Dass die chinesischen Schüler so gut sind, liegt vor allem an der konfuzianischen Tradition, das Lernen sehr, sehr wichtig zu nehmen und den Lehrern mit sehr hohem Respekt zu begegnen." Helmke hat Recht. Ich denke, dass ich (HM) damals nicht nur einen, sondern gleich zwei Denkfehler gemacht habe:

- Zum einen darf aus dem empirischen Nachweis einer Korrelation (in diesem Falle: der starken Lehrerzentriertheit des Unterrichts und dem hohen Lernerfolg) nicht vorschnell gefolgert, dass das eine ursächlich für das andere sei. Um einen solchen Kausalnachweis zu führen, sind umfangreiche Langzeitstudien mit Kontrollgruppen-Design erforderlich. Und fast immer kommt dabei heraus, dass nicht nur eine Variable, sondern ein ganzes Bündel von Variablen ursächlich sind.
- Der zweite Denkfehler bestand darin, unbedarft aus einem empirischen Sachverhalt eine normative Entscheidung abzuleiten. (Wir haben dieses logische Problem schon bei der Erläuterung unserer Ausgangsthese in Kapitel 1.3 angesprochen.)

Empirische Befunde müssen darauf überprüft werden, ob sie zutreffen, also wahr sind oder nicht. Normative Entscheidungen sind weder wahr noch falsch. Sie müssen darauf überprüft werden, ob sie vernünftig sind.

> **These 16:** Was unter „gutem Unterricht" zu verstehen ist, wird normativ gesetzt, auch wenn es immer klug ist, die Setzungen auf Praktikabilität und Effektivität zu überprüfen.

Die Richtigkeit dieser Feststellung wird im Kontrast zum chinesischen Konzept guten Unterrichts deutlich: Aus der Perspektive unserer europäischen Didaktik-Tradition fehlte dasjenige völlig, was wir als demokratische Teilhabe der Schülerinnen und Schüler an der Unterrichtsgestaltung einfordern.

Deshalb ist eine theoretische Begründung unserer Qualitätsvorstellungen unverzichtbar. Dabei kann auf eine Jahrhunderte alte, bis zu Johann Amos Comenius (1592–1670) zurückreichende Tradition des Nachdenkens über guten Unterricht zurückgegriffen werden. Für die aktuelle Diskussion halten wir insbesondere die Arbeiten von Wolfgang Klafki (geb. 1927), Herwig Blankertz (1927–1983) und Lothar Klingberg (1926–1999) für grundlegend.

In dieser Traditionslinie ist es eine Selbstverständlichkeit, dass die Güte des Unterrichts nicht nur im Blick auf den Umfang und die Nachhaltigkeit der vermittelten Kompetenzen definiert wird. Auch die Erziehungsaufgaben, die Förderung der Persönlichkeitsentwicklung und die Ausbildung einer demokratischen Unterrichtskultur spielen eine wichtige Rolle.

Angebots-Nutzungsmodell zur Erklärung der Wirkungsweise von Unterricht

Die Unterrichtsqualität ist nur *eine* der Variablen, die den Lernerfolg der Schüler bestimmen. Das Lernpotenzial der Schüler (früher mit einem etwas verstaubten Begriff als Begabung bezeichnet), die Professionalität des Lehrpersonals, die Einflüsse der Mitschüler, die Medien u. a. m. spielen ebenfalls eine Rolle. Ein von vielen Wissenschaftlern genutztes Modell für die Analyse der vielen Variablen ist das von Helmut Fend (1998, S. 322) und Andreas Helmke (2009, S. 73) entwickelte „Angebots-Nutzungsmodell zur Erklärung der Wirkungsweise des Unterrichts". Es beansprucht, für institutionalisiertes Lehren und Lernen insgesamt geeignet zu sein, also auch für die Bildungsarbeit in Kindergärten und an Hochschulen:

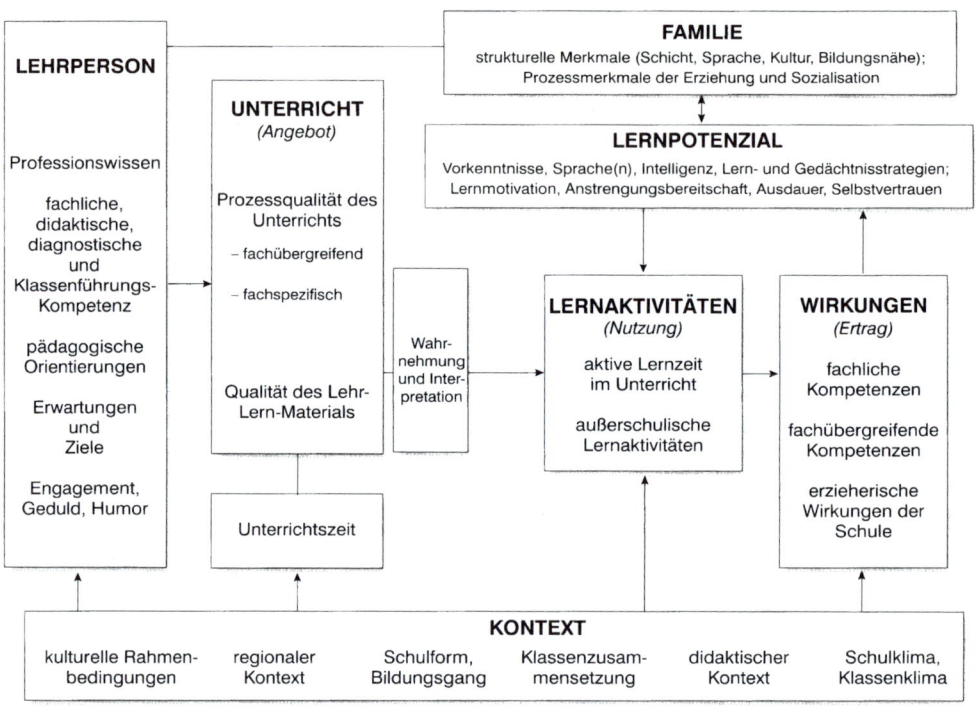

Abb. 3.7: Angebots-Nutzungs-Modell

Das Helmke-Modell hat drei Vorteile: Es liefert einen kompakten Überblick über die wichtigsten Unterrichtsvariablen. Es ist empirisch abgesichert. Und es benennt die „Stellschrauben", an denen Lehrer und Schüler drehen können, um den Lernerfolg zu erhöhen:

- die Kompetenz der Lehrerin/des Lehrers,
- die Qualität der Lehr- und Lernprozesse
- und die zur Verfügung gestellte Unterrichtszeit.

In Helmkes Modell kann nun lokalisiert werden, welche Schwerpunkte in unserem LEITFADEN gesetzt werden und was von uns ausgelassen wird:

- Das Kapitel 2, die Kapitelteile 3.4 und 3.5 und das ganze Kapitel 4 beschäftigen sich mit dem Thema Unterricht und Unterrichtsqualität (Kasten in der Mitte).
- Die Kapitel 3.1 und 3.2 beschäftigen sich mit den Bedürfnissen, Motivationslagen und Interessen der Berufslernenden. Hier wird also der Kasten rechts oben thematisiert.
- Kapitel 5 beschäftigt sich mit dem linken Kasten, der Lehrerprofessionalität.
- Die Fragen nach dem Einfluss des Schul- bzw. Hochschulkontextes blenden wir bis auf die Frage nach dem Unterrichtsklima weitgehend aus.

Im Modell wird ein dünner, durchgezogener Pfeil vom Angebot über die Nutzung hin zum Ertrag gezogen. Das halten wir für korrekturbedürftig. Ein zweiter Pfeil müsste in die Gegenrichtung weisen. Helmke blendet in seiner zentralen Grafik (nicht im Buch) einen Aspekt aus, den Annemarie von der Groeben, ehemalige Didaktische Leiterin der Laborschule Bielefeld, so formuliert hat: *„Ich lehre nicht nur, was die Schüler lernen sollen – ich lerne auch von ihnen, wie ich lehren soll."* Richtig! Auch die Schüler können selbstreguliert in das Angebot eingreifen. Und sie machen Angebote an die Lehrpersonen, die ein Teil der Lehrenden aktiv aufgreift, aber ein anderer Teil zum Schaden der Schüler missachtet.

Helmkes Grafik ist u. E. noch in einem weiteren Punkt unvollständig. Die Tatsache, dass guter Unterricht nicht zwangsläufig und direkt, sondern komplex und oft genug auf krummen Wegen zum Lernerfolg führt, wird in Helmkes Grafik zu wenig deutlich. Deshalb haben wir das Modell einerseits elementarisiert, andererseits erweitert:

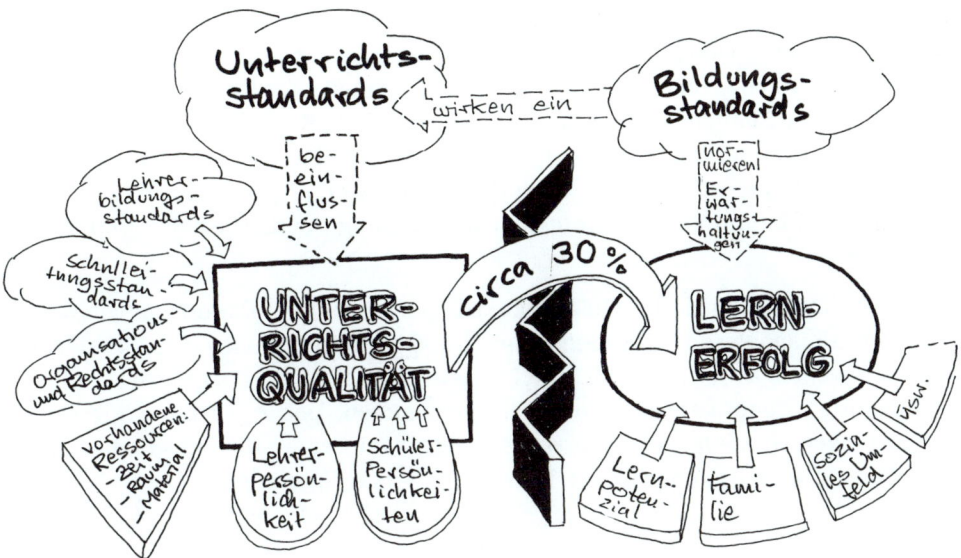

Abb. 3.8: Schwarze Mauer

Die dicke *schwarze Mauer* soll signalisieren, dass es keine linear-kausalen Beziehungen zwischen der Professionalität der Lehrperson und der Unterrichtsqualität einerseits, den Erträgen des Unterrichts andererseits gibt (Fröhlich-Gildhoff 2008). Helmke selbst schreibt, dass es sich fast schon um ein Paradoxon handle:

- Es gibt vielfältige empirische Einzelbelege dafür, dass ein Unterricht, der all unseren Kriterien guten Unterrichts entspricht, dennoch zu sehr mageren Ergebnissen auf der Seite des Lernzuwachses geführt hat.
- Es gibt andererseits Einzelfälle, in denen die Unterrichtsqualität ausgesprochen niedrig war, aber wo dennoch hohe Lernzuwächse zu verzeichnen waren.

Die *Wolken* sollen signalisieren, dass in dem komplexen Geschäft der Qualitätssicherung auch noch die Bildungspolitik mitmischt und mit ihren Steuerungs- und Innovationsbemühungen in die Arbeit im Klassenzimmer einzugreifen versucht. Harte empirische Belege, dass dies wirklich funktioniert, fehlen jedoch (Blossing & Ekholm 2005). Deshalb sind diese Anstrengungen nur in Wolkenform abgebildet.

Wir ziehen ein Fazit: Die Forschung liefert keine stromlinienförmig umsetzbaren Handlungsanweisungen für den Unterricht, sondern eine Sensibilisierung der Lehrenden für wichtige Einflüsse auf das Unterrichtsgeschehen in ihren Klassen und Seminaren.

„Auf den Lehrer kommt es an"

Welchen Anteil haben die Lehrpersonen am Lernerfolg der Schüler? Natürlich variiert dies von Lehrperson zu Lehrperson. Aber auch die statistischen Durchschnittswerte sind interessant. Vor vierzig Jahren schockten die empirischen Unterrichtsforscher Christopher Jencks und Mitarbeiter (1972) die Öffentlichkeit mit der vermeintlich empirisch gut belegten These, dass nur 2 bis 4 Prozent des Lernerfolgs der Schülerinnen und Schüler durch die Qualität des Lehrerhandelns ausgelöst würden. „Teachers make no difference" lautete damals der Slogan gesellschaftskritisch eingestellter Bildungsforscher. Heute kommen die Empiriker aufgrund sehr viel umfangreicherer und genauerer Studien allerdings zu deutlich positiveren Ergebnissen, auch wenn gerade in Deutschland die sogenannte soziale Kopplung des Lernerfolgs immer noch sehr hoch ist.

Der Neuseeländer John Hattie (2009) hat sich getraut, auf der Grundlage von 800 sogenannten Metaanalysen, in denen über 50 000 einzelne quantitative Studien miteinander verglichen worden sind, eine Meta-Meta-Analyse durchzuführen und so zu generalisierten quantifizierten Aussagen zu kommen. Hattie hat die Effektstärken von 138 Einzelvariablen gemessen, sie zu sechs Faktorenbündeln zusammengefasst und nochmals statistisch berechnet. Hier einige seiner Ergebnisse:

Effektstärken

1) Von den sechs genannten Faktoren*gruppen* ist die Variable „Lehrer" — abgesehen von der Variable Schüler — die effektstärkste.
2) *Die drei effektstärksten Einzelfaktoren sind:* Selbsteinschätzung des Leistungsstandes durch Schüler, b) die Fundierung des Unterrichts auf dem Piagetschen Ansatz der Kompetenzstufen, c) die ständige Erhebung und Bereitstellung von Informationen zum individuellen Lernfortschritt der Schüler an den Lehrer und an die Schüler.
3) *Die schwächsten i. S. v. wirkungslosesten Faktoren sind* a) jahrgangsübergreifender Unterricht, b) die Verfügung der Schüler über ihr eigenes Lernen sowie c) die feindliche Gegenüberstellung von offenem und traditionellem Unterricht.
4) *Die negativsten, d. h. am stärksten den Lernerfolg behindernden Faktoren sind* a) Sitzenbleiben, b) Fernsehen und c) hohe familiale Mobilität (z. B. durch Umzug).

Aus: Terhart (2011b, S. 277 f.).

In einer Vorstudie (Hattie 2003) hat er aus seinen vielen Einzelberechnungen ein Kreisdiagramm gemacht:

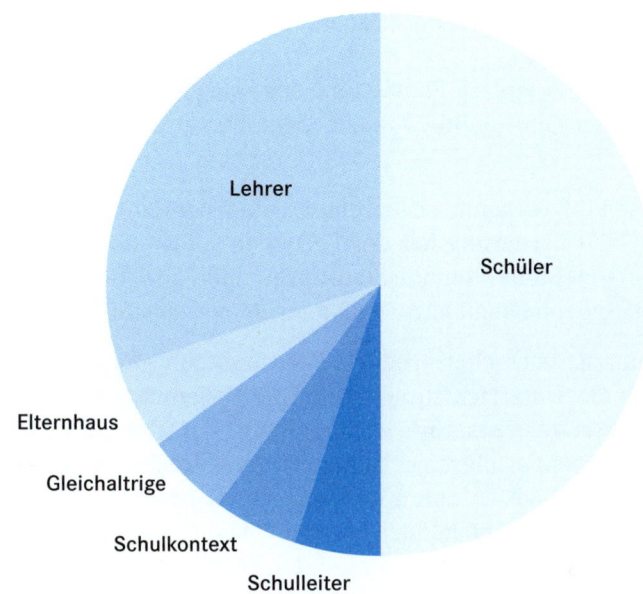

Abb. 3.9: Prozentanteile der Leistungsvarianz

Die Grafik erfasst wohlgemerkt nur die statistisch ermittelten *durchschnittlichen* Einflussstärken. Bei einzelnen Lehrpersonen und Schülern können die Prozentwerte stark variieren. Zusätzlich ist zu beachten, dass kein Einflussfaktor für sich allein wirkt. Wir können festhalten:

> **These 17:** Durchschnittlich 25 bis 30 Prozent des Unterrichtslernerfolgs der Schülerinnen und Schüler werden durch die Qualität des Unterrichts und die Professionalität des Lehrerhandelns herbeigeführt.

Das ist eine ganze Menge! Keine andere Variable – abgesehen von den Schülern selbst – hat einen stärkeren Einfluss. Dass das Lernpotenzial der Schülerinnen und Schüler mit durchschnittlich 50 Prozent angegeben ist, darf eigentlich niemanden überraschen. Wäre dieser Prozentsatz niedriger, so wären alle unsere Hoffnungen auf selbstgesteuertes Lernen in den Wind geschrieben.

Wir fassen zusammen:

1) Alle Unterrichtsforscher sind sich einig: Lehrerarbeit ist hoch komplex (Shulman 1986; Helmke 2009, S. 20–35).
2) Die Lehrpersonen haben einen entscheidenden Anteil am Lernerfolg der Schüler (Lipowsky 2006). Das gilt nicht nur für die Kleinen, sondern offensichtlich für jede Alterslage, also auch für die Hochschulen.
3) Gut erforscht ist, was aufgrund seiner Schlichtheit gut zu erforschen ist. Ein Beispiel: Die Korrelationen zwischen der Lernzeit („time on task") und dem Lernerfolg (Rutter 1980, S. 145 f.).
4) Schlecht erforscht sind komplexe Phänomene der Lehrer-Schüler-Interaktion, die für die Beurteilung der Lehrqualität von Lehrpersonen aber besonders wichtig sind.

Man kann die vielen Einzelergebnisse zu einer **Faustregel** zusammenfassen: Den größten Einfluss auf den Lernerfolg hat der Lernende selbst; den zweitgrößten die Lehrperson; erst an dritter Stelle steht die Strukturqualität, also die Frage, wie gut die Schulen eingerichtet sind, ob sie mehrgliedrig oder integriert sind usw.

Die empirischen Unterrichtsforscher arbeiten allerdings mit einem **Trick:** Sie reduzieren die Frage nach der Unterrichtsqualität auf die Frage nach der Effektivität bestimmter Unterrichtsarrangements. Güte wird reduziert auf Wirksamkeitsnachweise. Dabei sind die Forscher recht erfolgreich. Die vielfältigen Ergebnisse können uns helfen, unsere persönlichen Theorien guten und schlechten Unterrichts auszuschärfen und sozusagen zu „erden". Aber die Reduzierung der Qualitätsfrage auf die Wirkungsfrage löst das Problem nicht wirklich. Denn bei der Frage, woran die Effektivität gemessen werden soll, taucht die Normproblematik wieder auf. Wird nur das fachliche Lernen erfasst? Oder auch die sozialkommunikative Kompetenz und die Persönlichkeitsentwicklung?

3.8 Reflexionsübungen zum guten Unterricht

Vorweg: Diese Übung ist so konzipiert, dass sie in Teamarbeit in einem Workshop, z. B. im Rahmen eines Studientages zum Thema „Unterrichtsqualität" durchgeführt werden kann. Sie kann aber mit geringfügigen Veränderungen im Arbeitsauftrag auch in Einzelarbeit gelöst werden.

Die meisten Teilnehmerinnen und Teilnehmer an solchen Workshops können für sich beanspruchen, als Lehrpersonen auch Experten für das Thema „Unterrichtsqualität" zu sein und ebenso für die Frage, wie Arbeitsaufträge sinnvoll zu formulieren sind. Deshalb ist es eine Selbstverständlichkeit, dass Sie den nun folgenden Arbeitsauftrag variieren können, wenn Ihnen eine solche Variation zielführender zu sein scheint.

Ziele des Workshops:

1) Bewusstmachen persönlicher Stärken und Schwächen
2) Auseinandersetzung mit den Kriterien des ZEHNERKATALOGs
3) Formulierung einer gemeinsam verantworteten Aufgabe zur Unterrichtsentwicklung an Ihrer Schule

Teilnehmer: mindestens 6, besser 12 oder bis zu 16 Personen

Zeit: 90 Minuten

Material:
- ein Blatt DIN-A4-Papier je Teilnehmer;
- Schere und Klebstoff;
- ein Schnibbel-Bogen je Teilnehmer, auf dem jedes der zehn Merkmale guten Unterrichts auf einem kleinem Zettel aufgeschrieben ist.

Die Arbeit beginnt mit Einzelarbeit. Aber setzen Sie sich doch gleich so nebeneinander, dass die nachfolgende Tandem- oder Kleingruppenarbeit vorgeklärt ist. Dann können Sie bei den ersten Arbeitsschritten auch Ihre Kollegin/Ihren Kollegen in Ihre Überlegungen einbeziehen (falls sie bzw. er sich nicht gestört fühlen sollte und lieber die himmlische Ruhe der Einzelarbeit genießt).

Ablaufschema

1) **Gesprächsleiter und Zeitmeister:** Bestimmen Sie ein Mitglied Ihres Workshops, das die Rolle des Gesprächsleiters übernimmt. Er moderiert die Diskussionen; er regelt, ob und wenn ja welche Arbeitsergebnisse im Plenum präsentiert werden und findet zum Schluss ein freundliches Wort für die produktive Zusammenarbeit. Bestimmen Sie ein weiteres Mitglied, das auf die Einhaltung der Zeitvorgaben achtet.

PHASE 1: Einzelarbeit

2) **Manuelles:** Diesem Arbeitsauftrag ist ein Schnibbel-Bogen mit den 10 Merkmalen guten Unterrichts nach Meyer beigefügt. Schneiden Sie die Merkmale aus und legen Sie sie auf Ihr Blatt Papier.

3) **Stärken-Schwächen-Analyse:** Wählen Sie aus den zehn Merkmalen guten Unterrichts **zwei** aus, bei denen Sie nach Ihrer persönlichen Einschätzung stark sind (= Stärke-Karten). Wählen Sie **zwei** weitere Merkmale aus, bei denen Sie nach Ihrer persönlichen Einschätzung Entwicklungsbedarf haben (= Schwäche-Karten). **Markieren** Sie die vier ausgewählten Karten.

4) **Eine persönliche Ordnung herstellen:** *Schieben Sie alle 10 Merkmale einschließlich der Stärken- und Schwächenkarten so lange hin und her, bis Sie eine Ihrer persönlichen Theorie guten Unterrichts entsprechende Ordnung hergestellt haben.* Sie können die Kärtchen hierarchisieren oder in Schubladen packen. Sie können sie in eine Kreisordnung bringen. Sie können nach Verantwortungsgraden für Lehrer und Schüler sortieren und vieles andere mehr.

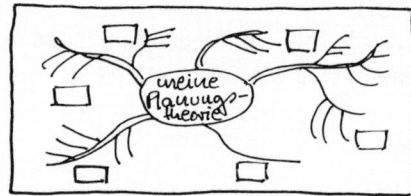

Es macht auch Spaß, bei dieser Arbeit mit **Metaphern** zu arbeiten und diese auf Ihrer langsam entstehenden Collage zu zeichnen. (Ein IG-Metall-Kollege aus Dortmund hat seine 10 Kärtchen in das Innere eines Wankel-Motors eingebaut. Eine Oldenburger Studentin hat eine Branntwein-Distillerie gezeichnet.)

5) **Weiterentwicklung der Merkmale:** Bei Bedarf können Sie ein für Sie wichtiges elftes oder zwölftes Merkmal definieren und in Ihre Sortierarbeit einbringen. Das könnten z. B. fachdidaktische Kriterien sein, die im ZEHNERKATALOG fehlen. Sie können auch Kärtchen weglassen.

6) **Visualisierung Ihrer Entscheidungen:** Kleben Sie nun die 10 Merkmale auf Ihrem Blatt Papier auf und stellen Sie logische Verknüpfungen her: Pfeile, Doppelpfeile, Ausschließungen, Verbotsschilder usw.

7) **Eine Frage beantworten:** Nach welchem bzw. nach welchen Ordnungskriterien haben Sie Ihre persönliche Ordnung hergestellt? Notieren Sie das Kriterium bitte auf Ihrer Collage! (Dies ist eine komplizierte Frage, bei der Sie gern Ihren Nachbarn einbeziehen können.)

8) **Leseauftrag:** Lesen Sie nun in Ruhe den angehängten „Theorieschub" durch.

PHASE 2: Kleingruppenarbeit

9) Bilden Sie eine **Dreiergruppe,** falls nicht anders möglich auch eine Vierergruppe.

10) **Vorstellen des Arbeitsergebnisses:** Erläutern Sie nun Ihren zwei Teampartnern, wie Ihre „persönliche Theorie" geordnet ist und welche Karten Sie warum als Stärke- und welche als Schwächekarten ausgewählt haben.

11) **Formulierung einer gemeinsamen Entwicklungsaufgabe in Ihrer Kleingruppe:** Formulieren Sie auf der Grundlage der gewählten Stärken- und Schwächen-Karten eine von Ihnen für vernünftig und attraktiv gehaltene Entwicklungsaufgabe für Ihre Fachgruppe oder für das ganze Kollegium. Dabei kann es um den Ausbau der Stärken oder um das Bearbeiten der Schwächen gehen.

PHASE 3: Workshop-Plenum

12) Erläutern Sie im Plenum Ihres Workshops den Kolleginnen und Kollegen, welche Entwicklungsaufgabe Sie ausformuliert haben und warum Sie der Überzeugung sind, dass die Bearbeitung für die Unterrichtsentwicklung an Ihrer Schule sinnvoll ist.

Erfolg und auch ein wenig Spaß bei der Arbeit, wünscht Ihnen

IHR VORBEREITUNGSTEAM

Theorieschub

Persönliche Theorie: Lesen Sie noch einmal auf Seite 93 f., was mit diesem Fachbegriff gemeint ist. Achten Sie auf eine wichtige Unterscheidung: Ihre Vorstellungen über „objektiv" wichtige Merkmale guten Unterrichts müssen nicht identisch mit Ihrer Bewertung Ihrer persönlichen Stärken und Schwächen sein.

Entwicklungsaufgabe: Der Begriff wird in dieser Übung auf zwei Ebenen verwandt: einmal im Blick auf persönliche Aufgaben der Kompetenzentwicklung und Professionalisierung einzelner Lehrpersonen, zum zweiten im Blick auf die Unterrichtsentwicklung einer ganzen Schule:

- Eine persönliche Entwicklungsaufgabe ist eine biografisch bedeutsame und subjektiv als notwendig empfundene Herausforderung zum Aufbau didaktischer Kompetenz. (In Kapitel 5 dieses LEITFADENs wird der Begriff noch ausführlicher erläutert.)
- Eine schulische Entwicklungsaufgabe beschreibt einen durch externe Vorgaben und/oder interne Einsichten als notwendig erachteten Baustein für die Qualitätssicherung und -entwicklung einer Einzelschule.

Es herrscht kein Mangel an lohnenden persönlichen und schulischen Entwicklungsaufgaben (Rolff, Rhinow & Röhrich 2009). Wir listen einige auf:

> **Lohnende Entwicklungsaufgaben:**
>
> 1) Ausdifferenzierung und Ausbalancierung der Grundformen des Unterrichts (siehe Kapitel 3.3)
> 2) Entwicklung einer neuen Aufgabenkultur (kognitiv und sozial aktivierende Aufgabenstellungen)
> 3) Entwicklung eines Konzepts kompetenzorientierten Unterrichts
> 4) Ausbau der Inneren Differenzierung
> 5) Ausbau eines Schulkonzepts zum individuellen Fördern
> 6) Entwicklung eines Methoden-Curriculums, an das sich alle Kollegen gebunden fühlen
> 7) Weiterentwicklung kooperativer Lernformen (z. B. Gruppenpuzzle)
> 8) Wiederbelebung des Plenums- bzw. Frontalunterrichts
> 9) Portfolio-Arbeit
> 10) Aus- und Aufbau von Helfersystemen
> 11) Wiederbelebung der Fachkonferenzarbeit
> 12) Einführung des Kollegialen Hospitierens

Zusatzübung: Karten-Ziehen mit Schülerinnen und Schülern

Man kann die Reflexionsaufgabe „Persönliche Collage" so weit vereinfachen, dass sie auch als Feedback-Methode mit Schülern zu nutzen ist.

Ziele:

1) Schüler-Feedback zur wahrgenommenen Unterrichtsqualität für die Lehrerin/den Lehrer
2) Austausch der unterschiedlichen Lehrer- und Schülerperspektiven
3) Erhöhung der didaktischen Reflexionskompetenz der Schüler

Zeit: eine Unterrichtsstunde

Material:
- die zehn Merkmale je auf einem DIN-A4-Blatt groß aufgeschrieben
- jedes der zehn Merkmale auf kleinem Zettel – jeweils so viele Zettel je Kriterium, wie Schülerinnen und Schüler in der Klasse sind
- ein Briefumschlag mit den vorher von der Lehrerin ausgewählten zwei Stärke- und zwei Schwächekarten

---

Ablauf der Reflexionsübung mit Schülern:

1) **Einführendes Gespräch** mit den Schülern: Was heißt „guter Unterricht" und woran könnte er zu erkennen sein?
2) **Auslegen und Erläutern der zehn Gütekriterien** (in der Mitte des Stuhlkreises auf dem Fußboden).
3) **Hinterlegen der 2 Stärke- und 2 Schwäche-Karten der Lehrerin:** Die Lehrerin legt die vorher ausgewählten 4 Karten in einem verschlossenem Umschlag in die Mitte.
4) **Arbeitsauftrag** an die Schülerinnen und Schüler: Wählt – jeder für sich – zwei Stärke- und zwei Schwäche-Karten aus, mit denen ihr meinen Unterricht bewertet (bei jüngeren Schülern: je eine Stärke- und Schwäche-Karte).
5) **Auszählen** der Stärke- und Schwäche-Urteile der Schüler (an der Tafel/auf dem PC).
6) **Auswertungsgespräch** über die Konsequenzen des Schülerfeedbacks für den weiteren Unterricht.

Christina Sczesny, vor 6 Jahren Physik- und Mathematiklehrerin an der IGS Delmenhorst, hat diese Übung in einem Mathematik-Leistungskurs der Oberstufe durchgeführt. Sie hat die Schülerinnen gebeten, sich im Plenum darüber zu verständigen, welche zwei Stärke- und welche Schwäche-Karten sie der Kursleiterin geben wollen. Während dieser Zeit hat sie den Klassenraum verlassen. Hier ihr Bericht über den Verlauf des Auswertungsgesprächs:

„Die Schülerinnen und Schüler waren sich offenbar schnell einig und riefen mich nach wenigen Minuten zurück. Zwei Sprecherinnen stellten mir zunächst die gemeinsam ausgewählten Stärke-Karten und dann die Schwäche-Karten vor, jeweils mit kurzer Erläuterung. Im Anschluss daran habe ich meine 4 Karten für alle sichtbar aufgedeckt.

Einen ersten Gesprächsanlass boten je eine Überschneidung bei den Stärkekarten (Nr. 1: klare Strukturierung) und den Schwäche-Karten (Nr. 6: Methodenvielfalt). Bei der gemeinsam gefundenen Schwächekarte (Methodenvielfalt) ähnelten sich die Perspektiven viel stärker. Wir vereinbarten, dieses Merkmal in Zukunft regelmäßig gemeinsam in den Blick zu nehmen, um Verbesserungsmöglichkeiten für den oft doch noch trockenen Oberstufen-Mathematikunterricht zu suchen.

Besonders großen Erklärungsbedarf meinerseits gab es bei der von den Schülerinnen ausgewählten zweiten Schwäche-Karte (Nr. 9: Transparente Leistungserwartungen). Die Schülerinnen erklärten mir, dass sich die Mehrzahl von ihnen mehr Tests und eine engere Hausaufgabenkontrolle wünschte. Hierüber entstand eine längere Diskussion, in der es auch Gegenstimmen aus dem Kurs gab. Meiner Vorstellung von möglichst selbstverantwortlicher Arbeit der Oberstufenschülerinnen und möglichst wenig Lehrerinnenkontrolle stand der Wunsch der Schülerinnen nach direkter Anerkennung ihrer Anstrengungen und nach Sicherheit gebenden ständigen Rückmeldungen entgegen.

Ich stelle fest, dass ich seit Durchführung dieser Übung immer wieder bewusst versuche, die benannten Schwächen im Blick zu behalten. Die Frage, wie viel Leistungskontrollen durchgeführt werden sollen, bleibt zwar strittig, die Hausaufgabenkontrolle nehme ich seit unserer Diskussion aber ernster als bisher. Um Methodenvielfalt bemühen wir uns gemeinsam. Insgesamt ist festzustellen, dass die Schülerinnen und Schüler nun häufiger schüleraktive Methoden selbst einfordern."

4 Methoden, Tipps und Tricks

Ziele und Inhalt:

In diesem Kapitel geht es um Unterrichtsmethoden, die wir für die Ausbildung von Elementarpädagoginnen in Schule und Hochschule für geeignet halten. Das Thema Methodik ist riesig. Wir können nicht alles darstellen. Wir haben uns aber entschieden, sowohl ganz herkömmliche als auch einige eher „exotische" Methoden darzustellen, für deren Einsatz in der Regel ein wenig Risikobereitschaft und auch etwas mehr Zeit erforderlich sind, die sich u. E. aber aufzubringen lohnt. Bei der Untergliederung des Kapitels orientieren wir uns ab Kapitel 4.2 an den vier Grundformen des Unterrichts aus Kapitel 3.3:

- Abschnitt 4.1 bringt den Theorierahmen. Im Mittelpunkt steht ein Drei-Ebenen-Modell methodischen Handelns, das Ihnen helfen soll, die bunte Fülle methodischer Begriffe und Ideen in eine überschaubare Ordnung zu bringen.
- Abschnitt 4.2 beschreibt Methoden, die häufig, aber nicht ausschließlich in der direkten Instruktion und im individualisierenden Unterricht eingesetzt werden.
- Abschnitt 4.3 beschreibt Methoden, die häufig, aber nicht ausschließlich im kooperativen Unterricht eingesetzt werden.
- Danach folgen die Themen Praktikumbetreuung und Feedback.

Das Hauptziel besteht darin, Ihnen eine experimentierende Haltung gegenüber dem eigenen Methodenrepertoire nahe zu legen.

Die Hauptbotschaft lautet: Die Weiterentwicklung des persönlichen Methodenrepertoires kann richtig Spaß machen und ein Leben lang die Berufszufriedenheit stärken.

Vorweg: Die Berufslernenden und Studierenden sind im Blick auf Unterrichtsmethoden keine unbeschriebenen Blätter mehr. Sie haben ja schon viele Jahre Schule, oft auch schon eine erste Berufsausbildung hinter sich und dabei sehr differenzierte und tief verwurzelte Kenntnisse, Kompetenzen und Einstellungen zur Unterrichtsmethodik entwickelt. Diese Vorerfahrungen können und sollten genutzt und weiter ausgebaut werden. Zumeist haben die Berufslernenden und Studierenden allerdings insbesondere in der Sekundarstufe I einen eher herkömmlichen Unterricht kennen gelernt. Deshalb haben sie nur geringe, manchmal auch nur negative Erfahrungen mit jenen Methoden, die wir in diesem Kapitel besonders propagieren, z.B. mit der Gruppenarbeit in festen Stammgruppen, mit der Ergebnispräsentation in Galerie- gängen (Kapitel 4.2), mit dem Diskutieren in einer Fishbowl (Kapitel 4.3) oder dem Träume-laufen-lassen-Lernen in einer Zukunftswerkstatt (Kapitel 4.5). Dies sind alle- samt Methoden, bei denen die Schülerinnen sich selbst als Person und oft auch mit ihrem ganzen Körper einbringen müssen. Das finden einige prima, viele haben aber auch eine Scheu davor. Wenn Sie die im Folgenden beschriebenen Anregungen in Ihr Unterrichtskonzept aufnehmen wollen, ist es mithin wichtig, selbst vorzuführen, wie man solche ganzheitlichen Methoden mit Lust und Gewinn praktizieren kann.

P.S.: Wir zwei sind noch *keine digital natives*. Deshalb werden die durchaus gegebenen Möglichkeiten, den Unterricht durch die neuen Medien zu verlebendigen und sie für die Individualisierung von Lernprozessen zu nutzen, in diesem Kapitel stiefmütter- lich behandelt.

4.1 Theorierahmen

Unser Methodenverständnis

Im Schulalltag wird das Wort Unterrichtsmethode oft einseitig mit dem methodischen Handeln des Lehrers/der Lehrerin verknüpft. In den Hochschulen ist es kaum anders. Methode ist dann die „geschickte Art und Weise der Stoffvermittlung". Das ist aber viel zu eng gedacht. *Methodisches Handeln ist kein Lehrenden-Privileg.* Es gibt keine einzige Methode auf der Welt, die nicht auch die Berufslernenden und Studierenden beherrschen könnten! Deshalb machen wir in diesem LEITFADEN auch keine Unter- scheidung zwischen Lehr- und Lernmethoden. Wir definieren (Meyer 1987, Bd. 1, S. 45):

> **Arbeitsdefinition:** Methoden sind Formen und Verfahren, mit denen die Lehren- den und Lernenden die sie umgebende natürliche und gesellschaftliche Wirklich- keit vermitteln und sich aneignen.

In der Definition steckt eine Reihe von Annahmen und Voraussetzungen:

1) Methoden dienen aus der Perspektive der Lernenden der *Aneignung* und aus der Perspektive der Lehrenden der *Vermittlung* von Wissen und Können. Sich etwas anzueignen heißt, es sich „zu eigen zu machen", also sicher und frei darüber ver- fügen zu können. Etwas zu vermitteln bedeutet nicht, den Nürnberger Trichter zu füllen, sondern Infos und Hilfestellungen beim Wissens- und Kompetenzaufbau zu geben.

2) Mit der etwas umständlichen Formulierung *„Aneignung natürlicher und gesell-schaftlicher Wirklichkeit"* ist gemeint, dass es nicht nur um den Erwerb von Sachwissen und Fachkompetenz geht. Es geht immer auch um den Aufbau von Haltungen, um die Vermittlung von Welt- und Menschenbildern und um die Verinnerlichung kultureller Normen.

3) Methoden können geregelte *Verfahren* sein, z. B. Einstiegs-, Erarbeitungs- und Präsentationsverfahren, feste Abläufe von Vorträgen, Rollenspielen, Experimenten u. a. m.

4) Methoden können *feste Formen* sein, durch die der Rahmen für die Lehr-Lernprozesse festgelegt wird, z. B. ein Stuhlkreis, die Arbeit im Plenum oder in der Gruppe, ein Lehrgang, ein festgelegte Lernschleife.

5) Methoden sind *Mittel zum Zweck.* Sie haben eine dienende – man könnte auch sagen: technische – Funktion für die Erschließung der Inhalte. Sie sind aber immer auch mehr als Technik. Denn sie vermitteln zugleich Arbeitshaltungen und Kompetenzen. Der Nebeneffekt ist langfristig gesehen die Hauptsache: Die Schülerinnen entwickeln *Methodenkompetenz.*

6) Die wichtigste Leistung der Unterrichtsmethoden besteht darin, dem gemeinsamen Lehr-Lernprozess der Klasse bzw. des Seminars eine *feste Struktur* zu geben. Die Kenntnis der Methoden macht den Lehr-Lernprozess für die Lehrenden und die Lernenden ein Stück weit berechenbar.

7) Die wiederholte Nutzung derselben Methode schafft *Handlungs- und Reflexionsroutinen.* Und genau darauf kommt es an: Wenn die Schülerinnen/die Studierenden ein festes Repertoire an sicher beherrschten Methoden besitzen, können sie umso besser selbstgesteuert arbeiten.

8) Durch den Einsatz von Methoden wird der Unterrichtsinhalt *„inszeniert".* Das ist nicht polemisch gemeint, sondern wertfrei beschreibend. Wir setzen durch unser methodisches Handeln „in Szene", was dadurch zum Inhalt des Unterrichts bzw. der Seminararbeit wird.

9) Methoden sind *in sich selbst zielgerichtet.* Deshalb entsteht beim Einsatz einer Methode eine Handlungslogik, die sich nicht aushebeln lässt und auf die wir schon bei der Erläuterung des SECHSECKS in Kapitel 3.5 hingewiesen haben.

10) Die verschiedenen Methoden sind aufgrund der langjährigen Erfahrungen der Berufslernenden und Studierenden mit diesen Methoden *emotional besetzt.* Das wird durch die in Kapitel 3.1 zitierten Stellungnahmen bestätigt. Das wussten wir schon immer, das untermauern aber auch die Ergebnisse der Neurowissenschaften (Roth 2011, S. 73 ff.).

Kunst oder Wissenschaft? Unterrichtsmethodik ist keine Wissenschaft, sondern eine *Kunst,* die allerdings wissenschaftliche Grundlagen hat. Die Kunst besteht darin, den toten Lehrstoff in lebendige Handlungen zurück zu übersetzen: berufliche Ansprüche in Lernsituationen, ethische Normen in Konfliktszenarien, selbstverständlich Gewordenes in Provokationen, Verschüttetes in neu zu Entdeckendes.

Optimale Methode? Es ist lange geforscht worden, was die beste aller Methoden sei.[74] Die Fahndungen sind eingestellt worden, weil es „die eine" Methode nicht gibt, die allen anderen überlegen wäre. Warum? Zum einen, weil die Methodenentscheidung nur *eine* (und noch nicht einmal die wichtigste) Variable für den Lernerfolg ist, zum anderen, weil Methoden unterschiedlich gut realisiert werden können. Und deshalb gibt es guten und schlechten Plenumunterricht, aber auch guten und schlechten Gruppenunterricht und gute und schlecht realisierte Varianten des Offenen Unterrichts.

Forschungsstand: Viele Fragen zu Einzelmethoden sind noch wenig erforscht. Aber an einigen Stellen sieht's recht gut aus. Dort haben wir in diesem Kapitel Schwerpunkte gesetzt:

- Wir wissen, dass das „Lernen durch Lehren" gut funktioniert (siehe Kapitel 4.3).
- Wir wissen, dass der sogenannte Cognitive-Apprenticeship-Ansatz gut funktioniert (Kapitel 4.1).
- Wir wissen, dass sich die regelmäßige Arbeit mit Mindmaps und Conceptmaps (Kapitel 4.2) positiv auf das Behalten von Sachinformationen auswirkt.
- Und wir wissen, dass regelmäßig veranstalteter Schülerfeedback (Kapitel 4.5) den Lernerfolg erhöht.

Methodenvielfalt: Es herrscht kein Mangel an Methoden-Koffern, Trainingskursen und Leitfäden, die Ihnen helfen, Methodenvielfalt zu sichern.[75] Vielfalt ist wichtig, aber sie hat keinen Wert an sich.

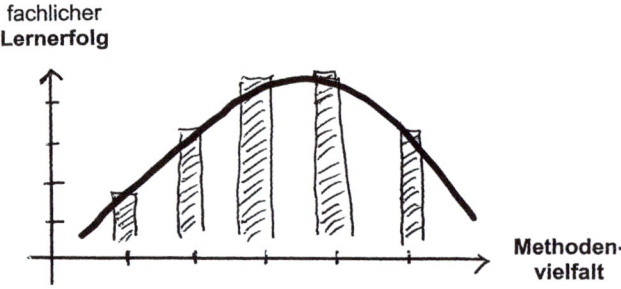

Abb. 4.1: Methodenkurve

Ein Methoden-Feuerwerk, von dem sich die Teilnehmer/innen eher erschlagen als bereichert fühlen, bringt nicht viel. Das ist auch empirisch gut belegt. Dort, wo ein brei-

---

74 Schon bei Comenius und Pestalozzi gab es die Idee, es gebe eine „natürliche" Methode, die sich hundertprozentig an den individuellen Lernprozess anschmiegt. Man hat sie nie gefunden. Dann kamen vor 40 Jahren einige Spinner aus den USA auch nach Europa, die dachten, man könne mit dem Programmierten Unterricht alle Schüler beglücken und sehr große Schülerscharen sehr kostengünstig belehren (so Robert Mager). Auch diese Kampagne brach nach wenigen Jahren zusammen.
75 Klippert (1994); Wiechmann (1999); Endres (2001); Brenner & Brenner (2005); Mattes (2011) – leider durchweg mit einem Sek-I-Schwerpunkt!

tes Methodenangebot vorliegt, lernen die Schüler mehr. Es gibt aber keine lineare Lernerfolgssteigerung durch ein Mehr an Methodenvielfalt. Schneller als gedacht kippt die Kurve wieder um (Helmke 2009, S. 266).

Allerdings wissen wir aus anderen empirischen Untersuchungen zur alltäglichen Methodenpraxis (Hage, Bischoff u. a. 1985; Helmke 2009, S. 265), dass an den meisten Schulen und sicherlich auch an den Hochschulen keinerlei Anlass besteht, vor zu viel Methodenvielfalt zu warnen.

These 18: Bei der Methodenfrage ist's wie beim ostfriesischen Tee: Die Mischung macht's.

Persönliches Methodenrepertoire: Für Ihre persönliche Entwicklung ist es wichtig, sich ein reiches Methodenrepertoire zuzulegen. Damit ist ein Satz sicher beherrschter Inszenierungstechniken, Handlungsmuster, Verlaufsformen und unterrichtlicher Grundformen gemeint, den Sie emotional bejahen und deshalb auch immer wieder im Schulalltag einsetzen. Wichtiger als Vielfalt ist jedoch die anspruchsvolle Nutzung. (Dazu die Reflexionsübung am Ende dieses Kapitels!)

Kompetenzentwicklung der Lernenden: Die Lernenden benötigen ebenfalls einen Grundstock an sicher beherrschten Methoden, die möglichst im Kollegium/im Fachbereich abgesprochen sind, um Synergieeffekte zu erzielen. Isoliertes Training, wie es zum Teil in Anschluss an Heinz Klippert (1994) propagiert wird, klappt nämlich nicht und macht deshalb allenfalls in kurzen Einführungsphasen Sinn. Entscheidend für den Erfolg ist die Integration der Arbeit am Methodenrepertoire in den Fachunterricht, in die Projekte und die Praktika.

Methodenreflexion: Die Methodenkompetenz kann durch *Methodenreflexion* verstärkt werden. Das haben wir schon in Kapitel 1.3 im Abschnitt „Selbststeuerung" angetippt. Deshalb ist es wichtig, immer wieder mit den Berufslernenden und Studierenden sowohl über die alt vertrauten als auch über die alternativen Methoden nachzudenken. Wir empfehlen Ihnen, insbesondere nach dem Einsatz „exotischer" Methoden einen Stuhlkreis zu bilden und die Teilnehmer kommentieren zu lassen, ob sie mit der methodischen Gestaltung zufrieden waren oder nicht.

Ein Klassifikationsschema: Mikro-, Meso- und Makromethodik

Es gibt Tausende von Einzelmethoden. Da kann man schnell den Überblick verlieren. Deshalb habe ich (HM) schon vor längerer Zeit ein Ordnungsschema entwickelt, das Ihnen helfen kann, den Überblick zu wahren.[76] Wir unterscheiden drei Ebenen methodischen Handelns:

---

76 Eine ausführliche theoretische Erläuterung findet sich bei Meyer (1987, Bd. 1, S. 218–240).

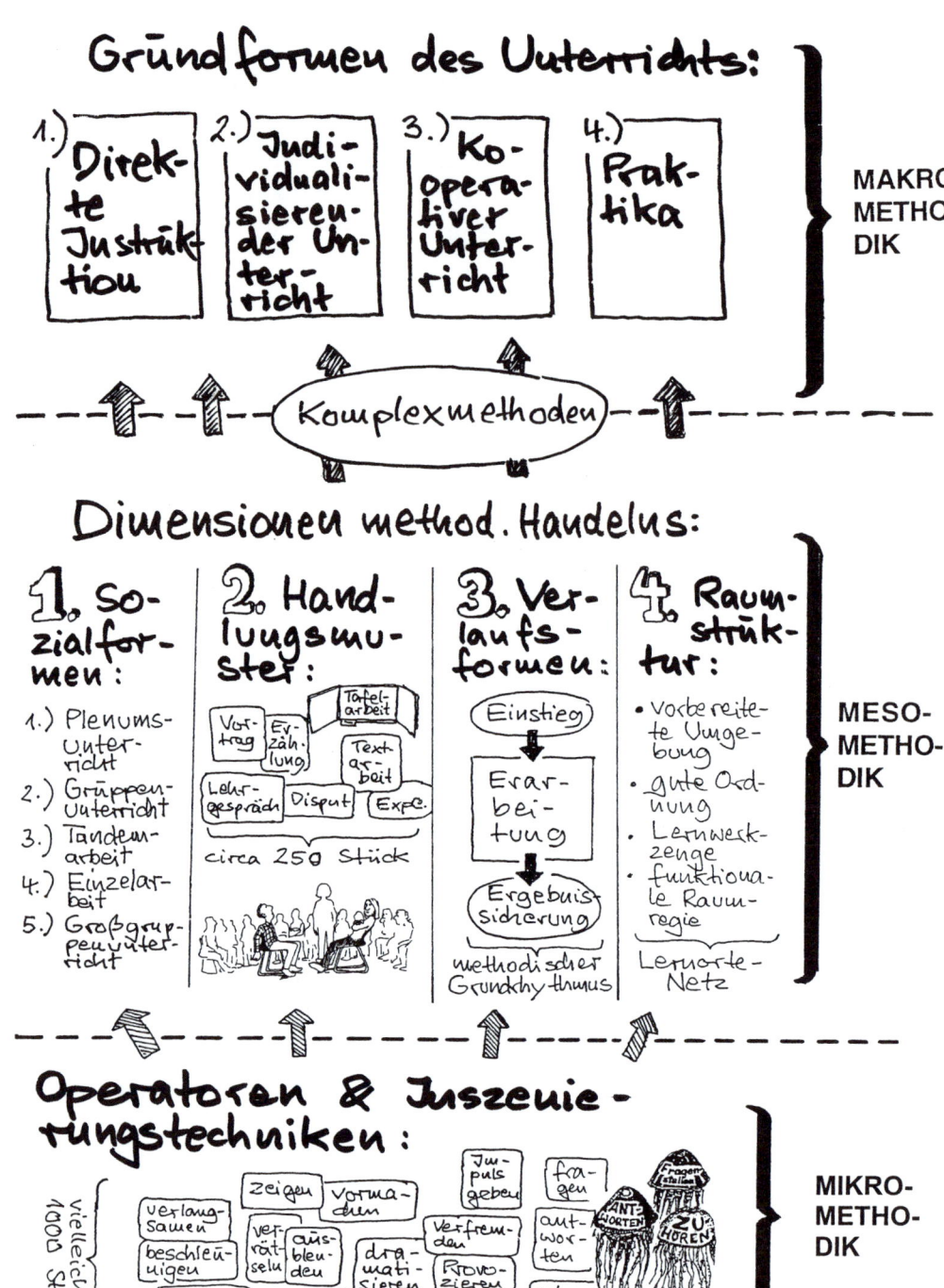

Abb. 4.2: Drei-Ebenen-Modell methodischen Handelns

Die in der Abbildung 4.2 hergestellte Ordnung ist nicht zufällig, sondern auf der Grundlage eines theoretischen Modells zur Klassifikation von Methoden entwickelt worden. Prinzipiell jede Methode, die es zwischen Himmel und Erde gibt, kann in dieses Schema eingeordnet werden. Die drei Ebenen des Modells stellen dabei so etwas wie „Aggregatzustände" methodischen Handelns dar:

- Auf der ersten Aggregatstufe, der **Mikromethodik,** werden die Operatoren und Inszenierungstechniken erfasst. Es handelt sich dabei zumeist um wenige Sekunden, höchstens ein oder zwei Minuten dauernde Aktionen, aus deren Abfolge sich dann alle komplexeren Formen und Verfahren methodischen Handelns zusammensetzen. Hier ist die Methodik sehr variabel und sozusagen „gasförmig".
- Auf der zweiten Aggregatstufe, der **Mesomethodik,** werden historisch gewachsene feste Formen methodischen Handelns erfasst. Hier ist die Methodik sozusagen ‚flüssig'.
- Auf halber Strecke zwischen den Handlungsmustern und den Großformen haben wir das platziert, was bei einigen Autoren als Lern- oder Methodenarrangement bezeichnet wird und was in der DDR Komplexmethode hieß: feste Arrangements mehrerer Handlungsmuster, z. B. das Stationenlernen. Wir verwenden im Folgenden den Begriff Komplexmethode.
- Auf der dritten Aggregatstufe, der **Makromethodik,** geht es um umfangreiche Modellierungen des didaktisch-methodischen Handelns. In der Grafik werden sie als methodische Großformen bezeichnet. Sie sind identisch mit den in Kapitel 3.3 beschriebenen Grundformen des Unterrichts und verwandt mit den in Kapitel 2.1 beschriebenen Bausteinen der elementarpädagogischen Arbeit. Hier ist die Aggregatstufe „fest", weil es um sehr dauerhafte, oft Wochen, Monate oder Jahre umgreifende Methodenarrangements geht.

Nicht erfasst ist das, was man als **Prinzipien** oder Grundsätze methodischen Handelns bezeichnet: z. B. die Prinzipien der Selbsttätigkeit, der Situationsorientierung, der Handlungsorientierung oder der Inklusion.[77] Solche Prinzipien steuern und legitimieren die Auswahl und Gestaltung von Methoden − deshalb können sie rein logisch nicht selbst Methoden sein. Sie schweben sozusagen über dem Drei-Ebenen-Modell.

Mikromethodik: Operatoren und Inszenierungstechniken

Die kleinste methodische Einheit, die man bei der Planung einer Unterrichtsstunde bzw. eines Seminars durchdenken kann, ist eine einzelne Handlung der Lehrperson oder auch eines oder mehrerer Lernender. Das kann eine sehr kurze Sequenz sein, z. B. die Formulierung einer Frage, das Warten auf die Antwort, das Beantworten und das Kommentieren der Antwort. Statt von Lehr-Lernhandlungen spricht man in der Forschungsliteratur auch von Operationen. Eine Operation wird durch ihren Operator

---

77 Die in der Elementarpädagogik gängigen Prinzipien werden beschrieben bei Neuß & Westerholt (2010, S. 214 ff.).

bestimmt. Das ist schlicht ausgedrückt, das Verb, mit dem die Handlungsausführung näher charakterisiert wird. Statt von Operatoren sprechen wir in diesem LEITFADEN auch von Inszenierungstechniken.

Monotonie und Vielfalt: Im Unterrichtsalltag ist der mit Abstand am häufigsten genutzte Operator der Lehrpersonen das Fragenstellen – und der mit Abstand häufigste Operator der Schülerinnen und Schüler nicht das Antworten, sondern das Zuhören bei den Antworten der anderen. Das erklärt zu einem guten Teil das Langeweile-Phänomen im Unterricht (Lohrmann 2008). Also sollten Sie versuchen, ein breites Spektrum an Inszenierungstechniken einzusetzen. Attraktive alternative Operatoren sind z. B.:

- etwas zeigen,
- etwas vormachen,
- etwas montieren und demontieren,
- etwas zum Laufen bringen,
- etwas verrätseln und dann wieder enträtseln,
- etwas zerstückeln und dann neu zusammenfassen,
- verwirren und verfremden,
- provozieren und bluffen,
- etwas beschleunigen, verlangsamen oder anhalten,
- etwas sortieren, gegenüberstellen, ausgrenzen.[78]

Symbolsysteme: Die Operatoren nutzen die in der Menschheitsgeschichte entwickelten Symbolsysteme: Wenn ich etwas erläutern will, so benötige ich dazu die Sprache, wenn ich rechnen will, das Zahlensystem usw. Bei der Mehrzahl der Operatoren wird schon durch die Wahl des Verbs angedeutet, um welche Symbolisierungsform es geht:

- Symbolsystem Sprache: etwas erläutern, beschreiben, fragen, antworten, in Zweifel ziehen, widerlegen usw.,
- Symbolsystem Mathematik: Zählen, rechnen, multiplizieren, einen Algorithmus bilden,
- Symbolsystem bildlicher Ausdruck: eine Pantomime machen, etwas malen, etwas collagieren,
- Symbolsysteme Musik und Bewegung: singen, musizieren, sich aufstellen, schreiten, tanzen, vorpreschen und verharren.

Transfer: Es gibt viele Operatoren, die den Vorzug haben, in mehreren Symbolsystemen zugleich repräsentiert zu sein: „Verfremden" kann man in der Sprache, aber auch im Bild oder in der Musik. Collagieren kann man mit Bildern, mit Texten und mit Musikstücken. Dadurch ergibt sich die gute Möglichkeit, transferorientierte Aufgaben zu stellen: Man kann z. B. einen Text in eine Grafik oder Karikatur übertragen. Man kann sprachliche Verfremdungen in bildliche Verfremdungen übersetzen usw.

---

78 Eine lange Auflistung und theoretische Kommentierung bei Meyer (1987, Bd. 1, S. 119 ff.).

„**Gut rüberkommen**": Das von der Lehrperson verinnerlichte Repertoire an Operatoren hat auch einen entscheidenden Einfluss darauf, wie diese Person bei den Berufslernenden und Studierenden „rüberkommt". Wenn man die Berufslernenden befragt, wie sie die Lehrkompetenzen ihrer Lehrenden beurteilen, beziehen sie sich sehr oft auf diese Mikroebene und nur selten auf die Makroebene. Sie sagen dann z.B. „Frau Y kann gut erklären" oder „Die ist witzig und hat Humor" oder „Herr Z ist immer so umständlich". Fragt man genauer nach, was damit gemeint ist, so werden zumeist einzelne Operatoren genannt, die diese Kollegen gut oder schlecht einsetzen.

Körpersprache[79]: Ein großer Teil der Operatoren und Inszenierungstechniken wird körpersprachlich, also nonverbal realisiert. Eine Frage oder Bitte um Erläuterung kann man durch das bloße Hochziehen einer Augenbraue ausdrücken. Unzufriedenheit mit einer Antwort durch erstauntes Gucken; Zustimmung zu einem Vorschlag durch eine freundliche Miene. Die Körpersprache hilft in erheblichem Umfang, die Interaktionsprozesse zu steuern. Ganz nebenbei regeln Sie auch Ihr sozial-kommunikatives Verhältnis zu Ihren Lernenden. Sie inszenieren sich als eher jovial oder eher spröde, als zupackend oder behutsam.

Elemente der Körpersprache sind:

- die Mimik,
- die Augen und der Blickkontakt,
- die Gestik,
- die Körperhaltung,
- die Proxemik (das ist die Art und Weise, wie wir uns im Klassenzimmer/im Seminarraum bewegen, wo Sie sich als Lehrperson am liebsten aufhalten, welchen Abstand Sie halten und wie viel körperliche Nähe zu den Teilnehmerinnen Sie zulassen),
- die Paralinguistik (das, was unser Sprechen begleitet: Lachen, Räuspern, Husten, Pausen machen, Sprechtempo drosseln oder beschleunigen).

Es ist kaum möglich, bei Erwachsenen eine in vielen Jahrzehnten eingeschliffene Körpersprache grundlegend zu verändern. Aber es ist für Lehrpersonen sinnvoll, sich bewusst zu machen, welche Wirkungen die eigene Körpersprache auf die Lernenden hat. Da diese Wirkungen über Selbstbeobachtung nur schwer herauszubekommen sind, sollten Sie hin und wieder eine Kollegin bitten, ganz gezielt Ihre Körpersprache zu beobachten.

Die meisten Berufslernenden und Studierenden sind sehr daran interessiert, Rückmeldungen zu ihrer eigenen Körpersprache zu erhalten. Diese müssen aber taktvoll gestaltet werden, weil sich schnell unzulässige pauschalierende Persönlichkeitsbeurteilungen in die analytische Beschreibung der Körpersprache einschleichen können.

---

79 Das beste Buch zum Thema „Körpersprache" im Unterricht stammt von Heinz Rosenbusch und Otto Schober (2004).

Mesomethodik I: Sozialformen

Sozialformen regeln die personale Konstellation in Lehr-Lernprozessen. Es gibt nur vier davon: Frontal- und Gruppenunterricht, Tandem- und Einzelarbeit. Allenfalls könnte man noch als fünfte Sozialform den Großgruppenunterricht oder die Schulversammlung dazu rechnen.[80]

Die quantitativ wichtigste Sozialform ist der **Frontalunterricht**.[81] Er hat bei den reformorientierten Theoretikern einen schlechten Ruf. Aber wäre er wirklich so schlecht, wie dies sein Ruf nahe legt, hätte er schon lange zusammengebrochen sein müssen. Ist er aber nicht! Auch bei der Frage, was effektiver ist — Frontal- oder Gruppenunterricht — schneidet er gar nicht so schlecht ab (Hattie 2009, S. 205 ff.; 212– 214). Deshalb sagen wir:

> **These 19:** Den Umfang der Plenumarbeit in Grenzen halten! Aber dort, wo er unvermeidbar ist, bitte mit methodischer Fantasie und ohne schlechtes Gewissen!

Wegen des schlechten Images des Frontalunterrichts sprechen wir im Folgenden vom **Plenumunterricht** und versuchen, die Qualitätsansprüche für diese Sozialform zu schärfen.[82] Plenumunterricht ist meistens, aber nicht immer lehrerzentriert — und das ist seine starke Seite, aber natürlich auch seine Schwäche:

- Er ist gut geeignet, um einen Sach-, Sinn- oder Problemzusammenhang aus der Sicht der Lehrperson fachlich korrekt und zügig darzustellen.
- Er ist unentbehrlich, um in Einführungsphasen eine gemeinsame Orientierungsgrundlage zu schaffen.
- Er ist gut für die gemeinsame Auswertung von Einzel-, Tandem- und Gruppenunterricht zu gebrauchen.
- Er ist hilfreich, um den (mündlichen) Leistungsstand zu ermitteln und die Akzeptanz der Notengebung durch die Vergleichbarkeit der gezeigten Leistungen zu sichern.
- Er ist die „Bühne" für die Inszenierung der Schüler-, aber auch der Lehrerpersönlichkeiten.
- Er ist erforderlich, um die Spielregeln der Kommunikation einzuführen und zu üben und um soziale Konflikte zu besprechen und wenn möglich zu entschärfen.
- Er ist *nicht* hilfreich, wenn die Selbststeuerung des Lernens ausgebaut werden soll.
- Er ist *nicht* gut für das individuelle Fördern.

---

80 Wer sagt, dass es fünf, sechs oder noch mehr Sozialformen gebe, hat übersehen, dass es rein logisch nicht mehr als vier Formen geben kann.

81 Einen Überblick über die Häufigkeiten des Sozialformen-Einsatzes in der Sek I (9. Klasse) liefert Helmke (2009, S. 265). Über schulformspezifischen Einsatz GYM, RS, HS, IGS informiert Hage, Bischioff u. a. (1985) — bis heute die gründlichste Studie zu dieser Frage, leider ohne Sek-II-Daten.

82 Dazu Meyer (1987, Bd. 2, S. 182–225); Gudjons (2003); Wiechmann (1999).

Gerade leistungsstarke Lehrpersonen haben oft im Plenumunterricht mehr Lustge-
winn als in den anderen Sozialformen, weil sie sinnlich-handfest erleben können,
dass und was die Schülerinnen bei ihnen selbst gelernt haben. Dagegen ist nichts
einzuwenden. Im Gegenteil: ohne eigene Erfolgserlebnisse würde schon bald der
unverzichtbare Schwung verloren gehen. Der **Gruppenunterricht** wird im Kapitel 4.3
ausführlich kommentiert. Die **Tandem**- und die **Einzelarbeit** bekommen kein eigenes
Kapitel, werden aber immer wieder durch die Beschreibung einzelner Methoden wie
Mindmapping und Conceptmapping thematisiert.[83]

Mesomethodik II: Handlungsmuster

Aus mehreren, oft nur Sekunden oder Minuten andauernden Einzelhandlungen bzw.
Operationen auf der Mikroebene entstehen „Handlungsketten", für deren Realisierung man deutlich mehr Zeit benötigt: ein paar Minuten, eine viertel Stunde, manchmal auch eine Stunde oder mehr. Dabei wird das eine Kettenglied jeweils zum Mittel,
um das nächste Kettenglied herstellen zu können. Drei Beispiele:

- Eine zweigliedrige Kette: Ein Rätsel wird gestellt – dann muss es gelöst werden.
- Eine dreigliedrige Kette: Eine These wird aufgestellt – eine Gegenthese wird
  formuliert – eine Synthese wird erarbeitet.
- Eine viergliedrige Kette: Ein Rollenkonflikt wird beschrieben und analysiert –
  die Rollen werden verteilt – ein Rollenspiel wird durchgeführt – und danach
  ausgewertet.

Eine feste oder zumindest immer wieder ähnlich eingesetzte Abfolge von Handlungsketten nennen wir ein Handlungsmuster. Handlungsmuster haben, wie schon das Beispiel „ein Rätsel lösen" zeigt, einen mehr oder weniger zwingenden Ablauf, den man
auch als seine Handlungslogik bezeichnen kann. *Wir definieren:*

Arbeitsdefinition: Handlungsmuster sind historisch gewachsene, von Lehrenden
und Lernenden mehr oder weniger fest verinnerlichte Formen der Aneignung von
Wirklichkeit:

- Sie arbeiten mit festgelegten Rollenzuschreibungen.
- Sie haben einen durch die Aufgabenstellung definierten Anfang, einen Span-
  nungsbogen und ein Ende.
- Sie sind in sich zielgerichtet.
- Sie nutzen die Symbolisierungsformen von Sprache, Bild, Zahl und Aktion.

Konkreter Unterricht ist eine inhaltliche und methodische Variation der durch die
Handlungsmuster vorgegebenen Formen.

---

83 Kurze Einführungen in Einzel- und Tandemarbeit bringen Wilhelm Peterßen (1999) und Wolfgang Mattes (2011).

Abb. 4.3: DIDAKTISCHE LANDKARTE mit Handlungsmustern

Die Handlungsmuster fallen nicht vom Himmel. Sie sind in den vergangenen Jahrhunderten und Jahrtausenden im menschlichen Zivilisationsprozess erfunden und immer weiter entwickelt worden. Es gibt dabei viele außerschulische Einflüsse, z. B. durch die neuen Medien (Internetrecherche); durch neue Formate des Fernsehens („Talkshow") oder der Politik („Hearing"), durch Arbeitsformen auf Kirchentagen („Markt der Möglichkeiten") oder in der Psychologie („Fallgespräch").

Abbildung 4.3 zeigt eine DIDAKTISCHE LANDKARTE mit zahlreichen Beispielen für verschiedene Handlungsmuster (aus: Meyer 2007, S. 77).

Die LANDKARTE ist zweifach untergliedert:

* In der Waagerechten sind rechts die eher „verkopften" und verbal vermittelten Handlungsmuster notiert; links die eher ganzheitlich-handlungsorientierten Muster.
* In der Senkrechten finden Sie oben die Handlungsmuster mit einem hohen Anteil an Lehrerlenkung und unten die Muster mit höherem Niveau der Selbststeuerung.

Einzelne Handlungsmuster können im Blick auf ihre didaktische Funktion zu „Familien" zusammengefasst werden. Der Familienname ist auf der LANDKARTE notiert.

Mesomethodik III: Verlaufsformen und Phasenmodelle

In der Geschichte der Didaktik sind unter wechselnden Bezeichnungen verschiedene Verlaufsformen von Lehr-Lernprozessen entwickelt und mehr oder weniger anspruchsvoll theoretisch begründet worden.[84] Sie sollen dem Lehrenden helfen, die hoch komplexen und heterogenen Lernprozesse der einzelnen Schülerinnen und Schüler in geordnete gemeinsame Bahnen zu lenken. Das bezeichnet man mit einem Fachbegriff auch als Phasierung oder im Anschluss an Johann Friedrich Herbart als *„Artikulation des Unterrichts"* (Prange 1986, S. 85 ff.).

Die aus der Geschichte bekannten Verlaufsformen-Muster (z. B. die Formalstufen der Herbartianer oder das Etappenmodell von Pjotr Galperin) sehen fünf, sechs, manchmal sogar bis zu neun einzelne Phasen vor. Wir empfehlen Ihnen das von Diethelm Wahl (2006, S. 95–212) entwickelte *„Sandwich-Modell"*[85], weil es lerntheoretisch gut abgesichert ist, weil es die Selbstorganisation des Lernens betont und weil es gut auf Ausbildungsstrukturen in der beruflichen Bildung anzuwenden ist.

Ein weiteres Modell ist vor 30 Jahren in den USA entwickelt worden: der *Cognitive-Apprenticeship-Ansatz*. Hinter dem schwer zu übersetzenden Begriff[86] verbirgt sich ein inzwischen weltweit genutztes Modell, um das berufsbezogene Lernen von Erwachse-

---

84 Eine ausführliche Darstellung bei Meyer (1987, Bd. 1, S. 156–194).
85 Genau genommen handelt es sich um einen Doppelten Hamburger – aber lesen Sie selbst!
86 „Apprentice" ist das englische Wort für Lehrling. „Cognitive apprenticeship" bedeutet soviel wie Lernen durch kognitives Nachvollziehen einer vorgemachten Handlung.

nen zu strukturieren.[87] Grundlegend sind zwei Merkmale dieses Modells: zum einen die Zusammenarbeit eines Experten mit einem oder mehreren Novizen, zum anderen das ausdrückliche sprachliche Formulieren – das Externalisieren[88] – dieser Prozesse. Dabei entstehen die folgenden sechs, klar gegeneinander abgrenzbaren Schritte:

Cognitive Apprenticeship-Ansatz

1) **Modellieren:** Der Experte führt vor den Augen des bzw. der Novizen vor, wie eine zu lösende Aufgabe gelöst werden kann, so dass die Novizen eine erste Vorstellung von der Bewältigung der Aufgabe bekommen.

2) **Coaching und Scaffolding:** Die Lernenden führen die beobachteten Handlungen aktiv aus, werden dabei aber vom Experten unterstützt, der ihnen ein Lerngerüst („scaffold") in Form von fachlichen Hinweisen, Feedback und anderen Hilfen gibt, die die Novizen bei der Bearbeitung der Aufgabe unterstützen.
3) **Fading:** Die Hilfestellungen des Experten werden schrittweise abgebaut.
4) **Artikulation:** Die Novizen verbalisieren, was sie tun. So werden sie dazu veranlasst, ihr Wissen, ihre Begründungen und Problemlösungsansätze in eigene Worte zu fassen.

5) **Reflexion:** Die Lerngruppe macht eine kritische Bewertung der Handlungsausführungen durch die Novizen. Der Einzelne wird ermutigt, seine eigene Problemlösungsstrategie mit der des Experten, mit denen anderer Novizen oder mit theoretischen Modellen zu vergleichen.
6) **Exploration:** Die Novizen erproben die eingeübte Problemlösungsstrategie in ihrer eigenen Praxis.

Wenn man solche Phasenkonzepte genauer analysiert, lassen sie sich nahezu alle auf drei Grundschritte zurückführen: auf eine Einstiegsphase, in der eine Aufgabe formuliert, in der Informationen gegeben und erste Hilfen angeboten werden, eine Erarbeitungsphase und eine Phase der Ergebnissicherung, Übung und Anwendung. Das haben wir im obigen Kasten durch die von uns eingefügten zwei Striche markiert. Diesen Dreischritt nennen wir im Folgenden den methodischen Grundrhythmus des Unterrichts EEE (Einstieg, Erarbeitung, Ergebnissicherung).[89] Er folgt einer welt-

---

87 Das Modell wurde von Collins, Brown und Newman (1989) in den USA entwickelt (Reinmann-Rothmeier & Mandl 2002, S. 619–621) und von Collins (2004) auf das berufliche Lernen ausgelegt.
88 Das harmoniert gut mit der in der EPPE-Studie beschriebenen Strategie des „sustained shared thinking" (s. o., S. 41).
89 Solche Dreischrittigkeit gibt es auch in vielen anderen künstlerisch-produktiven Feldern: in der griechischen Tragödie, in den Sinfonien des Barock, in Hegels Dreischritt von These/Antithese/Synthese.

weit[90] beobachtbaren Prozesslogik des Lehrens und Lernens, die von hoher Lehrer-
aktivität zu Beginn über hohe Lernenden-Aktivität in der Mitte zu gemeinsamer Ergebnissicherung am Schluss führt:

Methodischer Grundrhythmus

Erster Schritt: In der **Einstiegsphase** muss die Lehrperson dafür sorgen, dass
die Aufgabenstellung von den Schülerinnen und Schülern bzw. den Studierenden
angenommen und dass eine gemeinsame Orientierungsgrundlage für den zu erarbeitenden Sach-, Sinn- oder Problemzusammenhang hergestellt wird. Dies legt
oft, aber nicht immer eine führende Rolle der Lehrperson nahe. Insbesondere
dort, wo die Methodenkompetenz hoch ist, wo es etwas Spannendes zu entdecken gibt oder wo selbst gemachte Erfahrungen aufgearbeitet werden, können
aber auch die Lernenden schon beim Einstieg eine führende Rolle übernehmen.

Zweiter Schritt: In der **Erarbeitungsphase** sollen sich die Berufslernenden/die
Studierenden vertiefend in den Sach-, Sinn- oder Problemzusammenhang einarbeiten. Dies ist ohne ein hohes Maß an Selbsttätigkeit nicht zu schaffen. Die Lernenden haben deshalb in dieser Phase eine führende Rolle. Wie viele Hilfestellungen die Lehrperson dabei gibt, hängt vom Anspruchsniveau des Themas, von der
Motivation und von den Methoden- und Sozialkompetenzen der Lernenden ab.

Dritter Schritt: In der **Phase der Ergebnissicherung** sollen sich die Lehrenden
und Lernenden darüber verständigen, was bei der Unterrichtsarbeit herausge-
kommen ist und wie die Arbeit weitergehen kann. Dies legt eine gemeinsame Unterrichtsführung durch Lehrende und Lernende nahe. Darüber hinaus können die
neu erworbenen Kenntnisse und Fähigkeiten geübt und gegebenenfalls ange-
wandt werden. Dies geht nur selbsttätig.

Realer Unterricht variiert den Grundrhythmus mehr oder weniger fantasievoll. Hinzu
kommen Wiederholungen, Pausen, Ergänzungen, Schleifen, Abbrüche und Neustarts.

Methodischer Gang: Die Logik, die der Phasierung zugrunde liegt, bezeichnen wir
im Anschluss an Lothar Klingberg (1989, S. 258) als den methodischen Gang des Unterrichts. Damit ist gemeint, dass sich der zweite Unterrichtsschritt plausibel aus dem
ersten ergibt, der dritte aus dem zweiten, der vierte aus dem dritten usw. Statt vom
methodischen Gang können Sie auch schlicht vom *roten Faden* sprechen.

Linienführungen: Schaut man sich eine beliebige Lehr-Lernsituation etwas genauer
an, so wird man allerdings rasch feststellen, dass es *den einen* methodischen Gang gar
nicht gibt. In jeder Lernsequenz lassen sich vielmehr mehrere ineinander verwobene

---

90 Auch in der chinesischen und japanischen Unterrichtspraxis gilt der Dreischritt. Xu Binyan von der East China Normal University
   Shanghai: „Wir unterscheiden zwischen Einführung, Erarbeitung und Anwendung. Bei Übungsstunden heißt der Dreischritt: Wiederholen, Vertieftes Üben, Anwenden."

Linien finden. Wir sprechen deshalb von den „methodischen Linienführungen" einer Stunde bzw. einer Lernsequenz. Es gibt einige seit Jahrhunderten vertraute Grundformen solcher Linienführungen:

- **Lehrerzentriert – schüleraktiv – gemeinsam:** Diese grundlegende Linienführung haben wir gerade im methodischen Grundrhythmus beschrieben.
- **Motorisch – verbalisiert – internalisiert:** Der methodische Gang kann von konkret ausgeführten Tätigkeiten schrittweise zu sprachlich vermittelten und zum Schluss nur noch mental ausgeführten Tätigkeiten führen. (Das ist die Linienführung im Cognitive Apprenticeship-Ansatz.)
- **Deduktiv – induktiv:** Man startet z. B. mit einer generellen Gesetzesaussage und endet bei der Anwendung des Gesetzes auf praktische Fälle. Oder umgekehrt: Man startet mit einem Fall/mit einem konkreten Phänomen und fragt, welche Gesetzmäßigkeiten zu erkennen sind.
- **Konkret – abstrakt:** Die Linienführung kann vom Konkreten zum Abstrakten oder umgekehrt führen.
- **Eindeutig – zweideutig:** Die Linienführung kann vom Eindeutigen zum Zweideutigen führen oder umgekehrt. (Ludwig Wittgenstein hat einmal geschrieben: „Wahre Erkenntnis führt von der Gewissheit zur Ungewissheit.")
- **Linear – zyklisch – spiralförmig:** Die Linienführung kann linear oder kreisend (zyklisch) sein; sie kann spiralförmig angelegt sein, also immer wieder gleiche Themenstellungen auf jeweils höherem Kompetenzniveau aufarbeiten.
- **Nah – fern:** Man steigt ein mit dem, was die Lernenden gut zu kennen meinen, wechselt dann in eine historisch oder geografisch weit entfernte vergleichbare Situation und kommt zurück, um das gut Gekannte zu problematisieren.

Es gibt keine gesetzmäßigen Vorschriften, welche Linienführung wann zu wählen ist. Dies ist und bleibt eine Frage der methodischen Fantasie der Lehrperson und der Schüler.

Reflexionsaufgabe: Eine Übung zur Analyse methodischer Linienführungen befindet sich auf Seite 162.

Wir fassen Kapitel 4.1 zusammen:

1) Die bunte Fülle bekannter und weniger bekannter Unterrichtsmethoden kann in einem Drei-Ebenen-Modell klassifiziert werden.
2) Methodenvielfalt ist geboten, aber sie darf nicht übertrieben werden.
3) Wichtiger als Vielfalt ist der Aufbau von Methodenkompetenz.
4) Die Mikromethodik wird in den meisten fach- und allgemeindidaktischen Veröffentlichungen vernachlässigt. Sie ist aber besonders wichtig.
5) Plenumunterricht ist unverzichtbar. Aber er sollte im Umfang reduziert werden.

6) Es gibt attraktive Phasenmodelle zur Gestaltung des berufsbildenden Unterrichts. Sie können allesamt auf den Methodischen Grundrhythmus EEE zurückgeführt werden.

4.2 Direkte Instruktion und individualisierender Unterricht

Wir werden nun eine breite Palette einzelner Sozialformen, Handlungsmuster, Verlaufsformen und Komplexmethoden genauer darstellen – und zwar jene, die uns für den Unterricht mit Berufslernenden und Studierenden der Elementarpädagogik besonders geeignet zu sein scheinen. Dabei orientieren wir uns an den in Kapitel 3.3 definierten vier Grundformen des Unterrichts.

Begriffsklärungen

Die direkte Instruktion – in Deutschland eher bekannt unter dem Begriff „lehrerzentrierter Unterricht" – ist nach allem, was wir darüber wissen, auch in der Sekundarstufe II und an Hochschulen die dominierende Lehr-Lernform.

Kennzeichen der direkten Instruktion

1) Die Lehrperson hat die entscheidende Rolle bei der Vermittlung des Lehrinhalts. Sie informiert die Lernenden über die Aufgabenstellung. Sie strukturiert, erläutert und problematisiert den Lehrstoff.
2) Der Frontal- bzw. Plenumunterricht dominiert. Er kann aber immer wieder durch kurze Einzel- und Tandemarbeitsphasen ergänzt werden.
3) Typische Handlungsmuster sind der Lehrervortrag, das Schülerreferat, das gelenkte Gespräch und Textarbeit.
4) Es gibt ein Macht- und Kompetenzgefälle zwischen dem Lehrenden und den Lernenden.
5) Das Niveau der Selbststeuerung der Lernenden ist niedrig.

Der individualisierende Unterricht liefert in wichtigen Punkten das Gegenmodell zur direkten Instruktion:

Kennzeichen des individualisierenden Unterrichts

1) Jeder Lernende arbeitet an individuell vereinbarten Lern- oder Förderzielen, die aber durch kleinere oder größere Anteile gemeinsamen Lernens ergänzt werden können.
2) Die individuellen Förderpläne sowie die durch die Lehrperson hergestellten vorbereiteten Lernumgebungen sind auf der Basis einer genauen Lernstandsanalyse — teilweise auch im Gespräch mit dem Lernenden — entwickelt worden.
3) Einzel- und Tandemarbeitsphasen dominieren.
4) Die Aufgabenstellungen und Lernwege werden in wesentlichen Teilen selbst erarbeitet, aber gemeinsam mit den Mitschülern und der Lehrperson reflektiert.
5) Das Niveau der Selbststeuerung ist hoch.

Wenn das Lernen stärker individualisiert wird, sind auch neue Formen der Steuerung der individuellen Lernprozesse erforderlich. Zentral ist dabei die aktive Beteiligung der Lernenden an der Planung und Auswertung der individualisierten Lernprozesse. Dafür sind in den letzten Jahren neue Instrumente entwickelt worden:

Themenpläne: Ein schon klassisches Verfahren ist die Arbeit mit Wochen- oder Monatsplänen, die insbesondere in Grundschulen eingesetzt werden. In den Sekundarstufen I und II wird der Begriff Themenplanarbeit bevorzugt (Paradies, Wester & Greving 2010, S. 54 ff.). Themenpläne legen ein Lernpensum für einen festgelegten Zeitraum fest. Sie erschließen das neue Thema durch die Formulierung von Lernaufgaben, von methodischen Hilfen und Angeboten zur Selbstkontrolle. Sie differenzieren zumeist zwischen Pflicht- und Wahlaufgaben.

Lernlandkarten: Eine Variante der Lernlandschaften sind die Lernlandkarten, die die Schülerinnen vor Beginn einer neuen Unterrichtseinheit selbst herstellen. Sie schreiben sich also ihren persönlichen Lernplan mit selbstgesetzten Zielen und Lernaufgaben und besprechen ihn dann mit der Lehrperson.

Lernplaner und Logbücher: An vielen Gesamtschulen, an Haupt- und Realschulen sind Logbücher eingeführt worden, in denen die Schüler ihre individuellen Lernfortschritte fächerbezogen und überfachlich dokumentieren. Diese Idee ist sicherlich auch in der Sekundarstufe II zu realisieren.

Förderpläne und Bilanzgespräche: Förderpläne sind individuelle Lernpläne, die zwischen der Lehrperson und einzelnen Schülerinnen vereinbart werden (Paradies, Wester & Grevings 2010, S. 67 ff.). Bilanzgespräche, an denen neben der Lehrperson auch Eltern beteiligt werden können, dienen der Bilanzierung des Lernfortschritts und der Vorbereitung von Zielvereinbarungen zwischen Schülerin und Lehrperson.

Kompetenzraster: Kompetenzraster erfassen in Form von Ich-kann-Aussagen die wichtigsten anzustrebenden bzw. erreichten Fach-, Methoden- und Sozialkompetenzen einer neuen Unterrichtseinheit. An vielen Sek-I-Schulen gehört die Arbeit mit diesen Rastern inzwischen zum Standard. Man muss aber aufpassen, dass die gute Idee nicht zu stumpfer Routine verkommt.

Lerntagebuch: siehe Seite 175.

Arbeitsblätter sind ein in der direkten Instruktion und im individualisierenden Unterricht massenhaft eingesetztes Medium. Unsere Empfehlung: *Vermeiden Sie den Einsatz von Arbeitsblättern wo immer möglich.*[91] Denn der inflationäre Gebrauch dieses Mediums hat bei Ihren Berufslernenden bzw. Seminarmitgliedern ziemlich wahrscheinlich deutliche emotionale Spuren hinterlassen. Die Blätter können noch so toll angelegt sein – sie reißen einen nicht vom Hocker. Ganz zu vermeiden sind sie dennoch nicht. Dann sollten Sie aber darauf achten, dass sie liebevoll gestaltet sind, dass sie vernünftig weggeheftet werden und dass hin und wieder im nachfolgenden Unterricht Bezüge zu den älteren Blättern hergestellt werden.

Individualisierender Unterricht ist ein sehr anspruchsvolles, nur in einem langen Schulentwicklungsprozess zu realisierendes Konzept. Seit den durch das deutsche PISA-Debakel ausgelösten Diskussionen wird es aber immer häufiger nicht nur von Wissenschaftlern, sondern auch von Schulpolitikern gefordert. Früher wurden diese Diskussionen unter dem Stichwort Innere Differenzierung geführt. Heute heißt es „Umgang mit Heterogenität", „individuelles Fördern" und manchmal auch „Inklusion".

Gerade in Ausbildungsgängen zukünftiger Elementarpädagoginnen sollte individualisierender Unterricht eine wichtige Rolle spielen. Zumindest sollten solche Sequenzen immer wieder eingebaut werden. Denn der zukünftigen „Kundschaft" der Erzieherinnen – den Kindern in den Kindertagesstätten – wird diese Arbeitsform in Form der selbstbestimmten Aktivitäten häufig angeboten. Aus dieser Perspektive wird die Individualisierungsforderung in der Sekundarstufe II und an den Hochschulen auch plötzlich etwas weniger anspruchsvoll und dafür umso lustvoller. Die an Grundschulen und in der Kindertagestätten-Praxis erprobten und dort gut funktionierenden Strategien individualisierten Lernens können teilweise auch für Lernende der Sekundarstufe II herangezogen werden.

---

91 Diese Empfehlung haben wir uns nicht selbst ausgedacht. Sie stammt von dem weltbekannten Unterrichtsforscher Jere Brophy (2002) – dieser Text ist auch auf Meyers HOMEPAGE nachzulesen.

Einstiegsmethoden

Der Einstieg ist Ihre Visitenkarte, mit der Sie sich bei den Berufslernenden und Studierenden vorstellen. Er ist nicht nur für die Erschließung eines neuen Themas wichtig. Er hat auch wichtige soziale und emotionale Aspekte. Wir skizzieren einige wenige Vorgehensmöglichkeiten.

Vorstellungsrunde

Sie ist ein „Muss". Das gilt auch für Sie als die Lehrende! Die Berufslernenden und Studierenden sind neugierig. Und sie möchten gern ein klein bisschen Privates hören. (Dabei müssen Nähe und Distanz austariert werden.) Achten Sie darauf, dass die Vorstellungsrunde aller Teilnehmerinnen nicht zeitlich ausufert, weil in der ersten Stunde/in der ersten Sitzung auf jeden Fall auch ein Stück weit inhaltlich gearbeitet werden sollte. Die Ansage kann lauten: *„Stellen Sie sich bitte jeder/jede in 2 Minuten vor. Sagen Sie uns, woher Sie kommen und warum Sie sich für diesen Ausbildungsgang entschieden/für dieses Seminar gemeldet haben."* Wir selbst machen uns jeweils Notizen zu den einzelnen Teilnehmenden, da es je nach Teilnehmerzahl eine Überforderung ist, sich alle Ausführungen merken zu wollen und gleichzeitig persönliches Wissen über Berufslernende und Studierende zu sammeln, die gute Bezugspunkte für den nachfolgenden Unterricht liefern können.

Bei der Vorstellungsrunde können Sie das Sprechstein-Ritual einführen. (Das kann ein Stein, ein gefälschter Walrosszahn vom Flohmarkt oder eine Glaskugel sein.) Eine Sprechsteinrunde wird dann angesetzt, wenn es wichtig ist, dass sich alle Teilnehmerinnen zu einer präzis ausformulierten Frage äußern.

Die Spielregeln lauten:

1) Der Stein wird reihum weitergegeben.
2) Nur diejenige, die den Stein in der Hand hält, darf sprechen.
3) Keiner muss sprechen, man darf den Stein auch ohne Kommentar weiterreichen.
4) Rede in Ich-Form.
5) Es ist verboten, sich auf den die Vorrednerin zu beziehen.

Eine Variante, welche wir von Manfred Pfiffner schätzen gelernt haben, besteht darin, dass jede Teilnehmerin ein Zündholz ausgehändigt bekommt und dann so lange reden darf, wie das Zündholz brennt. Sobald es erlischt, muss man im Satz stoppen. Witzig dabei ist, dass die Leute selbst steuern, wie kurz sie sprechen möchten oder wie lange. Als Gag kann die Dozentin sich zum Schluss ein Chemine-Zündholz (extra lang) nehmen und dann auch besonders lange sprechen.

Information über die Unterrichts- bzw. Seminarplanung

In der Schulpädagogik nennt man dies den „informierenden Unterrichtseinstieg" (Grell & Grell 1980). Wir sagen dazu „Fahrplan". Er ist unverzichtbar. Er hilft den zu spät kommenden Berufslernenden/Studierenden, sich schnell zu orientieren. Er hilft, schon vorhandenes relevantes Wissen zu aktivieren. Er sichert die Planungsbeteiligung und ist insofern ein Kern einer demokratischen Unterrichtskultur. Wir empfehlen Ihnen — auch in Zeiten der Internet-Server —, den Fahrplan für jede Unterrichtseinheit in großem Format zu Papier zu bringen und an die Wand des Klassenzimmers bzw. Seminarraums zu hängen.

Thematischer Einstieg

Durch den methodisch geschickt inszenierten thematischen Einstieg soll das neue Thema für die Lernenden „erschlossen" werden. Dies heißt nicht, dass ihnen alles mundgerecht vorgekaut wird:

- Der Einstieg führt, wenn er gut geplant ist, in das Zentrum des Themas (und hält sich nicht zu Motivationszwecken mit Randproblemen auf).
- Er hilft den Lernenden, dem neuen Thema eine persönliche Bedeutung zu geben.
- Er liefert erste Sachinformationen zum Thema.

Am Ende des thematischen Einstiegs kann die Aufgabenstellung für die Erarbeitungsphase gegeben werden.

Der Einstieg kann auch ganz in die Regie der Lernenden verlegt werden, wenn diese frühzeitig in die Planung eingebunden worden sind. Sie können z. B. ein mit der Lehrperson abgesprochenes Interview führen, eine PPP machen, eine Videosequenz kommentieren oder einen Kurzvortrag halten. Grundsätzlich kommen sämtliche auf der DIDAKTISCHEN LANDKARTE von Seite 124 aufgelisteten Handlungsmuster auch als Einstiegsmethoden in Betracht. Ein Buch mit einer Fülle von Einstiegsvarianten stammt von Johannes Greving und Liane Paradies (1996).

Vereinbarung der Spielregeln

In der Einstiegsphase müssen sich die Lehrperson und die Lernenden über die Regeln der Zusammenarbeit verständigen:

- Wer entscheidet was?
- Wann sind Rückfragen erwünscht, wann nicht?
- Wann gibt es Pausen?
- Wer dokumentiert die Arbeitsergebnisse?
- Gibt es einen Seminarsprecherin? Wann wird sie gewählt?
- Wie werden vertrauliche Informationen behandelt?
- Gibt es eine Feedbackrunde? Wenn ja: wann?

Wenn Sie die in Kapitel 3.2 entwickelte Idee eines Arbeitsbündnisses aufgreifen, so können Sie die Absprachen über die Spielregeln ausbauen zu einem Lehr-Lern-Kontrakt.

Aufwärmmethoden

Wenn der Tag neu startet oder wenn Ihre Klasse/Ihr Seminar schon halbwegs kapiert hat, dass und warum Sie ein Faible für ganzheitliche Methoden haben, können Sie eine neue Stunde/eine neue Sitzung mit einer Aufwärmmethode (Warming up) starten.

Aufwärmmethoden sind körperbezogene, ganzheitliche Einstiege in die Unterrichts- bzw. Seminararbeit. Sie dienen dem Begrüßen und dem gegenseitigen Kennen lernen, hin und wieder auch der thematischen Einführung in ein neues Thema. Ein Beispiel, das gut zum Kennen lernen in der ersten Veranstaltungssitzung geeignet ist, das einfach zu moderieren ist und ohne Material in 10 bis 12 Minuten durchgeführt werden kann, habe ich (HM) mir aus der IG-Metall-Bildungsarbeit abgeguckt (Allespach, Meyer & Wentzel 2009, S. 149):

Welcome Diversity

Ablauf: Alle Teilnehmer/innen stellen sich in einem großen Kreis auf. Die Moderatorin nennt ein Merkmal — dann treten jene, auf die das genannte Merkmal zutrifft, in die Mitte des Kreises. Sie lassen sich anschauen und dann gehen sie, ohne ein Wort gesagt zu haben, wieder in den Außenkreis zurück.

Mögliche Merkmale zum Vortreten:

- alle, die an diesem Morgen früher als um 7 Uhr aufgestanden sind,
- alle, die schon eine erste Berufsausbildung hinter sich haben,
- alle, die schon mal in Afrika/in China/in … waren,
- alle, die bereits mit einer Kindergruppe einen Ausflug gemacht haben,
- alle, welche in den letzten zwei Wochen etwas von einem Kind gelernt haben,
- alle, welche in den letzten zwei Wochen ein Kind etwas gelehrt haben,
- alle, welche bereits einmal die Befürchtung hatten, dass ihnen die Kindergruppe entgleiten könnte.

Methodenreflexion: Welcome Diversity macht Spaß, solange die Moderatorin keine unfairen oder indiskreten Merkmale formuliert (etwa: „alle, die schon mal sitzen geblieben sind"). Die Übung schafft bei neu zusammengekommenen Lerngruppen vielfältige Kommunikationsanlässe, auch für die Pausen.

Ein weiteres Beispiel für eine Aufwärmmethode: Sie bringen einen Stapel dummer und kluger Sprüche[92] mit, die sie mit 40 Punkt auf DIN-A4-Blättern ausgedruckt haben. Sie bilden einen Stehkreis, legen die Sprüche im Innern des Kreises auf den Fußboden und lassen jeden Teilnehmer einen Spruch auswählen. Wenn alle gewählt haben (wobei auch zwei oder drei Teilnehmer den selben Spruch wählen können), trägt jeder vor, warum er sich gerade von diesem Spruch angezogen oder provoziert gefühlt hat:

Dumme und kluge Sprüche

- Die Stärken stärken und die Schwächen schwächen.
- Sage mir, was du willst – und ich sage dir, warum es nicht geht.
- Alle sagten, das geht nicht. Dann kam eine, die das nicht wusste, und hat's gemacht.
- Wer gründlich plant, irrt präziser.
- Nicht gemeckert ist Lob genug.
- Wege entstehen beim Gehen – aber die Ziele entstehen im Kopf.
- Der Kopf ist rund, damit das Denken die Richtung wechseln kann. (Francis Picabia)
- Wichtiger als Wissen ist Phantasie. (Albert Einstein)
- You can't command the winds, but you can set the sails.

Doppeldecker: Aufwärmmethoden können auch gut bei Kindern im Kindergartenalter eingesetzt werden. Dabei ist eine körperbezogene Handlungsorientierung zentral. Auch ist es wichtig, dass die Kinder hier nicht warten müssen, sondern möglichst viele Kinder gleichzeitig aktiv sein können.

Es werden Lieder gesungen, wie alle den Morgen gestaltet haben und pantomimisch durch die ganze Gruppe untermalt; es werden fünf Dinge der nachfolgenden Geschichte bereits im Kreis versteckt und diejenigen Kinder, welche weggeguckt haben, müssen sie suchen gehen. Ein Fangspiel mit oder ohne thematischen Bezug zur nachfolgenden Sequenz wird durchgeführt.

Vortragsformen

Vortragsformen nehmen im alltäglichen Schul- und Hochschulbetrieb breiten Raum ein. Schon wegen des Umfangs ihres Einsatzes lohnt es sich, die verschiedenen Varianten genauer zu betrachten und Gütekriterien zu erarbeiten, die auch den Berufsler-

---

92 Eine Liste mit weiteren Sprüchen auf Hilbert Meyers HOMEPAGE.

nenden und Studierenden für die Schüler- bzw. Seminarreferate vermittelt werden. *Zwei Ratschläge vorweg:*

Vorträge und vertiefende Gespräche auseinanderhalten: Ein Kardinalfehler beim Vortragen besteht darin, den Vortrag zu früh und zu häufig durch gelenkte Gesprächsphasen zu unterbrechen, so dass am Ende gar nicht mehr zu erkennen ist, wo der Vortrag angefangen hat und wo er beendet wurde. Ein Vortrag ist zwangsläufig lehrerzentriert. Da braucht man sich nicht zu entschuldigen. Wer wichtige Nachfragen hat, kann sich Notizen machen und hinterher fragen (Meyer 1987, Bd. 2, S. 296 ff.).

Powerpoint-Präsentationen behutsam einsetzen: Viele Vorträge werden heute als PPP gemacht. Das ist nicht automatisch schlecht, aber immer ein bisschen riskant.[93] PPP ist ja vor allem ein referenten-freundliches Medium. Man ist flexibel und braucht nicht mehr als seinen USB-Stick. Aber die Gefahr ist groß, dass die Teilnehmer/innen von einem Sturzbach viel zu voll gepackter Slides erschlagen werden. Deshalb unser Vorschlag, gezielt kurze Vorträge ohne PPP-Unterstützung einzuschieben.

Lehrervortrag

Vor Beginn eines Lehrervortrags sollten Sie den Berufslernenden bzw. Studierenden das Thema des Vortrags klarmachen und ihnen erklären, welche Funktion der Vortrag für den nächsten Arbeitsschritt hat (Einstieg in ein neues Thema? Ergebnissicherung? Hilfe für die Konkretisierung des Arbeitsauftrags?). Sie sollten auch klären, ob sich die Teilnehmer/innen Notizen machen sollen oder nicht und ob es eine schriftliche Unterlage für den Vortrag gibt.

Gütekriterien: Wir empfehlen, die folgenden Kriterien anzusetzen:

- Der Vortrag sollte kurz und prägnant sein (nicht länger als 10 bis 15 Minuten!). Für längere Vorträge sind Vorlesungen da!
- Er sollte übersichtlich gegliedert sein.
- Der Inhalt sollte lebendig und dort, wo dies nicht vom Thema her ausgeschlossen ist, humorvoll vorgetragen werden.
- Der Vortragende sollte Blickkontakt zu den Teilnehmerinnen halten.
- Zum Schluss kann noch einmal die Kernbotschaft wiederholt oder eine Zusammenfassung der wichtigsten Punkte gegeben werden.

Bei Vorträgen ist passive Aufmerksamkeit gefordert und deshalb laden Vorträge die Zuhörer dazu ein, abzuschweifen und auf eigenständigen geistigen Pfaden zu wandeln. Das schafft manchmal Unruhe, vor allem aber behindert es das Lernen und die Ergebnissicherung. Was tun? Es gibt attraktive Varianten zu dem üblichen Arbeitsauftrag „Mitschreiben":

---

93 Deshalb ist auf der LANDKARTE halb ironisch, halb ernsthaft vermerkt: OHP und Powerpoint seien „legale Mittel zum Foltern von Schülern".

- „Schreiben Sie sich mindestens drei Erkenntnisse aus dem Vortrag auf, welche sie für die pädagogische Arbeit mit den Kindern brauchen können."
- „Notieren Sie – begleitend zum Vortrag – in Stichworten persönliche Erlebnisse zum Thema."
- „Achten Sie auf angenehme Präsentationsmomente und schreiben sie sich diese für ihre persönliche Trick-Kiste auf." Mehr dazu bei Grell & Grell (1991) und Mietzel (2007, S. 255).

Doppeldecker: Wir haben gerade darauf hingewiesen: Ebenso wichtig wie die Qualität des Vortrags ist die Qualität des Zuhörens. Dazu eine Anregung: Besprechen Sie mit den Studierenden, wie sich junge Kinder in Langeweile-Situationen verhalten.

Kinder zeigen ihr Interesse oder Desinteresse ja zumeist recht deutlich: Sie schauen mit großen Augen und offenen Mündern die Vortragende an, solange sie fasziniert sind und mitgehen. Wenn es langweilig wird, beginnen sie damit, sich Nebentätigkeiten zu widmen, wie dem Nachbarn am Pullover zu ziehen, ihn zu kneifen oder auch einfach aufzustehen und etwas Lustigeres zu machen, sobald das Erzählte für sie nicht mehr spannend ist. Damit dies nicht passiert, haben Pädagoginnen des Frühbereichs viele Kniffe, welche die Aufmerksamkeit der Kinder fesseln oder wieder zurück holen: Sie geben den Kindern beispielsweise (Bienenwachs)knete, welche die Kinder beim Zuhören kneten dürfen; sie setzen Instrumente ein oder sie arbeiten stark mit ihren Stimmen. Manchmal machen sich Dozenten ohne Zielstufenerfahrung über dieses Repertoire von motivierenden Kniffen lustig, statt hinzuschauen und sich etwas für den eigenen Unterricht abzukupfern.

Zettelreferat

Beim Zettelreferat schreibt der Vortragende die Hauptbotschaft vorher auf einfarbigen oder auch farbig variierten DIN-A5-Karteikarten (bei größeren Lerngruppen DIN A4) auf, die er dann während des Vortrags Blatt für Blatt vor den im Halbkreis um ihn herumsitzenden Zuhörern auslegt. Denkbare Themen: „Geschichte der Frühpädagogik" oder „Vier Bausteine" (Kapitel 2).

Ablaufschema

- Die Teilnehmer setzen sich in einem Halbkreis vor die Lehrperson.
- Sie hat 10, maximal 20 mit dickem Filzstift beschriebene Karten vorbereitet.
- Die Karten werden vor den Augen der Studierenden Blatt für Blatt vorgetragen und im gleichen Moment geordnet auf dem Fußboden ausgelegt, gruppiert, mit Teilüberschriften versehen, eventuell durch Fotos oder Grafiken ergänzt.

- Nach Abschluss des Referats kann die Lerngruppe mit den Zetteln weiterarbeiten. Hypothesen können auf einen Zettel geschrieben und dazu gelegt werden. Man kann einzelne Karten oder Kartenblöcke an die Studierenden zur vertiefenden Bearbeitung verteilen. Zum Schluss können die Karten an die Wand gepinnt und am nächsten Tag/in der nächsten Stunde für die Weiterarbeit genutzt werden.

Methodenreflexion: Zettelreferate können ebenso gut von der Lehrperson wie von den Studierenden gehalten werden (z. B. zur Berichterstattung nach einer Gruppenarbeitsphase oder zur Praktikumsauswertung). Die auf den Zetteln notierte Kernbotschaft kann im nachfolgenden Gespräch erweitert oder auch korrigiert werden (was bei Powerpoint deutlich umständlicher ist). Der Trick dabei: Das Zettelreferat reduziert die Ausschweifungen auf ein Minimum, weil die Zettel in der Hand „gelegt sein wollen" und so den Vortrag vorantreiben. Deshalb sei diese Methode insbesondere jenen empfohlen, die die selbstkritische Einsicht gewonnen haben, zu viel zu reden.

Dialogreferat

Wenn zwei gemeinsam ein Thema vorstellen, müssen sie besonders gut vorbereitet sein und vorher die Rollen im dialogischen Vortrag geklärt haben, weil die Dialogform schnell zu spontanen Ergänzungen und Widersprüchen verleitet. Das macht ja gerade die Lebendigkeit aus – aber man darf sich nicht verzetteln. Man kann sich gegenseitig die Stichworte zuwerfen. Man kann auch zwei unterschiedliche Positionen durch die Dialogpartner vertreten lassen.

 **Doppeldecker:** Gerade in Kindertagesstätten sind häufig zwei Personen in einer Gruppe tätig. Auch hier kann die Gelegenheit genutzt werden, Dinge im Dialog zu erläutern: Die beiden Pädagoginnen setzen sich ein bisschen auseinander und berichten in sinnvollen kurzen Einheiten über einen die Kinder interessierenden Inhalt. Oder die eine Erzieherin führt vor, wie eine neu einzuübende Werktechnik umgesetzt wird, die andere erläutert das Vorgehen. (Das entspricht den ersten Schritten im Cognitive Apprenticeship-Ansatz, s. o.)

Geschichtenerzählen

In Kindertagesstätten ist das Geschichtenerzählen eine Selbstverständlichkeit – in der Sekundarstufe II und erst recht an den Hochschulen ist es weitgehend aus dem Methodenspektrum verdrängt.[94] Das ist ein Verlust, der korrigiert werden kann. Das Erzählen ist eine sinnlich-ganzheitliche Methode mit hohem Lernpotenzial. Sie ist mit

---

94 Bei vielen Lehrpersonen gibt es mentale Widerstände – nicht ohne Grund. Eine Geschichte frei vor anderen zu erzählen, ist so etwas wie „charakterologischer Striptease". Man gibt viel von seiner Persönlichkeit preis und man begibt sich freiwillig in Abhängigkeit zu den Zuhörern, weil man ja versuchen muss, sie mit der Geschichte zu fesseln.

hoher Lehrerdominanz verbunden, die aber regelmäßig eine hohe innere Aktivität der Schülerinnen und Studierenden zur Folge hat.

Das Geschichtenerzählen kann in der Sek II und in Hochschulen dazu genutzt werden, für ein Thema zu motivieren, aber auch dazu, Sachinformationen zu vermitteln und sinnlich-anschaulich zu ergänzen. Es ist wichtig, dass Sie sich beim Erzählen halbwegs wohl fühlen. Nehmen Sie sich etwas mit, an dem Sie sich beim Erzählen festhalten können: einen Spickzettel, ein Werkzeug, eine Handpuppe, einen historischen Gegenstand. Versuchen Sie, zumindest Teile der Geschichte frei zu erzählen und dabei Blickkontakt mit den Zuhörern aufzunehmen. Achten Sie auf die folgenden drei Strukturmerkmale von Erzählungen. Sie gelten auch für das Erzählen in der Altersstufe unter 6 Jahre:

1) Versuchen Sie, den Sach-, Sinn- oder Problemzusammenhang zu *lokalisieren*! Irgendwo – sei es im Himmel oder auf der Erde – muss Ihre Geschichte ja schließlich stattfinden!
2) Versuchen Sie, den Sach-, Sinn- oder Problemzusammenhang zu *personalisieren*! Übersetzen Sie abstrakte Vorgänge, Systeme, Strukturen und Entwicklungen in Handlungen, Gefühle, Konflikte und Entscheidungen leibhaftiger Menschen.
3) Versuchen Sie, den Verlauf zu *dramatisieren*! Gefühle, Spannungen, seelische Konflikte, dramaturgische Effekte gehören in eine Geschichte!

Wenn Sie selbst beim Geschichtenerzählen die Vorreiterrolle übernehmen, wird es Ihnen auch gelingen, Ihre Auszubildenden für diese Methode zu gewinnen.

Doppeldecker: Im Geschichtenerzählen versteckt sich die Möglichkeit, mit den Studierenden eine Brücke zum eigenen Berufsfeld zu schlagen.  Wird Kindern im Alter ab vier Jahren etwas Lehrreiches erzählt, dann ist die kognitive Einbettung, damit eine Wiederholung und Konsolidierung zentral. Bei Kindern kann eine Erzählung durch Gegenstände, Bilder oder Ähnliches vorangetrieben werden und im Anschluss an die Auslegeübung können die Gegenstände ins Spiel eingebracht werden. Sie können ausgemessen, gewogen oder in neue Geschichten, Vertonungen von Abläufen einbezogen werden.

Gesprächsformen

Der Plenumunterricht besteht, wie Klaus Hage u. a. (1985; Meyer 1987, Bd. 2, S. 61) für die Sekundarstufe I nachgewiesen haben, zu zwei Dritteln aus dem „fragend-entwickelnden Gespräch", das aber in Wirklichkeit zumeist ein gelenktes Unterrichtsgespräch ist. In der Sekundarstufe II und in Hochschulseminaren dürfte es kaum anders sein.

Wie kommt dieser wahnwitzig hohe Prozentsatz zustande? Einmal liegt dies sicherlich an der schleichenden Abwertung des Lehrervortrags durch die vielfältig vorhandenen Medien, zum anderen daran, dass das Gespräch das „Schmieröl" für das Voranbringen des Unterrichts ist. Im Unterrichtsprozess findet bei vielen Lehrpersonen eine fortwährende verbale Rückversicherung statt, um zu klären, ob die Lernenden dem Unterricht folgen oder nicht. Hier ist u. E. *die* neuralgische Stelle des Plenumunterrichts überhaupt: Wir Lehrenden neigen dazu, das Unterrichtsgespräch fast automatisch für wichtig und „demokratisch" zu halten. Die Lernenden klagen aber eher über Langeweile; viele bezeichnen das gelenkte Gespräch als „Laber-Unterricht". Theoretiker wie Diethelm Wahl (2006, S. 9) nennen es die „Osterhasenpädagogik", weil der Lehrende ein „Ei" versteckt und dann die Lernenden so lange herumtapsen lässt, bis sie es gefunden haben. Wir raten Ihnen deshalb, den Umfang der gelenkten Gespräche deutlich zu senken. Die gewonnene Zeit kann genutzt werden, um schüleraktivere andere Handlungsmuster einzusetzen!

Überblick

Es gibt viele verschiedene Gesprächsformen. Jede Gesprächsform hat ihre eigenen Ziele und eigene Spielregeln. Es ist wichtig, den Berufslernenden und Studierenden die Unterschiede deutlich zu machen und auf strikter Einhaltung der wechselnden Regeln zu bestehen. Machen Sie vor Beginn jedes Gesprächs eine Ansage, um welche Gesprächsform es sich handelt.

- **Brainstorming:** Ein Thema/eine Frage/ein Problem wird benannt. Alle können frei assoziieren, was ihnen dazu einfällt. Es ist verboten, den Vorredner zu kritisieren. Eine Ergänzung: Jeder, der eine Idee hat, notiert sie stichwortartig auf einer Karteikarte und legt die Karte in die Mitte, nachdem er gesprochen hat.
- **Planungsgespräch:** Circa 14 Tage vor Beginn einer neuen Unterrichtseinheit setzt sich die Lehrende mit den Lernenden zusammen. Die Lehrperson informiert über das neue Thema. Die Lernenden können nun Wünsche und Anregungen formulieren. Die Lehrperson kann Informationen zu den Vorkenntnissen sammeln. Erste Aufgaben für eine schüleraktive Gestaltung können vergeben werden.
- **Lehrgespräch:** Die Lehrperson verwickelt die Teilnehmerinnen in ein stark lehrerzentriertes Gespräch, in das immer wieder fachliche Belehrungen eingebettet werden. (Dies ist rein quantitativ die am häufigsten eingesetzte Gesprächsform.)
- **Problemzentriertes Gespräch** (manchmal auch etwas ungenau fragend-entwickelndes Gespräch genannt): Ein gemeinsames Problem wird an den Anfang gestellt — alle Teilnehmer/innen beteiligen sich an der Problemanalyse und der Suche nach Lösungen.
- **Pro-und-Contra-Diskussion:** Es gibt mindestens zwei gegenläufige Positionen, die vor der ganzen Klasse/dem ganzen Seminar vertreten werden sollen. Es ist nicht die Aufgabe der Gesprächsleitung, einen schnellen Konsens herbei zu führen, sondern dafür zu sorgen, dass die unterschiedlichen Positionen deutlich zum Vorschein kommen. Die inhaltliche Aufarbeitung erfolgt dann hinterher.
- **Interview:** Ein Seminarmitglied interviewt vor den Augen aller ein anderes Seminarmitglied oder einen eingeladen Experten zu einer Fachfrage.

- **Hearing**: Mehrere Seminarteilnehmerinnen schlüpfen in die Rolle eines Interessenvertreters/Lobbyisten/Politikers und lassen sich vom Leiter des Hearings ausfragen.
- **Talkshow:** Das Fernsehformat wird im Seminar nachgeahmt: Es gibt einen Moderator und drei bis fünf „Experten", die um die Sache streiten, aber zugleich versuchen, durch Kontroversen den Unterhaltungswert hoch zu halten.
- **Prüfungsgespräch:** Die Lehrperson erklärt vorher, dass es um Noten geht und gibt dann durch geschicktes Fragen jedem Einzelnen die Chance, sein Wissen und Können zu demonstrieren.
- **Unterhaltung**: Auch das sollte es hin und wieder im Plenumunterricht geben. Allen Beteiligten ist dann klar, dass locker und lustbetont persönliche Erfahrungen, Erlebnisse und Meinungen geäußert werden dürfen.

Methodenreflexion: Als Gesprächsleiter/n sind Sie Spielführerin und Schiedsrichterin in einer Person. Das kann manchmal zu Schwierigkeiten führen. Versuchen Sie hin und wieder, die Gesprächsleitung an eine Berufslernende bzw. Studierende zu delegieren – schon damit diese Gesprächsleitungskompetenzen entwickeln kann. Die richtige Sitzordnung ist für den Erfolg eines Gesprächs wichtiger, als viele glauben. Die Diskutierenden müssen sich in die Augen sehen können, aber auch von der Mehrzahl der Zuschauer gut gesehen werden.

Tandem- oder Tuschelgespräch

Wir raten Ihnen, nach oder innerhalb längerer Vorträge und Vorlesungen eine kurze Tuschelrunde (3 oder 4 Minuten) einzubauen. Zwei, maximal drei Teilnehmerinnen unterhalten sich über das, was sie gerade gehört haben oder im nächsten Schritt tun wollen und bereiten Fragen für die nachfolgende Plenumdiskussion vor. Das hat den Vorteil, dass alle schon mal loswerden konnten, was sie für wichtig halten. Es kann aber auch für die Reduzierung und Kanalisierung von Fragen genutzt werden, wenn man den Auftrag gibt: „Verständigen Sie sich im Tandem auf eine gemeinsame Frage, die Sie gleich im Plenum vortragen." Eigentlich ja eine ganz einfache Sache – und dennoch wird's an Hochschulen sehr selten praktiziert.

Fishbowl

Eine Fishbowl[95] ist nichts anderes als ein geschickt inszeniertes Streit- oder Problemgespräch. Es wird ein großer Stuhlkreis gebildet, der in der Mitte noch einmal einen kleinen Stuhlkreis mit fünf Stühlen hat. Der Moderator benennt das Thema, über das diskutiert werden soll. Vier Personen gehen in die Mitte und debattieren – sie allein haben Rederecht. Der fünfte Stuhl kann zu beliebiger Zeit von einem der Zuschauer besetzt werden – er erhält dann ebenfalls Rederecht. Wenn noch jemand mitdiskutieren will, geht sie/er zum Stuhlkreis, tippt einem der Diskutierenden auf die Schulter,

95 Der Name rührt daher, dass die Diskutierenden wie Goldfische in einem runden Glas herumschwimmen und von den Menschen außerhalb bestaunt werden.

dessen Argumente er stützen oder widerlegen will. Dieser muss dann seinen Platz frei machen.

Methodenreflexion: Das Thema muss so gewählt werden, dass es mindestens zwei kontroverse Positionen gibt. Der Diskussionsimpuls muss vom Moderator klar vorgegeben werden. Damit er nicht vergessen wird, kann er auf ein Blatt Papier geschrieben werden, das in der Mitte auf den Boden gelegt wird. Die Ergebnissicherung kann ähnlich wie beim Lehrervortrag gestaltet werden: Die Beobachter erhalten einen Beobachtungs- oder Protokollierauftrag. Man kann auch den Auftrag geben, hinterher die in der Fishbowl deutlich gewordene Kontroverse in einer Conceptmap (s. u.) zu visualisieren und sich dafür während der Fishbowl Notizen zu machen.

Stummes Schreibgespräch

Eine bei sparsamem Einsatz Spaß machende Alternative zum mündlichen Gespräch ist das stumme Schreibgespräch, bei dem sich die Teilnehmer schriftlich unterhalten:

Ablaufschema

- Je nach Seminargröße werden zwei, drei oder vier Tische aufgestellt.
- Auf dem Tisch werden Packpapier- oder Flipchart-Papierbögen ausgelegt (gegebenenfalls zwei kleinere Bögen zusammenkleben).
- Die Lehrende trägt das Thema des Schreibgesprächs in der Mitte mit dickem Filzstift in einem Kreis ein: z. B.: „Wie soll es in der nächsten Sitzung weitergehen?" oder „Was hat das Seminar für mich gebracht?"
- Die Lehrperson erläutert den Reflexionsauftrag mit wenigen Worten und erinnert an die wichtigste Spielregel: „Ab sofort darf nicht mehr gesprochen werden."
- Und nun kommentieren die Teilnehmer das Thema schriftlich. Jeder darf sich auf jeden beziehen. Mit Pfeilen und Strichen können Querverbindungen hergestellt werden.

Methodenreflexion: Das Schreibgespräch ist gut für Auswertungs- und Feedbackrunden geeignet. Es hat den Vorteil, dass die Feedback-Aussagen sofort protokolliert sind und in der nächsten Sitzung/in der nächsten Stunde noch einmal angeschaut oder für Hausarbeiten ausgewertet werden können.

Mindmapping und Conceptmapping

Vielleicht haben Sie ebenso wie wir die Erfahrung gemacht, dass es Berufslernenden und auch Studierenden manchmal schwer fällt, einen komplizierten Text sinnfassend zu lesen und dann den Inhalt klar strukturiert wiederzugeben? Ein Mittel, diesem Defizit ein Stück weit abzuhelfen und insgesamt die Strukturierungsfähigkeit der Studierenden zu erhöhen, ist die regelmäßige Arbeit mit Mindmaps (salopp ins Norddeutsche übersetzt: Bregenkarten) und Conceptmaps (Begriffslandkarten). Sie sind ein wichtiger Bestandteil des individualisierenden Unterrichts.

Mindmaps betonen das ganzheitliche Denken. Sie folgen einem einfachen Schema, das die Mehrzahl der Berufslernenden und Studierenden heute bereits in der Sekundarstufe I und manchmal auch schon in der Primarstufe kennen gelernt hat:

Mindmap

- Das Thema wird im Mittelkreis des Blattes eingetragen.
- Die vier oder fünf Unterpunkte werden im Uhrzeigersinn — beginnend bei 13 Uhr — als Hauptäste notiert und gegebenenfalls mit Astgabelungen als Unterpunkten versehen.

Man kann eine Mindmap auch sehr gut als Stütze für einen mündlichen Vortrag nutzen. Danach kann sie als Kopie an alle Seminarmitglieder verteilt oder in das kollektive Portfolio gepackt werden.

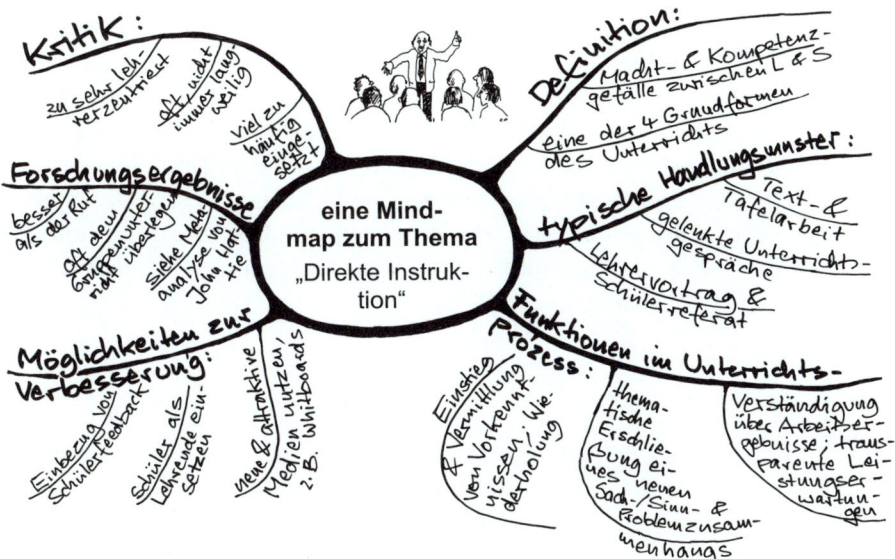

Abb. 4.4: Mindmap einer Studierenden

Conceptmapping: Der Lernende erhält den Auftrag, seine „concepts" (erfahrungsbasierte begriffliche Vorstellungen) in einer Grafik zu visualisieren. Im Prinzip also nichts anderes als eine leserfreundliche Grafik mit zentralen, einander zugeordneten Begriffen, wie man sie in guten Fachbüchern findet. Lilian Fried schreibt:

> *„Hinter der Bezeichnung Concept-Map-Methode verbirgt sich eine spezielle Technik, die darauf basiert, dass Denken kein linearer Vorgang ist, sondern ein äußerst komplexer Prozess. Im Verlauf dieses Prozesses werden im Gehirn ständig neue – durch Schlüsselwörter hervorgerufene – Assoziationen und Verknüpfungen gebildet."* (Fried, Kohlruss & Reintjes, 2008, S. 173).

Dass das Vorwissen für das Erlernen neuen Wissens große Bedeutung hat, ist evident und auch empirisch gut belegt (Neubauer & Stern 2007, S. 171 f.). Dort, wo Lernende Anknüpfungspunkte haben, können sie sich neue Informationen besser merken und diese nachhaltiger im vorhandenen Wissen verankern. Elsbeth Stern spitzt diesen empirischen Befund zu und sagt:

These 20: Gut vernetztes Vorwissen ist für den Lernerfolg wichtiger als ein hoher IQ.

Wissensnetze: Deshalb ist es notwenig, dass die Erzieherinnen nicht nur immer neues Wissen vermitteln, sondern den Kindern helfen, das neue Wissen mit ihrem Vorwissen zu verknüpfen. Wir haben die Idee von Lilian Fried und Kollegen ausprobiert und sind begeistert. Wir empfehlen den Erzieherinnen, „Wissensnetze" der von ihnen  betreuten Kinder zu Papier zu bringen. Dazu müssen sie die Kinder genau beobachten und immer wieder aufschreiben, welche Vorstellungen und Begriffsvernetzungen ein Kind in Gesprächs- und Spielsituationen verwendet. Das aufgezeichnete Wissensnetz kann dann auch zum Gesprächsanlass zwischen der Pädagogin und dem Kind genommen werden. Es kann auch zum Ausgangspunkt für neue Lernanlässe gemacht werden. Wenn darauf der sich schrittweise aufbauende Wortschatz des Kindes festgehalten worden ist, kann die Conceptmap auch als Übungsanlage für die Wortschatzarbeit dienen (Selimi & Walter-Laager 2011).

Ergebnissicherung

Die Ergebnissicherung findet zumeist im Plenum statt, sie kann aber auch in Einzel- oder Tandemarbeit ablaufen oder in die Hausaufgaben verlagert werden, z. B. durch das Schreiben eines Lerntagebuchs, durch themenbezogene Facharbeiten, durch die individuelle Herstellung eines Internetauftritts. Auch Übungsphasen und Trainings dienen der Ergebnissicherung.

Bei der Ergebnissicherung im Plenum ist es wichtig, dass die Erwartungen daran schon im Einstiegsplenum geklärt worden sind. Bei hoch spezialisierten oder stark interessenabhängigen Themen kann man auch auf die Rückmeldung im Plenum verzichten und auf das Portfolio verweisen oder die Ergebnisse ins Internet einstellen. Oft, nicht immer bezieht sich die Ergebnissicherung auf vorausgegangene Gruppenarbeit. Sie sollte, wie wir dies beim methodischen Grundrhythmus auf Seite 127 erläutert haben, möglichst unter aktiver Teilnahme der Berufslernenden bzw. Studierenden ablaufen.

Standardform: Es gibt bei der Arbeit mit Erwachsenen eine problematische Standardform der Auswertung der Gruppenarbeit: Die Teilnehmer kommen ins Plenum zurück, und die Arbeitsgruppen berichten der Reihe nach, was sie erarbeitet haben. Fast immer weisen sie dann darauf hin, dass die Zeit nicht gereicht habe und dass man nur Vorläufiges erarbeiten konnte. Das Kardinalproblem dabei: Die übrigen Teilnehmer schaffen es nicht, in der oft sehr kurzen Zeit wirklich zu kapieren, was vorn im Geschwindtempo vorgetragen wird. Deshalb konzentrieren sie sich oft nur noch dann intensiv, wenn der eigene Gruppenbeitrag vorgetragen wird; sie kontrollieren, ob er vom ausgeguckten Sprecher auch angemessen „rübergebracht" wird.

Alternativen: Um dieses Problem besser zu lösen, können Sie eine der folgenden Präsentationsmethoden ausprobieren:

- **Visualisierung mit Wandzeitung/Poster/Flipchart/OHP/Beamer:** Die Gruppenergebnisse werden schon in der Schlussphase der Gruppenarbeit auf einem Poster festgehalten. Statt Poster kann man auch eine OHP-Folie nehmen. Oder die Ergebnisse gleich in den PC eingeben und mit dem Beamer präsentieren.
- **„kritische Freundin/kritischer Freund"[96]:** Einer der Teilnehmenden wird vorher ausgeguckt und keiner Kleingruppe zugeordnet. Er erhält den Auftrag, während der Gruppenarbeitsphase durch alle oder mehrere Gruppen zu gehen, interessante Teilergebnisse einzusammeln und sie im Plenum vorzustellen. Motto: „Schatzsuche ist besser als Fehlerfahndung."
- **Inszenierung des Ergebnisses:** Der Ertrag wird handlungsorientiert präsentiert, z. B. dadurch, dass die Kernbotschaft in einen Sketch oder ein Streitgespräch übertragen und dann im Plenum vorgeführt wird.
- **Thesen-Vergleich:** Jedes Tandem/jede Kleingruppe formuliert eine einzige These, in der das Arbeitsergebnis zusammengefasst ist, stellt sie im Plenum vor und verteidigt sie gegen Rückfragen der kritischen Freunde.

Eine gut geeignete weitere Methode habe ich (HM) das erste Mal an der Realschule Enger/NRW kennen und schätzen gelernt:

---

96 Der Begriff wird auf S. 147 erläutert.

Galeriegang
- Jede Teilgruppe macht einen Poster (gegebenenfalls mit vorher formulierten Auflagen) und bringt ihn ins Plenum mit.
- Die Poster werden im Plenum an den Wänden oder an Stellwänden wie in einer Galerie angepinnt.
- Dann gehen alle Teilnehmer/innen von Bild zu Bild.
- Die Verfasser eines Posters gehen nach vorn zu ihrem Bild, sobald sie dran sind. Sie erläutern knapp, was die Gruppe erarbeitet hat.
- Die kritischen Freunde stellen Rückfragen.

Methodenreflexion: Achten Sie streng darauf, dass bei der Ergebnispräsentation die *Gruppen*ergebnisse und nicht die Meinungen von Einzelpersonen abgefragt werden – sonst desavouieren Sie die Teamarbeit. Betreiben Sie Schatzsuche statt Fehlerfahndung. Inhaltliche Fehler können in vielen Fällen dezent als Reflexionsaufträge formuliert werden. Rechtschreibfehler können vor oder nach der Präsentationsphase korrigiert werden.

Wir fassen zusammen:

1) Es gibt vielfältige Methoden, um die nur scheinbar trockene direkte Instruktion zu verlebendigen.
2) Wichtiger als Methodenvielfalt vorzuführen ist es, das sicher beherrschte Methodenrepertoire der Berufslernenden auszubauen.
3) Lehrervorträge sollten als kleine Kunstform wiederbelebt werden.
4) Der Umfang der gelenkten Unterrichtsgespräche sollte begrenzt werden. Gesprächsalternativen wie Geschichtenerzählen, Stummes Schreibgespräch usw. können gepflegt werden.
5) Die Ergebnissicherung ist oft der neuralgische Punkt der direkten Instruktion. Sie verdient besondere Aufmerksamkeit.

4.3 Kooperativer Unterricht

Begriffsklärung

Wir kommen zur dritten Grundform, zum kooperativen Unterricht. Dabei handelt es sich um einen modischen Begriff, der in den letzten Jahren inflationär gebraucht wurde und dadurch unscharf geworden ist (Weidner 2001; Green & Green 2005; Brüning & Saum 2007). Aber das ändert nichts daran, dass die Hauptzielsetzung vernünftig ist: Möglichst alle Lernenden sollen sich aktiv an der Gestaltung und Kontrolle ihres Lernprozesses beteiligen (Krause 2007, S. 75). Sie sollen dabei gegenseitige Abhängigkeit positiv erleben, also nicht so oft wie im herkömmlichen Unterricht in Konkurrenz zueinander stehen (Mietzel 2007, S. 394–405).

Es gibt inzwischen viele Einzelmethoden, die erfunden und ausprobiert wurden, um das kooperative Lernen zu stützen. Einen guten Überblick liefert das Buch von Wolfgang Mattes (2011) mit vielen Lehrer- und Schülerkarten zu den Einzelmethoden.[97]

Kennzeichen des kooperativen Unterrichts

- Lehrende und Lernende tragen gemeinsam die Verantwortung für die Planung, Durchführung und Auswertung des Unterrichts.
- Lernende sind wiederholt auch als Lehrende tätig.
- Der Anteil des Plenumunterrichts ist niedrig. Die Anteile an Einzel-, Tandem- und Gruppenarbeit sind hoch.
- Die Aufgabenstellungen werden gemeinsam erarbeitet.
- Das Niveau der Selbststeuerung ist hoch. Die Lernenden helfen sich gegenseitig. Dafür ist didaktische Kompetenz der Lernenden gefragt (siehe S. 75).
- Portfolio-Arbeit kann das kooperative Lernen ergänzen.
- Der Lehrende behält die Verantwortung für die Leistungsbeurteilung, versucht aber, den Umfang der Leistungsbeurteilungen in Grenzen zu halten.

Der in Kapitel 3.2 skizzierte handlungsorientierte Unterricht entspricht diesen Kennzeichen weitgehend.

Man kann den Begriff kooperativer Unterricht auch *enger* fassen und *nur* jene Lehr- und Lernformen meinen, in denen die Lernenden für eine begrenzte Zeit in die Rolle der Lehrenden schlüpfen. Wie gut dies funktionieren kann, hat Diethelm Wahl (2006, S. 154 ff.) in seinem Konzept WELL (Wechselseitiges Lehren und Lernen) dargestellt.

Forschungsergebnisse zum kooperativen Unterricht: Empirische Untersuchungen in den USA und in Deutschland haben die hohe Effektivität der nach dem Konzept „Lernen durch Lehren" arbeitenden Unterrichtsformen nachgewiesen (Gruehn 2000, S. 48 ff.; Hattie 2009, S. 212–214). Einen Überblick zum Forschungsstand liefert Krause (2007, S. 15 ff.).

Förderung von „Lerngemeinschaften": Wenn die Berufslernenden und Studierenden öfter kooperativen Unterricht erleben können, ist es für sie auch viel einfacher, innerhalb und außerhalb des Unterrichts Lerngemeinschaften aufzubauen (Mietzel 2007, S. 395). Eine Lerngemeinschaft ist durch gemeinsame Ziele, gemeinsame Erfahrungsgrundlagen, geteilte ethische Werte und durch ein lernförderliches Klima gekennzeichnet, in dem ohne Angst vor Blamage nachgefragt werden kann und in der man sich gegenseitig Hilfen anbietet.

---

97 Das Buch hat einen Sek-I-Schwerpunkt. Die meisten Vorschläge sind aber auch in der Sek-II und an Hochschulen zu nutzen.

„Kritische Freunde": Es ist wichtig, die Rollen der Lehrenden und der Mitschüler/ Mitstudierenden im kooperativen Unterricht zu klären. Aus der internationalen Aktionsforschung stammt der Begriff des kritischen Freundes/der kritischen Freundin (Altrichter & Posch 2007 passim). Er geht kritisch, aber konstruktiv mit den Beiträgen der anderen um. Auch ein Lehrender kann diese Rolle übernehmen, sollte es dann aber immer vorher laut mitteilen. Das Motto, das wir Ihnen empfehlen, lautet also: „Konstruktive Kritik ist erwünscht – meckern ist verboten."

„living wikipedia": Es hat sich bewährt, einzelne Schülerinnen bzw. Studierende zu Fachleuten für bestimmte Themenbereiche heranzubilden. Sie kommen dann immer wieder mit demselben Spezialgebiet dran. Sie sind auch die Ansprechpartner während der Einzel- oder Tandemarbeit und unterstützen so den Aufbau eines Helfersystems.

„Die Stillen im Lande": In einem schüleraktiven Unterricht mit hohen Anteilen an Selbststeuerung haben es die stillen, leisen, nachdenklichen oder zögerlichen Schüler manchmal schwer. Es ist die Aufgabe der Lehrperson dafür zu sorgen, dass sie zu ihrem Recht kommen. Eine Idee, wie diese Forderung umzusetzen ist, haben wir in Kapitel 3.2 auf Seite 72 skizziert.

Individuelles und kollektives Portfolio: Vor gut zehn Jahren ist die internationale Diskussion zur Portfolioarbeit auch nach Deutschland geschwappt.[98] Damit ist gemeint, dass die Lernenden selbst eine Mappe anlegen, in der sie ihre individuellen Arbeitsergebnisse und Leistungsnachweise zusammenstellen. Das können Praktikumberichte, Fotos und Videoaufnahmen, Zertifikate aus der Fortbildung, schriftliche Rückmeldungen der Ausbilder, Tests und Klausuren u. a. m. sein. Vom kollektiven Portfolio wird gesprochen, sobald die ganze Lerngruppe ein gemeinsames Portfolio anlegt, das dann als „Gedächtnis" für die vielfältigen Arbeitsergebnisse der Gruppe dient und in späteren Arbeitsphasen genutzt werden kann (Brunner, Häcker u.a 2004; Paradies, Wester u. a. 2010, S. 124). Portfolioarbeit stärkt die Selbstreflexion. Sie ist aber auch mit sehr viel Arbeit verbunden.

Internet: Die technischen Möglichkeiten des Internets kommen dem kooperativen Unterricht entgegen. Arbeitsaufträge und Texte können auf der Arbeitsplattform eingestellt, Chatrooms können eingerichtet werden. Die Lehrperson kann regelmäßigen Email-Kontakt halten.

Ein kleines Beispiel: Think-Pair-Share ist ein vielfältig einsetzbares Handlungsmuster, das von Wolfgang Mattes (2011) zu einer Grundform des kooperativen Unterrichts ausgerufen wurde.[99] Anders als dies der Name nahe legt, besteht die Methode aus vier Schritten:

98　Der Begriff stammt aus der Ausbildungspraxis der Kunsthochschulen, in denen die Studierenden in regelmäßigen Abständen ihre im Portfolio-Format gehaltenen Mappen mit Arbeiten vorlegen mussten.

99　Vor der Einführung des englischen Namens auch als Schneeball-Methode bekannt.

Think – pair – share

Schritt 1: Plenum: Die Lehrperson benennt ein Problem oder formuliert eine Aufgabe. Sie erinnert daran, was an Vorkenntnissen schon früher erarbeitet worden ist.

Schritt 2: Einzelarbeit: Jede Schülerin macht sich Notizen zu allem, was ihr zu der Aufgabe einfällt. (Sie können den Arbeitsauftrag auch erweitern: Jeder schaut im Fachbuch oder bei Wikipedia nach.)

Schritt 3: Tandem- oder Kleingruppenarbeit: Die Teilnehmer tauschen sich über das aus, was sie sich notiert haben und formulieren einen Lösungsvorschlag; wenn sie den noch nicht haben, machen sie eine knappe Zusammenfassung.

Schritt 4: Plenum: Die Tandems/die Kleingruppen tragen ihre Arbeitsergebnisse im Plenum vor.

Methodenreflexion: Die Methode hat deutliche Vorteile: Sie ist sehr einfach. Die Schrittfolge „sitzt" bei allen nach ein- oder zweimaligem Gebrauch. *Alle* müssen arbeiten – das Zuhören bei den Denkbewegungen der anderen wird eingeschränkt. Lernende mit heterogenen Vorkenntnissen können zumeist gut zusammen arbeiten. Die Methode taugt *nicht* zur thematischen Einführung in ein neues, noch fremdes Sachgebiet. Sie funktioniert ja nur dann, wenn zielführende Vorkenntnisse vorhanden sind. Die Methode darf nicht auf das kooperative Unterrichtskonzept beschränkt werden. Sie passt ebenso gut in die direkte Instruktion.

Gruppenunterricht

Gruppenunterricht ist der wichtigste Baustein kooperativen Unterrichts. Er ist sicherlich die anspruchsvollste der vier Sozialformen. Sein Image ist bei Lehrpersonen und Lernenden eher schlecht. Beim Gruppenunterricht ist es also just umgekehrt wie beim Plenumunterricht: Er ist besser als der Ruf, den er bei Praktikern hat, und schlechter als der Ruf, den er bei Theoretikern hat. Eine Zusammenfassung der umfangreichen empirischen Untersuchungen (Dann, Diegritz & Rosenbusch 2002) ergibt: Das größte Hindernis für erfolgreichen Gruppenunterricht ist die Belehrungs- und Kontrollsucht der Lehrpersonen. Sie wissen, dass sie den Schülern Freiräume lassen sollen, gehen aber doch immer wieder zu früh dazwischen. Aber gerade dort, wo die Lehrperson *nicht* vorschnell in die Gruppenprozesse eingreift, haben die Schüler die Chance zur Selbststeuerung ihrer Lernprozesse. Erst dann lassen sich die größeren Lernerfolge nachweisen.

> **Definition:** Gruppenunterricht ist eine Sozialform, bei der durch die zeitlich begrenzte Teilung des Lernverbandes arbeitsfähige Kleingruppen entstehen, die gemeinsam an der zwischen der Lehrperson und den Teilnehmer/innen ausgehandelten Aufgabenstellung arbeiten. Die Arbeitsergebnisse werden danach für den gesamten Lernverband nutzbar gemacht werden.

Es gibt anspruchsvollere Konzepte des Gruppenunterrichts, in denen von Beginn an die Gruppenarbeit zur Grundform gemacht wird, die dann nur hin und wieder durch Einzelarbeit und Plenumphasen ergänzt wird. Darauf gehen wir hier nicht weiter ein.

Stammgruppenbildung: Die Gruppen müssen erst zusammenwachsen. Das geht besser, wenn Sie in Ihrer Klasse/Ihrem Seminar *stabile* Kleingruppen (= Stammgruppen) bilden, die bei wechselnden Themen immer wieder drankommen. Dadurch sparen Sie Zeit bei der Gruppenbildung. Die feste Gruppe stärkt aber auch das Teamgefühl und beschleunigt die Arbeitsprozesse. Es liegt nahe, die Stammgruppe leistungsheterogen zusammenzusetzen, um so die Helferkultur zu fördern. Es bietet sich an, dass sich jede Stammgruppe einen eigenen Namen gibt.

 **Doppeldecker zur Stammgruppenbildung:** Schon vor rund 30 Jahren hat auch Gretl Gustorff (1984) den aus der Jenaplan-Pädagogik kommenden Begriff „Stammgruppe" benutzt, um eine Organisationsform des eingeschränkten Freispiels zu skizzieren. Die Kinder bekommen einen fixen Platz an den Tischen im Kindergarten. Auf den ersten Blick erscheint uns heute diese Idee sehr fremd. Die Vorteile, welche Gustorff in diesem Prinzip erkennt, sind aber dieselben, die wir oben beschrieben haben: Es gibt eine stabile Kleingruppe durch die Tischgemeinschaft. Dadurch können schneller Freundschaften entstehen. Die Nachteile sind natürlich genau an derselben Stelle zu orten: Freundschaften, welche ausserhalb der Tischgemeinschaft bestehen, können in dieser Organisationsform nicht gepflegt werden, da der Freund/die Freundin an einem anderen Tisch sitzt.

Differenzierungsformen: Es gibt viele unterschiedliche Differenzierungsformen. Man kann inhaltlich, methodisch, medial, aber auch „personal", also im Blick auf die Schülervoraussetzungen und/oder -interessen differenzieren:

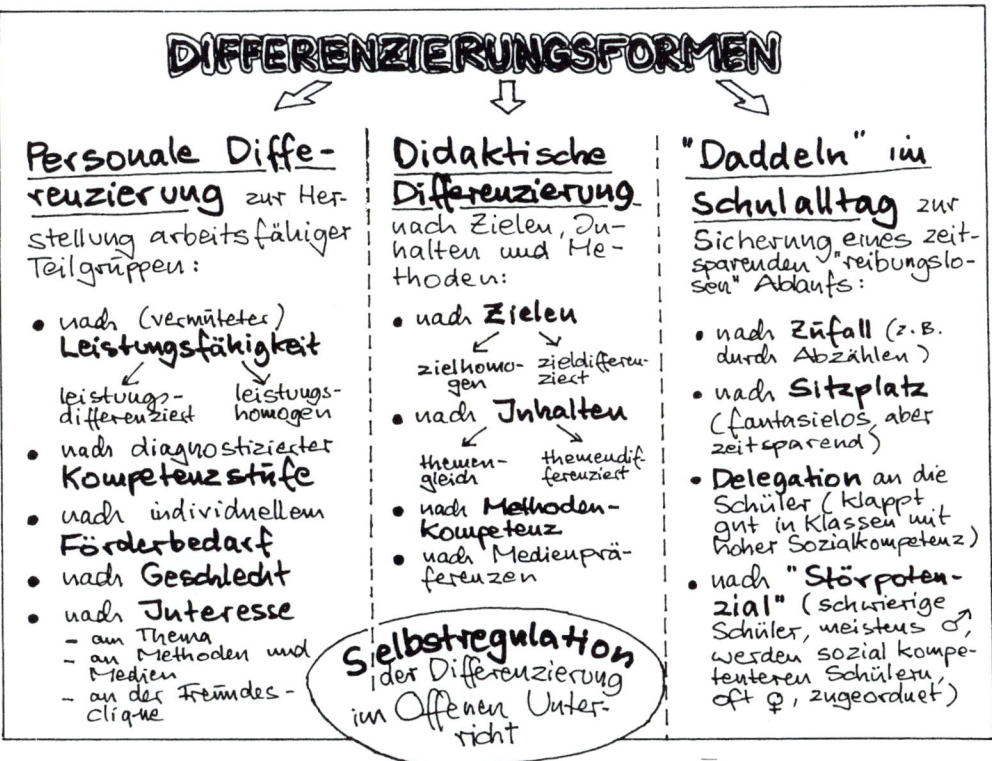

Wichtig im Alltag ist die Unterscheidung zwischen der *themengleichen* und der *themendifferenzierten Gruppenarbeit*:

- **Themengleiche Gruppenarbeit** sollte angesetzt werden, wenn es um zentrale Fragen geht, die alle Teilnehmer unbedingt in gleicher oder zumindest ähnlicher Form erarbeitet haben müssen, um danach weitermachen zu können. Themengleichheit schließt nicht aus, methodendifferenziert zu arbeiten: Gruppe A stellt eine Mindmap zu einem Gesetzestext her, Gruppe B eine Wandzeitung zum selben Text, Gruppe C einen Dialog.
- **Themendifferenzierte Gruppenarbeit** ist anspruchsvoller. Dabei wird das Rahmenthema in mehrere Teilthemen aufgeteilt, die so geschickt zurecht geschnitten sind, dass bei der späteren Zusammenführung der Teilarbeitsergebnisse wieder ein Ganzes entsteht. Alternativ dazu können themendifferenzierte Gruppen gebildet werden, welche aber als Hauptziel eine bestimmte Fertigkeit einüben sollen (z. B. um den Umgang mit einer Technik oder einem Werkzeug zu lernen).

Themengleicher Gruppenunterricht hat den Vorteil, dass die Mitschüler/die Mitstudierenden bei der Ergebnispräsentation im Plenum noch besser die Rolle der kritischen Freunde wahrnehmen können. Themendifferenzierter Unterricht hat den Vorteil, dass in der Regel inhaltlich reichere Ergebnisse entstehen und dass eine Interessendifferenzierung vorgenommen werden kann.

Kriterien und Verfahren zur Gruppenbildung: Sie können die Schülerinnen selbst die Gruppen bilden lassen. (Das produziert manchmal Probleme für die Außenseiter.) Oder sie bilden gezielt Gruppen, die nach bestimmten Kriterien zusammengesetzt sind. Wenn es nur um eine kleine Reflexionsübung zwischendurch geht, lohnt sich kein großer Aufwand. Dann bilden zumeist die Platznachbarn die Gruppe. Wenn Sie die Schülerinnen/die Studierenden eine längere Zeit zusammenarbeiten lassen wollen, müssen Sie zunächst entscheiden, ob besser leistungshomogene oder besser leistungsheterogene Gruppen gebildet werden. Danach können Sie das Verfahren auswählen:

- **Abzählen im Klassenraum** (eins, zwei; eins, zwei usw.). Das ist das simpelste, aber auch wenig zeitaufwändige Verfahren.
- **Postkarten-Puzzle:** Man zerschneidet vier oder fünf Postkarten in unregelmäßige Teile. Jeder Teilnehmer erhält einen Schnibbel. Die Gruppe findet sich auf dem „Marktplatz", indem die Teile wie bei einem Puzzle zusammengefügt werden.
- **Differenzierung nach Interessengruppen:** Man stellt die verschiedenen Themen der Gruppenarbeitsphase kurz vor und überlässt es den Teilnehmern, welcher Gruppe sie sich zuordnen. (Wenn eine Interessengruppe zu groß wird, ist es klüger, zwei Teilgruppen zum selben Thema zu machen als eine Obergrenze zu setzen.)
- **Differenzierung nach Kompetenzniveaus:** Sie können gezielt (halbwegs) leistungshomogene Gruppen herstellen. Oft lohnt sich aber auch eine ebenfalls gezielt herbeigeführte Heterogenität. Das geht natürlich nur dann, wenn Sie einen halbwegs genauen Überblick über die themenbezogenen Kompetenzen Ihrer Teilnehmerinnen haben.

Arbeitsaufträge: Bei der Gruppenarbeit ist die Verständigung über die Arbeitsaufträge besonders wichtig. Scheuen Sie sich als Berufseinsteigerin nicht, die Aufträge schriftlich vorzubereiten und sie den Gruppen auszuhändigen. (Dazu sind in Kapitel 3.5 bereits Ratschläge formuliert worden.) Ein häufig bei Anfängern wie bei Profis gemachter Fehler besteht darin, dass die Arbeitsaufträge so formuliert sind, dass sie in Einzelarbeit besser und schneller erledigt werden können als zu dritt oder viert. Das führt dann dazu, dass ein Gruppenmitglied die Regie übernimmt und die anderen nur noch abnicken. Also sollten Sie den Arbeitsauftrag ab sofort so geschickt formulieren, dass er nur in Teamarbeit zu erledigen ist. Wie man das macht, ist gut an den Praxisberichten aus Kapitel 3.2 oder am „Freiflug" (S. 159 f.) und am Gruppenpuzzle (S. 154 f.) zu studieren.

Rollenabsprachen: Die Lehrperson tritt während der Gruppenarbeit in den Hintergrund. Sie beobachtet die Arbeitsprozesse und hilft dort, wo der Arbeitsauftrag noch nicht verstanden ist, wo Sachinformationen nachgereicht werden müssen oder wo Medien und Materialien fehlen. Ein wirklicher Geheimtipp für den Erfolg von Gruppenarbeit ist die streng geregelte, aber abwechselnd wahrgenommene Rollenverteilung zwischen den Gruppenmitgliedern. Wir schlagen Ihnen vor, folgende Rollen einzuführen:

- **Gastgeberin**: Sie sorgt dafür, dass die Gruppe eine ruhige Ecke findet und dass Kaffee oder etwas zu Knabbern da ist.
- **Chefin**: Sie übernimmt für eine genau definierte Zeit (z. B. zwei Stunden) die Leitung und achtet darauf, dass der Arbeitsauftrag realisiert wird. Sie sorgt auch bei Bedarf für das Einhalten einer Rednerliste.
- **Zeitwächter**: Er wechselt ebenfalls von Sitzung zu Sitzung. Er achtet auf Anfang und Ende und gibt zwischendurch Signale, wenn die Zeit knapp wird.
- **Wadenbeißer**: Er achtet darauf, dass die vereinbarten Spielregeln eingehalten werden. Er darf deshalb knurren, bellen und zur Not auch beißen.
- **Schreiberin**: Sie hat den Laptop dabei und sorgt für die Dokumentation der Arbeitsergebnisse.

Spielregeln: Die Berufslernenden/Studierenden haben bei der Gruppenarbeit Rechte und Pflichten, z. B.: „Holen Sie sich, wenn nötig, Hilfe vom Nachbarn. Erst wenn das nichts bringt, können Sie zur Lehrperson gehen." „Wenn ein Arbeitsschritt mit größerem Lärm verbunden ist, geht das Team auf den Flur."

Ergebnispräsentation: Schon während der Gruppenarbeit muss geklärt werden, wie die Arbeitsergebnisse im Plenum präsentiert werden (s. o., S. 144 f.).

Stolpersteine: Gruppenarbeit wird oft dadurch belastet, dass die Teilnehmerinnen schlechte Erfahrungen aus der eigenen Schulzeit mitbringen. Achten Sie deshalb auf folgende *Risiken*:

Erstes Risiko: Die Teilnehmer missbrauchen die Gruppenarbeit, um rumzudaddeln.

Zweites Risiko: Die Gruppenzusammensetzung erweist sich im Nachhinein als ungünstig.

Drittes Risiko: Der Arbeitsauftrag wird ungeschickt formuliert, so dass er besser in Einzel- als in Gruppenarbeit zu erledigen ist.

Viertes Risiko: Die Teilnehmer werden durch zu offen formulierte Arbeitsaufträge überfordert.

Fünftes Risiko: Die Teilnehmer sind guten Willens, aber ihnen fehlen wichtige Methodenkompetenzen und Arbeitstechniken.

Doppeldecker: Gruppenarbeiten im elementarpädagogischen Bereich sind Übungssache: Eine Studie zeigt, dass amerikanische Kinder kooperative Situationen weniger gut meistern als dänische Kinder. Dies wird darauf zurück geführt, dass die untersuchten dänischen Kinder in ihrem Alltag viel mehr Gelegenheit zu Interaktionen in der Gruppe und zum Ausleben eigener Aktivitäten haben. Dagegen wurden die Kinder

aus dem ausgewählten Kindergarten in den Staaten mehr auf individuelle Leistung getrimmt (siehe Gisbert 2004a, S. 165 ff.). Für unseren Kulturkreis gilt, dass die Kinder während des freien Spiels die Arbeit in Gruppen täglich üben. Dabei sind die Rollenbesetzungen aber selten wechselnd und manchmal nicht für alle beteiligten Kinder optimal. Wie bei den Erwachsenen besteht auch hier die Möglichkeit zur Steuerung oder Unterstützung, damit die Kinder lernen sich einzubringen. Dies können die Pädagoginnen unterstützen, indem sie mitspielen und so als Vorbild wirken.

Manchmal dürfen oder müssen die Kinder in Kindergärten auch an Aufträgen in Gruppen arbeiten. Je nach Alter und Auftrag brauchen sie dabei mehr oder weniger Unterstützung. Die Stolpersteine und Risiken bleiben aber dieselben. Wenn einige Kinder bereits lesen können, verändert dies auch die Arbeit in den Gruppen. Die lesefähigen, meist älteren Kinder werden von den anderen Kindern als kompetenter akzeptiert. Sie lesen allfällige Aufträge vor und organisieren die Arbeitsprozesse. Damit gewinnen die Lehrpersonen der Kindergartenstufe Zeit, in welcher sie die Gruppen inhaltlich intensiver unterstützen können (Bildungsdirektion des Kantons Zürich 2009).

Forschungsergebnisse zum differenzierten Unterricht: Die Befunde zum tatsächlich erreichten Niveau der Inneren Differenzierung sind in den deutschsprachigen Ländern ernüchternd. Die Mehrzahl der in den Studien erfassten Lehrpersonen hält eine größere innere Differenzierung zwar für wichtig, gleichzeitig aber für praktisch nicht umsetzbar.[100] Das darf aber nicht davon ablenken, dass einzelne Lehrpersonen und auch einzelne Schulen sehr gute Ergebnisse vorweisen können.

Gruppenpuzzle

Mit dem Begriff „Gruppen-Puzzle" wird eine Variante der Gruppenarbeit bezeichnet, bei der ein vom Lehrenden gewählter und vorbereiteter Wissensinhalt in mehreren Etappen in jeweils neu zusammengesetzten Kleingruppen bearbeitet wird.[101] Die Methode zählt für uns zu den Komplexmethoden (s. o., S. 119), weil sie aus einem knappen Dutzend einzelner Handlungsmuster zusammengesetzt ist.

Beim Lernen selbst zu lehren, macht den meisten Schülern Spaß. Und wer Spaß beim Lernen hat, ist auch engagierter dabei und lernt auch mehr (Wahl 2006, S. 154 ff.). Das funktioniert aber nur, wenn die „Lehrenden" den Stoff wirklich gut verstanden haben. Denn nur dann können sie ihn geschickt in ihrer Stammgruppe weitervermitteln. Jede Einzelne übernimmt also Verantwortung für den Erfolg ihrer Stammgruppe und schult zugleich ihre didaktische Kompetenz.

---

100 Trautmann & Wischer (2011, S. 54–68, S. 110); ähnlich Hellrung (2011).

101 Eine ausführlichere Beschreibung der Methode bringen Frey-Eiling & Frey (2008, S. 52 ff.); dort ist auch eine Reihe von Forschungsbefunden zu finden.

Aufgabenstellung: Beim Gruppenpuzzle wird ein Thema bearbeitet, indem der Lehrstoff – je nach Teamgröße – in drei bis fünf gleich umfangreiche Textteile zerlegt und dann in Stammgruppen bearbeitet wird. Jedes Mitglied einer sogenannten Stammgruppe erhält einen je unterschiedlichen Text, das sind dann die sogenannten Expertenblätter A bis D. Der Lehrstoff wird nun in einem zweifachen Wechsel zwischen der Arbeit in den Stammgruppen und in den Expertengruppen erarbeitet. Die Expertengruppe besteht aus jenen Teilnehmern der Gesamtgruppe, die ein und dasselbe Expertenblatt bekommen haben.

Themen-Beispiele: z.B. „Vier Varianten des Freispiels" nach Gretl Gustorff oder das Thema „Kurzbeschreibung der vier Bausteine" aus Kapitel 2.[102]

Ablaufschema

0) **Vorbereitung:** Die Lehrperson bereitet einen Lehrtext vor, der in genau 4 gleich große Abschnitte unterteilt wird. Sie erklärt den Ablauf eines Gruppenpuzzles und sorgt dafür, dass sich Vierergruppen (= Stammgruppen) bilden. Dabei ist es wichtig, dass die Stammgruppen leistungsheterogen zusammengesetzt werden.

1) **Einzelarbeit in der Stammgruppe:** Jedes Stammgruppenmitglied erhält eines der Expertenblätter A bis D ausgehändigt. Jedes Stammgruppenmitglied muss sich nun zum „Experten" für sein Teilthema machen. Deshalb erhält er bzw. sie den Auftrag, sein Expertenblatt in Einzelarbeit gründlich zu lesen. Leises Sprechen in der Stammgruppe ist zulässig, wird aber selten praktiziert.
   Empfohlene Dauer: 10 Minuten

2) **Vertiefendes Lernen in der Expertengruppe:** Wenn die Lernenden in der Stammgruppe ihr Material durchgelesen haben, findet eine *Umgruppierung* statt:
   - Es treffen sich diejenigen aus den verschiedenen Stammgruppen, die die gleichen Teilthemen bearbeiten müssen, in einer *Expertengruppe*, um ihr Teilthema etwa 15 Minuten lang zu diskutieren.
   - Für diese Diskussion können ihnen zusätzliche Arbeitsblätter gegeben werden; auch das Ausfragen der Lehrperson, die Benutzung des Internet und von Lexika usw. sind zulässig.
   - Die Experten können sich während der Expertenrunde Aufzeichnungen machen, die sie in die Stammgruppe mitnehmen.

---

102 Weitere Beispiele für Gruppenpuzzle-Themen finden sich auf der HOMEPAGE Hilbert Meyers beim Abschnitt „Bücher"/„Was ist guter Unterricht?" (2007).

Sie erhalten den zusätzlichen Auftrag, sich schon in der Expertenrunde Gedanken zu machen, wie sie den Inhalt ihres Expertenblattes geschickt den übrigen Mitgliedern ihrer Stammgruppe „beibringen" können:

- z. B. durch Unterstreichen,
- durch Herauspicken der wichtigsten Botschaften im Text (z. B. einer Definition),
- durch Anlage einer Mindmap,
- durch Anlage einer Concept-Map.

3) **Lehren und Lernen in der Stammgruppe:** Nun gehen die in einer guten Viertelstunde frisch gebackenen „Experten" in ihre Stammgruppen zurück und geben der Reihe nach *ihr Expertenwissen an die übrigen Stammgruppen-Mitglieder* weiter, um sie für den abschließenden Test fit zu machen. Es kommt also darauf an, dass die Experten ihr Teilthema erstens einigermaßen „kapiert" haben und zweitens auch didaktisch geschickt an ihre Stammgruppenmitglieder vermitteln können.
Zeitbedarf: circa 30 Minuten, also für jedes Expertenblatt 7 Minuten

4) **Test (fakultativ):** Zum Schluss bearbeiten alle Lernenden einen schriftlichen Test-Bogen, in dem alle Teilthemen des Gesamtthemas ungefähr gleichgewichtig abgeprüft werden. Die Stammgruppenmitglieder sollten dabei nicht beieinander sitzen. Jeder Teilnehmer/jede Teilnehmerin füllt individuell seinen Testbogen aus. Der Test sollte nicht länger als 10 Minuten dauern (schon um die Auswertungsarbeit in Grenzen zu halten).

5) **Auswertung und „Siegerehrung":** Die Tests werden ausgewertet und in der nächsten Stunde/in der nächsten Seminarsitzung zurückgegeben. In der Auswertung werden die Stammgruppen *im Kollektiv bewertet;* es gibt also keine Einzelsieger, sondern nur Gruppensieger! Die Rückgabe sollte feierlich und gewürzt mit Ritualen passieren. Insbesondere kommt es darauf an, die Gruppenleistung zu würdigen und so den Teamgeist zu stärken.

Methodenreflexion: Das Gruppenpuzzle lebt vom *Konkurrenzprinzip.* Aber es kämpft nicht einer gegen alle, sondern jeweils ein Team gegen die anderen Teams. Die Methode lebt aber ebenso sehr von der Fähigkeit, ja vom Zwang jedes einzelnen zum *solidarischen Handeln.* Nur jene Stammgruppe kann gewinnen, in der alle Mitglieder bereit und in der Lage sind, sich gegenseitig zu belehren und zu helfen.

Szenische Arbeitsformen

Bei szenischen Arbeitsformen (Scheller 1998; 2004) geht es darum, eine Textvorlage oder auch eine Vorstellung aus der Erfahrungswelt der Teilnehmerinnen durch eigenes körperbezogenes Handeln szenisch zu interpretieren.[103] Wir haben damit in Schule und Hochschule viele positive Erfahrungen gemacht. Sie passen gut in das Konzept des Kooperativen Unterrichts. Sie kosten Zeit — und die ist im Schul- bzw. Hochschulalltag immer knapp. Aber es lohnt sich, mit dem Ausprobieren zu beginnen. Szenisches Arbeiten macht den Unterricht lebendig. Die Lernenden sind als „authentische Personen" gefordert. Und auch die Verbindlichkeit ihres Engagements steigt. Szenisches Arbeiten ist auch in Kindertagestätten möglich. Dazu weiter hinten einige Ratschläge.

Textgrundlage: Die Vorlage für die Erarbeitung einer szenischen Interpretation können Texte sein, aber auch Erfahrungen, die in den Praktika gemacht wurden oder Einstellungen, die z. B. zur Teamarbeit bestehen. Das szenische Interpretieren schafft eine Verlangsamung der schnellen verbalen Zugriffe. Es führt auch in aller Regel zu einer sehr gründlichen persönlichen Auseinandersetzung mit dem jeweiligen Thema.

Arbeit an Haltungen: Ein übergeordnetes Ziel ist deshalb die Arbeit an den Haltungen der Teilnehmer.[104] Dies gilt im doppelten Sinne: Man kann lernen, die äußerlich sichtbaren Haltungen der Spieler zu beschreiben. Und man kann interpretieren, welche innere Haltung der äußerlichen Haltung zugrunde liegen könnte. (Dabei ist freilich Behutsamkeit und Takt vonnöten.)

Rollen: Es gibt immer mindestens drei Rollen:

- die Moderatorin bzw. die Regisseurin (zu Beginn szenischen Arbeitens die Lehrperson, später auch die Teilnehmer),
- die Schauspieler,
- die Zuschauer bzw. Beobachter.

Es sind keinerlei schauspielerische Fähigkeiten erforderlich — wohl aber präzis abgesprochene Inszenierungsregeln, die von Übung zu Übung wechseln können und/oder erweitert werden. Weil die Spieler zumeist ganz ungeübt sind, sind beim Spielen und bei der Auswertung der Spielszenen Taktgefühl und Zurückhaltung aller Beteiligten erforderlich. Es muss strikte unterbunden werden, dass jemand kritisiert wird, weil er keine gute Schauspielerin war.

---

103 Weil szenisches Arbeiten anspruchsvoll ist, ist der nun folgende Abschnitt recht lang geraten. In anderen Nationen, z. B. in den Niederlanden, ist das Lehrfach „Drama" ein ganz selbstverständlicher Bestandteil der Lehrerbildung. Eine auf das Berufsfeld „Pflege" ausgelegte Anleitung zur Bearbeitung von Tabuthemen mit szenischen Arbeitsformen liefern Oelke, Scheller & Ruwe (2009).

104 Eine ausführliche Beschreibung der für den Beruf der Elementarpädagogik wünschenswerten Haltungen liefern Pausewang & Strack-Rathke (2009, S. 79 ff.).

Meinungs- oder Positionslinie

Dies ist eine Vorform szenischen Arbeitens, die gut als Einstieg geeignet ist. Sie schafft eine körperbezogene Visualisierung von „Standpunkten" – und dies in einem wörtlichen Sinne: Die für die Meinungslinie ausgewählten Personen müssen sich auf einer gedachten oder mit Kreppband auf dem Fußboden hergestellten Linie positionieren. Nur solche Unterrichtsthemen kommen dafür in betracht, bei denen es zwei klare Pole gibt: z. B. „Ich bin ein Planungschaot – Ich bin ein Planungsfetischist" oder: „Ich bin Anhänger des Selbstbildungskonzepts – ich bin Gegner". Wenn ein Thema klar in drei Positionen zu untergliedern ist, kann man auch ein „Meinungsdreieck" aufbauen.

Meinungslinie

1) Eine Linie von circa 6 m Länge wird mit einer Rolle Kreppband auf den Fußboden geklebt.
2) Sechs bis acht Mitspieler werden nach vorn gebeten.
3) Die Moderatorin teilt möglichst präzis die Fragestellung mit, zu der die Meinungslinie hergestellt werden soll.
4) Die Moderatorin legt – als Erinnerungsstütze – an beiden Enden der Meinungslinie vorbereitete Pappen oder Blätter (DIN A4 oder größer) auf den Boden. Auf den Pappen sind die zwei Positionen mit einem oder zwei Wörtern gekennzeichnet („eher Planungschaot" und „eher Planungsfetischist").
5) Auf ein Zeichen der Moderatorin stellen sich die Spieler an der Stelle auf der Meinungslinie auf, an der sie ihrer subjektiven Einstellung nach stehen.
   Das wird erleichtert, wenn eine Maßeinheit mitgegeben wird, wenn der bezogene Standpunkt z. B. eine Jahreszahl, einen Geldbetrag oder einen Prozentwert angibt. *(„Wie hoch schätzen Sie den durchschnittlichen Anteil der Lehrperson am unterrichtlichen Lernerfolg der Lernenden?")*
   Zusatzaufgabe: Die Spieler werden gebeten, eine Körperhaltung einzunehmen, die zu der von ihnen bezogenen Position passt.
6) Die Moderatorin befragt alle Spieler nacheinander: *„Warum stehst Du an dieser Stelle?"* Jeder antwortet mit ein oder zwei Sätzen.

Methodenreflexion: Man kann die Methode für den Einstieg in ein neues Thema nutzen. Man kann sie auch am Ende eines Themenblocks wiederholen und überprüfen, ob sich die Positionen verändert haben. Bei Themen, die dies zulassen, kann der Arbeitsauftrag auch verdoppelt werden: Frage 1: *„Wo stehst Du heute?"* Frage 2: *„Wo möchtest Du in Zukunft gern stehen?"* Wenn die Methode eingeübt ist, können sich auch die Beobachter am Befragen der Spieler beteiligen. Ob das Abfragen in der Mitte oder bei den Extremen beginnt, spielt keine Rolle. Der *Trick*, warum dieses Handlungsmuster zumeist gut funktioniert: Wer vor aller Augen einen bestimmten Standort beziehen muss, entwickelt einen Erzähldrang. Er will den anderen mitteilen, warum er genau dort steht, wo er sich hingestellt hat. Da immer mehrere Personen vorn stehen, entsteht sofort ein Meinungsbild der ganzen Lerngruppe.

Doppeldecker: Vor gut 10 Jahren zeigte Ingrid Pramling (1998), dass Kindergartenkinder fähig sind, ihr Wissen über Phänomene zu verbalisieren und miteinander zu vergleichen. Wenn Kinder im Austausch mit anderen Kindern regelmäßig reflektieren, erfassen sie die Grundstrukturen von Inhalten schneller und können diese Fähigkeit danach auch spontan einsetzen (Gisbert 2004b). In diesem Bereich sind Pädagoginnen des Elementarbereichs manchmal recht zurückhaltend. Deshalb die Anregung: Die Methode der Meinungslinie kann als Einstieg in neue Themenfelder genutzt werden, indem die Kinder ihr Vorwissen oder ihre Vermutungen über einen Inhaltsbereich, ein Phänomen oder einen Gegenstand durch die Beziehung eines Standpunktes sichtbar machen.

Freiflug

Als Freiflug bezeichnen wir[105] eine Gruppenübung, bei der in sieben präzis definierten Teilschritten das Arbeiten im Team geübt wird. Dabei entsteht schrittweise in jedem Team ein kleines „Gesamtkunstwerk", das sowohl sprachliche als auch szenische (z. B. pantomimische) Anteile haben kann. Die Methode eignet sich insbesondere dann, wenn sich eine Lerngruppe neu konstituiert.

Voraussetzungen: Die Inszenierung sollte ohne Requisiten oder allenfalls mit den im Raum vorgefundenen Materialien durchgeführt werden. Es ist schön, wenn sich die Gruppen beim Ausdenken der Inszenierung (Schritt 6) in eine Ecke des Raumes, in einen Nebenraum oder auf den Flur zurückziehen können, um die anderen Gruppen nicht zu stören.

- Gesamtzahl der Teilnehmenden: nicht über 30
- Teamgröße: 3 oder 4 Mitglieder
- Sitzordnung: an Gruppentischen
- Zeitbedarf: je nach Anzahl der insgesamt Teilnehmenden 45 bis 75 Minuten
- Bei den Schritten 1 bis 5 kann auch gut eine CD mit meditativer Musik gespielt werden.

---

105 Die Idee dazu stammt von Liane Paradies.

Im Folgenden werden die sieben Einzelschritte des Handlungsmusters der Reihe nach beschrieben und kommentiert.

Ablaufschema

Einführung

Die Moderatorin verteilt an jeden Teilnehmer ein Blatt Papier und einen Stift, eventuell zusätzlich farbige Stifte oder Kreide. Der Stift sollte nicht zu dünn und blass sein.

Die Moderatorin gibt eine knappe Erläuterung der Methode. *„Ich möchte jetzt mit Euch eine Übung machen, die mit Einzelarbeit anfängt und mit Gruppenarbeit aufhört. Ihr benötigt für die Übung keine Vorkenntnisse. Es geht darum, auf witzige Weise Eure Teamfähigkeit zu erproben."*

1. Schritt: Zeichnen mit geschlossenen Augen

Die Moderatorin: *„Setzt Euch bitte ruhig und bequem hin! Schließt die Augen und tastet noch einmal mit Euren Fingern ab, wo Euer Blatt Papier liegt. Nehmt jetzt den Stift in die Hand und zeichnet ohne hinzuschauen, eine Figur/eine Linie/einen „Krakel" auf das Blatt Papier. Ganz egal, was! Dafür habt Ihr eine Minute Zeit!"*

Man kann auch berufsfeldbezogene Aspekte in den Auftrag einbauen. *„Male einen Krakel, der Deinen persönlichen Eindruck vom ersten Praktikumstag/von einer herausfordernden Situation wiedergibt."*

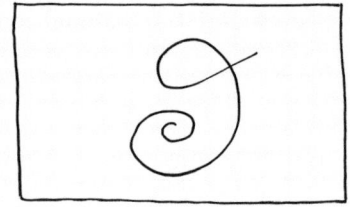

Oft malen die Teilnehmerinnen ähnliche Figuren und Linien. Sie sollten nicht daran gehindert werden – für den Übungserfolg ist's einerlei:

2. Schritt: Ausmalen der Figur

Im zweiten Schritt wird der „Krakel" mit geöffneten Augen weiter ausgemalt. Die Linien können weitergeführt, bunt gemalt, das ganze Blatt in eine Landschaft umgewandelt werden usw. Ansage der Moderatorin: *„Malt jetzt bitte an Eurer Figur/Eurer Linie weiter! Ihr könnt gegenständlich oder abstrakt malen – wie Ihr wollt. Dafür habt Ihr zehn (alternativ: fünf) Minuten Zeit. Klönschnacks sind erlaubt und erwünscht."*

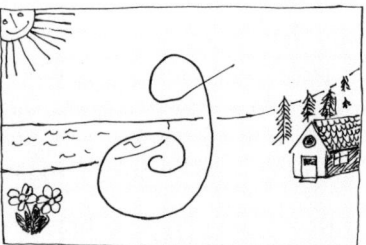

3. Schritt: Wort-Assoziationen

Die Moderatorin fordert alle Teilnehmerinnen auf, in Einzelarbeit drei, vier oder fünf Wörter auf jedem Blatt zu notieren, die das Bild bzw. die beabsichtigte Aussage kommentieren. Diese Wörter können frei assoziiert werden. Alle sollten aber die gleiche Regieanweisung erhalten, z. B.: *„Jede von Euch schreibt nun ein Substantiv, ein Verb und ein Adjektiv, die zu Eurem Bild passen, auf das Blatt!"*

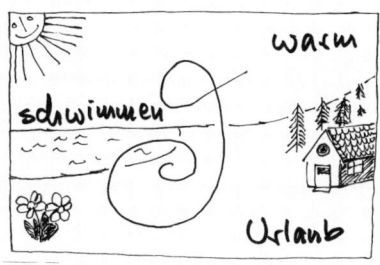

4. Schritt: Bilder anschauen und vergleichen

Der Arbeitsauftrag lautet: *„Erläutert Euren Teammitgliedern, was Ihr gemalt habt und welche Assoziationen Ihr beim Malen hattet."* Zeitdauer: ca. 10 Minuten.

5. Schritt: Einen Text herstellen

Im fünften Schritt muss ein kurzer „Aufsatz" im Kollektiv geschrieben werden, der möglichst witzig alle notierten Wörter der Teammitglieder miteinander verbindet. Arbeitsauftrag: *„Denkt Euch eine kleine Geschichte aus und schreibt sie auf ein Blatt Papier. In der Geschichte müssen sämtliche Wörter, die Ihr auf Euren Blättern notiert habt, vorkommen. Die Reihenfolge der Wörter ist egal. Ein Exemplar der Geschichte reicht."*

6. Schritt: Den Text inszenieren

Nun kommt der Überraschungscoup, der möglichst nicht vorher bekannt gemacht worden ist. Das Team erhält den Auftrag, seinen Text zu inszenieren, um ihn danach vorzuführen. Das löst in aller Regel „Achs" und „Schreck-lass-Nachs" aus – wir haben aber noch keinmal erlebt, dass ein Team die Arbeit verweigert hätte.

Auflagen für die Form der Inszenierung sollten nicht gegeben werden – alles ist möglich. Wenn die Spielleiterin sieht, dass ein Team Schwierigkeiten bei der Umsetzung hat, kann sie Impulse geben. Ideen für die Inszenierung:

- Ein Team kann den Text von einer Sprecherin vorlesen lassen; die anderen drei oder vier Teammitglieder deuten eine Pantomime zum Text an.
- Der Text wird wie ein gregorianischer Kirchengesang intoniert; dazu wird ein Chor gebildet.
- Der Text wird in zwei oder drei Szenen aufgeteilt; die Szenen werden einzeln nachgestellt, ein Kommentator erläutert, was die Spielerinnen gerade tun.

7. Schritt: Die Inszenierung im Plenum vorführen

Zum Schluss spielen die Teams einander ihre Inszenierungen vor. Dies ist natürlich der Höhepunkt der Arbeit mit dieser Methode. In der Regel macht's den Akteuren und Zuschauern gleich viel Spaß.

Methodenreflexion: Wir haben die Methode wiederholt ausprobiert und waren immer wieder überrascht, wie viel Spaß auch völlig ungeübte Teilnehmerinnen hatten. Die Methode hat spielerischen, kaum Ernstcharakter. Gerade deshalb erlaubt sie das „Austesten" der Teamfähigkeit einer Gruppe. Die Methode ist nicht geeignet, um Sachinformationen zu vermitteln, sie lebt von der Veröffentlichung der Fantasien und Sprachspiele der Gruppenmitglieder.

Reflexionsübung zum Methodischen Grundrhythmus: In Kapitel 4.1 haben wir erläutert, dass und warum es in jeder Unterrichtssequenz immer mehrere methodische Linienführungen gibt. *Welche lassen sich im Freiflug identifizieren?* Schauen Sie sich dazu z. B. den Wechsel der Sozialformen und den Einsatz der Sinne an. (Diese Übung können Sie auch dann gut realisieren, wenn Sie den Freiflug gar nicht „life" ausprobiert haben.)

Standbildbauen

Der Name ist aus der Filmproduktion übernommen worden. Standbilder liefern eine körperlich-sinnliche Deutung eines Textes oder eine Deutung persönlicher Erfahrungen, Haltungen und Fantasien. Sie sind auch geeignet, verschüttete Erinnerungen wieder lebendig werden zu lassen.

Eine Regisseurin (die Standbildbauerin) erhält den Auftrag, ein Bild aus lebenden Personen Schritt für Schritt aufzubauen, das dann „eingefroren" und von allen gemeinsam beschrieben und diskutiert wird. Man kann das Standbild auch wieder „auftauen" und die beteiligten Personen zum Sprechen und Agieren auffordern. Dann wird aus dem Standbild unter der Hand so etwas wie ein Rollenspiel.

Das Standbild-Bauen ist gut geeignet, um Konfliktsituationen nachzuspielen − z. B. könnte man als Einstieg in das Thema „Konflikte mit Eltern" ein Standbild durch die Studierenden bauen lassen. Oder auch zum Thema: „Eltern beobachten, wie ihr eigenes Kind aggressiv wird."

Es gibt folgende Rollen: (1) die Spielleiterin, welche die Rollen verteilt und auf Einhaltung der Spielregeln achtet, (2) die Standbildbauerin bzw. Regisseurin, welche allein für den Inhalt „ihres" Standbilds verantwortlich ist, (3) die Spielerinnen und (4) die Beobachter/innen, die „einfach so" beobachten oder einen gezielten Beobachtungsauftrag erhalten.

- *Spielregel 1:* Nur der Standbildbauer verantwortet, welches Bild entsteht.
- *Spielregel 2:* Die Spieler sind willenlos. Sie lassen sich vom Standbildbauer wie Wachs oder wie Schaufensterpuppen formen.
- *Spielregel 3:* Beim Aufbau des Bildes wird nicht gesprochen − auch nicht von der Standbildbauerin.

Ablaufschema

1) Die Spielleiterin *erläutert die Methode und nennt das Thema*, zu dem ein Standbild gebaut werden soll. Sie wählt eine geeignete Standbildbauerin aus. Man kann das Thema auch vertraulich mit dem Standbildbauer absprechen — dann kann hinterher erraten werden, was das Thema ist.

2) In einer *Einfühlungsphase* werden die Erfahrungen, Fantasien und Emotionen der Teilnehmer wachgerufen. Das kann z. B. durch ein kurzes Interview der Spielleiterin mit der Standbildbauerin erfolgen: „Hast Du schon einmal beobachtet, wie Kinder mit Pistolen, Säbeln usw. spielten? Waren Mädchen dabei? Welche Gefühle hattest du dabei? Welche Erinnerungen kamen hoch?"

3) Die Spielleiterin wählt eine Standbildbauerin aus oder fragt, wer die Aufgabe übernehmen will.

4) Die Standbildbauerin *sucht sich diejenigen Personen* aus der Lerngruppe *aus*, die von ihrer äußeren Erscheinung her in das Bild passen, das sie aufbauen will (also Eignung im Hinblick auf Körpergröße, Geschlecht, Haare, Statur usw.).

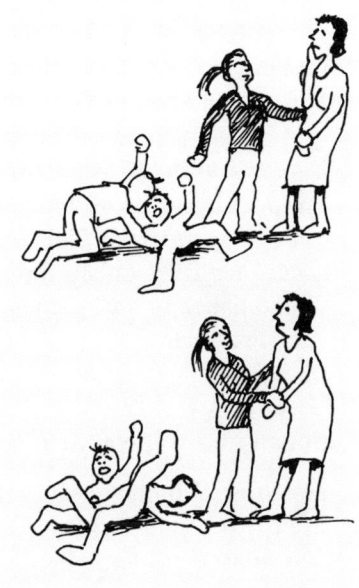

5) Die Standbildbauerin baut mit den ausgewählten Spielern ihr mentales Bild Figur für Figur auf, indem sie die *Körperhaltung der Mitspieler* solange *mit ihren Händen* formt, bis sie die Position eingenommen haben, die sie vor Augen hat. Die Mitspieler müssen sich dabei völlig passiv verhalten; sie dürfen sich nicht gegen bestimmte Körperhaltungen sperren.

6) Die *Gesichtsausdrücke* der Spieler werden geformt. Das ist schwierig. Die Mimik kann von der Standbildbauerin vorgemacht und dann vom jeweiligen Spieler nachgespielt werden. (Meistens wird dabei ein wenig gelacht, weil das Herumwerkeln der Standbildbauerin in den Haltungen und Mienen der Spieler als merkwürdig empfunden wird. Zur Not kann die Standbildbauerin auch eine Regieanweisung geben: „böse/erschreckt/verärgert gucken" usw.)

7) Während der ganzen Bauphase wird *nicht gesprochen*.

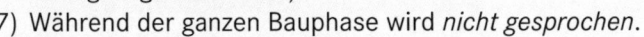

8) *Einfrieren des Bildes:* Wenn das Standbild fertig aufgebaut ist, erstarren alle Spieler für 30 bis 60 Sekunden, um sich selbst meditativ in die eingenommene Haltung einzufühlen und um den Beobachtern Gelegenheit zu geben, das entstandene Bild auf sich wirken zu lassen.

9) *Genaues Betrachten:* Die Beobachter können in dieser Zeit um das Standbild herumgehen, um es von allen Seiten aus zu sehen.

10) Danach wird das entstandene Standbild unter Leitung der Spielleiterin *beschrieben* und *interpretiert:* zuerst von den Beobachtern, dann von den Spielern, zum Schluss von der Standbildbauerin. Dabei kommt es vor allem darauf an, die Beziehungen zwischen den Spielern zu deuten.

11) Für das Deuten der Haltungen einzelner „Wachsfiguren" kann man die Inszenierungstechnik *„Hilfs-Ich"* einsetzen: Ein Beobachter stellt sich hinter eine der Figuren und spricht aus, was die Figur nach seiner Deutung denkt oder fühlt. Dabei muss das Hilfs-Ich in der ersten Person sprechen.

12) Man kann auch versuchen, eine *Überschrift* bzw. das Thema für das entstandene Standbild zu formulieren oder das Thema zu erraten, das die Standbildbauerin geheim gehalten hat.

13) *Auftauen:* Die Spielleiterin gibt das Signal, dass sich die „Wachsfiguren" wieder bewegen dürfen. Es empfiehlt sich aber, sie an ihrem Platz zu belassen, weil dann das Bild besser präsent bleibt.

14) *Ausfühlen:* Die Spielleiterin befragt die Spieler, wie sie sich im Standbild gefühlt haben und gibt ihnen die Chance, sich von der zugemuteten Haltung zu distanzieren.

Variationen und Weiterführungen:

- Ein anderer Teilnehmer kann die Rolle der Standbildbauerin übernehmen und das Bild aus seiner Sicht weiter entwickeln.
- Eine weitere Figur kann in das Bild eingebaut werden.
- Eine schon vorhandene Figur kann herausgelöst werden. Die verbliebenen Figuren müssen dann neu positioniert werden.
- Wenn mehrere Standbildbauer ihr Standbild zum selben Thema herstellen, können verschiedene Perspektiven auf dasselbe Thema herausgearbeitet werden.

Methodenreflexion: Der *Trick* dieser Methode besteht darin, die Deutung von Situationen, Bildern und Phantasien methodisch zu verlangsamen. Das Standbild kann ja beliebig lange angehalten werden, während ein Rollenspiel ein nicht zu stoppendes Tempo entwickelt. Solche Verlangsamung ist überall dort interessant, wo die Teilnehmer dazu neigen, sehr schnell mit fertigen Urteilen zu kommen.

Wichtig: Die neu hergestellten Bilder spiegeln die subjektive Sicht und die Erfahrungen der Standbildbauerin. Deshalb kann es beim Bauen kein richtig oder falsch geben – allenfalls kann eine Beobachterin sagen: „Mein Standbild sähe anders aus!"

Vorsicht: Bei der Arbeit mit Standbildern wird unsere Körpergeschichte wieder lebendig! Wir erinnern uns viel intensiver als beim bloß verbalen Erörtern an die Stimmungen und Konflikte, die damals existierten, als sich die Bilder in uns hineingefressen haben. Deshalb muss die Spielleiterin behutsam vorgehen und im Extremfall (z. B. dann, wenn ein Teilnehmer in Tränen ausbricht) den Bau des Standbildes abbrechen.

Doppeldecker: Die Jeux Dramatiques (Frei 1984; 1995), eine Methode welche vor allem in der Arbeit mit jungen Kindern verankert ist, arbeitet teilweise auf ähnliche Art und Weise: Nach Wahrnehmungsübungen geht die Pädagogin dazu über, die Kinder Bilder und Situationen darstellen zu lassen. Szenen aus Geschichten werden nachgestellt und in einem zweiten Schritt gespielt. Die Kinder schlüpfen in Rollen von Protagonisten (am Besten mit einfachen Verkleidungen). So spüren Kinder Emotionen anderer Lebewesen nach und üben sich aktiv im Perspektivenwechsel.

Des Weiteren ist es möglich ein Standbild mit Bleifußpuppen darzustellen, beispielsweise einen Streit – und die Kinder können miteinander überlegen, wie die Situation für alle mitwirkenden Puppen zufriedenstellend gelöst werden kann. Anschließend werden gemeinsam Ableitungen für den Alltag der Kindertagesstätte gemacht.

Zukunftswerkstätten

Auch die Zukunftswerkstatt zählt zu den Komplexmethoden (s. o., S. 119). Man benötigt mindestens 9 Zeitstunden dafür – besser ist es, wenn man anderthalb Tage Zeit hat.

Mit dem Begriff wird weniger ein bestimmter Raum, sondern eine Strategie zum Ausdenken und Durchsetzen politischer Ziele durch die Betroffenen selbst bezeichnet. Entwickelt wurde das Konzept von Robert Jungk (1913–1994). Erprobt wurde es in zahlreichen Bürgerinitiativen der 70er und 80er Jahre. Übergeordnetes Ziel einer Zukunftswerkstatt ist die Verknüpfung des herkömmlichen rational-analytischen Denkens mit dem (zu häufig unterdrückten) intuitiv-emotionalen Denken.[106] Es geht aber immer auch um die Förderung der Teamfähigkeit und um das solidarische Handeln.

Ein mögliches Thema für eine Zukunftswerkstatt kann lauten „Gestaltung eines optimalen Kindertagestättengebäudes" oder „Ein sozial-räumliches Konzept für unseren Offenen Kindergarten".[107]

---

106 Die beste Einführung in die Zukunftswerkstattarbeit liefert immer noch das Buch Jungk / Müllert (1981). Weitere Leseempfehlungen, Kontaktadressen und Erfahrungsberichte finden Sie bei Kuhnt & Müllert (1997).

107 Zur Einarbeitung in dieses Thema könnten die Berufslernenden bzw. Studierenden gemeinsam den Aufsatz „Pädagogik in Kindertageseinrichtungen: Raum, Struktur und Handlung im Sozialen" von Kasüschke & Jares (2010) lesen.

Ablauf

1) **Vorbereitungsphase**, in der sich die Teilnehmer/innen auf das Thema, die zugrunde liegenden politischen Interessenkonflikte und seine Bedeutung für die eigene politische Arbeit verständigen,
2) **Kritikphase**, in der die Werkstattmitglieder stressfrei und ungebremst alles kritisieren sollen, was ihnen an dem Sachverhalt/dem Problem/der Entwicklung, um die es geht, stört; sie sind gehalten, diese Kritik zu visualisieren: als Wandzeitung, als Dialog oder als Inszenierung,
3) **Phantasie- oder Utopiephase**; hier geht es ebenfalls darum, in ganzheitlichen Lern- und Lebenssituationen – einzeln, im Tandem oder in Teams – auszuphantasieren, wie eine erträumte ideale Situation/Problemlösung oder Institution aussehen könnte,
4) **Umsetzungs- oder Verwirklichungsphase**, in der es darum geht, doch noch Wege zu finden, um die eigentlich für utopisch gehaltenen Tagträume umzusetzen. Dazu wird eine kleine, besonders geeignet erscheinende Teilidee auf ihre Realisierbarkeit abgeklopft: *„Was müsste passieren, damit wir doch noch Bündnispartner für diese Idee bekommen? Welche Strategie ist geeignet? Was ist der erste Schritt?"*

Methodenreflexion: Die Kritikphase fällt den meisten Teilnehmern leicht – kritisieren haben wir alle gelernt! Die Phantasiephase bereitet deutlich mehr Schwierigkeiten, weil viele Berufslernende und Studierende, aber auch viele Lehrende sofort wieder die Schere im Kopf haben. Deshalb gilt in der Phantasiephase der Grundsatz: „Nichts ist verboten – alles darf gedacht werden – Sie haben Geld und Zeit wie Heu." Um die Schere im Kopf auszuschalten, gibt Robert Jungk die Empfehlung, nicht nur schriftliche Manifeste zu verfassen, sondern vielfältige Medien zu nutzen: Man kann ein Kindergarten-Modell bauen, man kann einen Baum aus Pappmachée herstellen und die „Bausteine" des neuen Kindergartens in Bilderform daran hängen, man kann ein Texttheater zum Thema machen.

Wir ziehen ein Fazit zu Kapitel 4.3:

1) Kooperativer Unterricht ist ein anspruchsvoller, gut für die elementarpädagogische Ausbildung geeigneter Ansatz.
2) Er kommt den Interessen der Berufslernenden und Studierenden entgegen.
3) Das Konzept ist keine Konkurrenz, sondern eine Ergänzung zur direkten Instruktion.
4) Szenische Arbeitsformen dienen der Verlebendigung des herkömmlichen Unterrichts. Sie helfen den Berufslernenden, sich ihrer Haltungen bewusst zu werden und daran zu arbeiten.
5) Die Zukunftswerkstatt ist eine komplexe kooperative Lehr-Lernform, die gut geeignet ist, um das Lernen in der Gemeinschaft lustvoll zu erleben und um Entwicklungsaufgaben für die zukünftige Berufspraxis zu durchdenken.

4.4 Praktikumbetreuung

Wir kommen zur vierten und letzten Grundform berufsbezogenen Unterrichts, zum Praktikum. Es wird, wie oben bereits angemerkt, selbst dann von den Berufslernenden und Studierenden geliebt, wenn es schlecht betreut wird. Der Stellenwert des Praktikums wird oft unterschätzt. Es ist zentraler Ausbildungsinhalt.

> **These 21:** Das Praktikum ist für die Ausbilder kein „Unterricht light", sondern knallharte Arbeit, die gründlich vorbereitet und ausgewertet werden muss.

Das Praktikum bietet den Berufslernenden und Studierenden erstmals die Gelegenheit,

- die Berufsmotivation und die Berufswahl konkret zu überprüfen,
- das Berufs- und Handlungsfeld Kindertagestätte aus der neuen Perspektive einer verantwortlich handelnden Elementarpädagogin kennen zu lernen,
- das Verhalten der Kinder genau zu beobachten, es zu beschreiben und die Beschreibung fachtheoretisch einzuordnen und zu hinterfragen,
- pädagogische Haltungen aufzubauen,
- erste didaktisch-methodische Kompetenzen bei der Vor- und Nachbereitung eigener Aktivitäten zu entwickeln
- und die gemachten Erfahrungen kritisch zu reflektieren.

Das Praktikum ist ein Kernstück der in Kapitel 3.2 geforderten Handlungsorientierung der Ausbildung. Ein anspruchsvolles, empirisch basiertes Konzept zur Gestaltung der „Praktika in der Lehrerbildung" haben Karl-Heinz Arnold, Tina Hascher u. a. (2011) vorgelegt. Wir empfehlen das Buch zur Lektüre, weil fast alles auch auf die Praktika in der elementarpädagogischen Ausbildung übertragen werden kann. Wichtig sind nach dem Urteil der Autoren:

- klar definierte Rollenabsprachen (Praktikantin, die Betreuerin vor Ort/Mentorin und die Praktikumsleiterin/Praxislehrerin/der Coach),
- eine Diagnostik des individuellen Lernbedarfs der Praktikantin,
- die Beachtung der Emotionen, die durch die ersten Praxiserfahrungen ausgelöst werden
- und die Optimierung des Praktikums durch Feedbackschleifen mit dialogischen Interaktionsformen.

Praktika können erhebliche Entwicklungsschübe auslösen. Das liegt vor allem am Ernstcharakter der Lernsituationen. Man arbeitet in einem authentischen berufsbezogenen Kontext und ist mit der ganzen Person gefordert. Auch die kleinen Erfolge machen dann stolz.

Die große Mehrzahl aller Praktika verläuft für alle Beteiligten befriedigend. Es kann aber auch zu Konflikten kommen, wenn die Interessen und Erwartungen zwischen der Praktikantin und ihrer Betreuerin sehr stark auseinander driften. Auch hier sagen wir: Es ist gut, wenn zwischen der Praktikantin und der Betreuerin/Mentorin zu Beginn des Praktikums ein „Arbeitsbündnis" ausformuliert wird, in dem gegenseitige Rechte und Pflichten vereinbart werden (s. o., S. 74 f.).

Organisationsmodell: Das folgende Organisationsmodell für das Praktikum soll Ihnen einige Qualitätsaspekte der Durchführung und der Vor- und Nachbereitung von Praktika aufzeigen. Sie müssen das Modell sicherlich im Blick auf Ihre institutionellen Rahmenbedingungen an verschiedenen Stellen verändern.

Jedes Praktikum hat drei Phasen:[108]

- **Vorbereitungsphase:** Aneignung von Theoriewissen zum Berufsfeld, Kontaktaufnahme mit der Praktikumsstelle; eigene Zielklärungen, individuelle Vorbereitung. Eine gut für die Vorbereitung geeignete Reflexionsübung, die SOFT-Analyse, wird auf Seite 200 f. beschrieben.
- **Durchführungsphase:** Beobachtung der Arbeit der Betreuerin vor Ort/der Mentorin; eigene erste Gehversuche – Besuch durch die Praxisbetreuerin/ Praktikumsleiterin, ein oder mehrere Beratungsgespräche.
- **Auswertungsphase:** Empfehlenswert ist eine Auswertungssitzung am Ende oder direkt im Anschluss an das Praktikum, die dem Ordnen der im Praktikum gemachten Erfahrungen, der Bearbeitung der Beobachtungsfrage und der Vorbereitung des Präsentationstags dient.

Die didaktische Gestaltung der Auswertungsphase bedarf u. E. besonderer Aufmerksamkeit. Das Ziel sollte sein, die reflexive Auseinandersetzung der Praktikantin mit den gemachten Erfahrungen zu fördern. Das kann durch den Vergleich der eigenen Erfahrungen mit den Erfahrungen der Mitpraktikantinnen, aber auch durch Theorie-Inputs geschehen. Wünschenswert ist, dass sich die Praktikantin aufgrund ihrer ausgewerteten Erfahrungen eigene Entwicklungsaufgaben setzt. (mehr dazu in Kapitel 5)

Laufzettel: Um Verbindlichkeit und Transparenz der im Praktikum zu erbringenden Leistungen zu erhöhen, kann ein Laufzettel eingeführt werden, in dem Pflicht- und Wahlleistungen während des Praktikums dokumentiert werden. Er kann von der Praktikantin selbst ausgefüllt werden – die Mentorin zeichnet dann gegen. Er enthält einen Pflichtbereich (Umfang der Anwesenheit an der Praktikumstätte; Vor- oder Nachbesprechungen mit der Mentorin; Teilnahme an Dienstbesprechungen, Elternabenden, Exkursionen usw.) und einen Wahlbereich (selbst festgelegte Beobachtungsaufgabe; zusätzliche Leistungen: Ausflug, Teilnahme an Fortbildungsveranstaltung).

---

108 Hier wiederholt sich der Methodische Grundrhythmus von S. 127.

Beratungsbesuch bei der Praktikantin: Es ist Standard, die Praktikantin mindestens einmal im Praktikum zu besuchen. (Das ist an den Hochschulen angesichts ihrer Personalmisere oft ein riesiges Problem.) Der Besuch wird wie eine kleine Prüfung verstanden, auch wenn die Praktikumsleiterin beteuert, dass dies nicht der Fall sei. Wir empfehlen, vor dem Besuch mit der Praktikantin abzusprechen, was die Beobachtungsschwerpunkte sein sollen. Die Mitschriften der Lehrperson sollten der Praktikantin als „vertrauensbildende Maßnahme" kopiert werden.

Praktikumsbericht: Für den im Seitenumfang zu begrenzenden Bericht sollten nur wenige formale Auflagen gemacht werden. Er kann auch im Tandem geschrieben werden. Der Bericht kann bebildert werden. In einem Anhang kann eine Videoaufnahme oder eine Tonkassette beigefügt werden. Oft wird sehr viel Arbeit in die Anfertigung des Berichts investiert. Deshalb sollte er auch gründlich kommentiert werden.

Beobachtungsaufgabe: Dort, wo dies die Ausbildungsvorschriften der Schulen und Hochschulen zulassen, empfehlen wir, dass jede Praktikantin vor Beginn des Praktikums einen Beobachtungsschwerpunkt festlegt, in den sie sich durch das Lesen von Fachliteratur einarbeiten kann und der dann auch Gegenstand des Praktikumsberichts wird (z. B.: Rhythmisierung des Tagesablaufs, Körpersprache der Kinder; sprachliche Entwicklung; mathematische Vorläuferfähigkeiten; Beobachtungen mit dem Diagnosetool KiDiT®; räumliche Ausstattung). Die Beobachtungen sollten nicht nur spontan und offen, sondern in einem Teilbereich auch methodisch kontrolliert erfolgen (z. B. mit Hilfe eines Beobachtungsbogens). Die Beobachtungsaufgabe kann nach Beginn des Praktikums begründet verändert und auch im Tandem bearbeitet werden. Gute Anleitungen zur Beobachtung in der Praxis liefern Hans Rudolf Leu (2006) und das Cornelsen Lehrbuch (2010, S. 199 ff.).

Auswertungs- und Präsentationstag: Dort, wo dies die Ausbildungsvorschriften zulassen, kann als Teil der zu erbringenden Leistung die Teilnahme an einem Präsentationstag in der Schule festgelegt werden. Dort können die Erfahrungen aus dem Praktikum in Kleingruppen aufgearbeitet werden. Man kann den Tag aber auch dazu nutzen, die Ergebnisse der Beobachtungsaufgabe vorzustellen. Die Präsentationsform kann frei gewählt werden (Poster, Video, Foto-Safari u. a. m). Die Präsentationen können nach dem Modell „Galeriegang" (s. o., S. 145) organisiert werden.

Wir fassen zusammen: Die Durchführung und Auswertung eines Praktikums ist eine hoch komplexe und anspruchsvolle Aufgabe und die Nagelprobe auf die Frage, ob die Brückenschläge zwischen Theorie und Praxis gelingen oder nicht.

Reflexionsübung: Praktikumsperspektiven

Wir haben – stellvertretend für viele – bei drei Beteiligten drei unterschiedliche Perspektiven auf die Praktikumgestaltung erhoben: die der Berufslernenden, die ihrer Betreuerinnen und die der Berufslehrenden.

Die Perspektive der Berufslernenden

Ida-Lotta Hybrant, 17 Jahre alt und gerade im ersten Praktikum, antwortet auf unsere Bitte, uns etwas über die Herausforderungen in ihrem „Kindergarten-Praktikum" zu schreiben:

Mai 2011

Lieber Hilbert,

ich sitze gerade an meiner Ausarbeitung für meinen Besuch der Praxislehrerin. Deine Bitte erfülle ich gerne. Der Beruf, den ich ausüben möchte, nennt sich Erzieherin und nicht Gärtner. Wir graben keine Kinder um!

Im Moment besuche ich die Berufsfachschule für Sozialassistentinnen. Eine Herausforderung waren die Einjährigen in meiner Kita, weil ich bisher nur an Drei- bis Sechsjährige gedacht hatte. Ich musste sie alleine wickeln, anziehen, anlächeln und war darauf gar nicht vorbereitet. Natürlich klappte es und danach war ich stolz.

Bei den älteren Kindern sind gar nicht die neuen Angebote wie Bewegungslandschaften oder kreative Bastelangebote die Herausforderung, sondern wenn ich mit ihnen alleine bin: Akzeptieren sie mich? Schaffe ich es, die Toilette, den Spielplatz und den Flur gleichzeitig im Blick zu haben? Dann bin ich froh, wenn ich es geschafft habe.

Leider darf ich das nächste Praktikum nicht in einer Integrativen Gruppe machen. Die Ausbildungsordnung erlaubt es nicht.

Deine Ida

Die Perspektive der Betreuerin/Mentorin

Ria Kißler, Leiterin des Familienzentrums St. Nikolaus in Nordwalde/NRW beschreibt, was sie von einer guten Praktikantin erwartet:

Was ist und was tut eine gute Praktikantin?

„Das Wichtigste vorweg: Die Praktikantin muss gut beobachten können. Nur dann kann sie sich in die Kinder hineinversetzen. Und sie sollte Fragen stellen: fragen, fragen, immer wieder nachfragen, wenn etwas unverständlich ist.

Sie muss bereit sein, auf Menschen zuzugehen. Sie muss auch ganz schnell die Namen der Kinder lernen. Dann fühlen sie sich angesprochen, und auch die Praktikantin fühlt sich wohl. Sie muss ein Kind auch mal trösten und auf den Arm nehmen können.

Ich sage den Praktikantinnen zu Beginn: Am besten kommt Ihr an die Kinder ran, wenn Ihr Euch ein Bilderbuch schnappt und Euch in eine ruhige Leseecke setzt. Dann kommen die Kinder meistens von selbst. Sie sind ja neugierig, wer die Neue ist.

Die Praktikantin muss bereit sein, sich ins Freispiel der Kinder einzubringen, mitzuspielen – auch Sachen, die sie vielleicht nicht so gern tut. Nach einer Woche oder so kann sie dann das erste Mal selbst eine kleine Gruppe im Freispiel leiten; erst mit Anleitung, dann auch allein. Das muss die Praktikantin natürlich vorher mit der Gruppenleiterin abgesprochen haben und eine schriftliche Ausarbeitung machen.

Die Kinder wollen Nähe. Aber die Praktikantinnen müssen auch lernen, wie viel Distanz nötig ist. Das ist nicht einfach. Eigentlich zeigen das die Kinder aber ja selbst durch ihr Verhalten. Manchmal, eher selten, haben wir eine Praktikantin, die das nicht merkt. Das kann man auch nicht wirklich lernen. Gute Praktikantinnen bringen das mit.

Manchmal muss man sie noch auf ganz schlichte Dinge hinweisen: dass sie pünktlich erscheinen, dass sie sich krankmelden, wenn sie krank sind; dass sie die Eltern siezen. Oft erlebe ich auch, dass sie von ihrer Berufsfachschule nicht informiert worden sind, dass sie unter absoluter Schweigepflicht stehen, was Kinder, Eltern und Kolleginnen angeht.

Ich erwarte, dass die Praktikantin ihr Verhalten reflektiert und dann auch mit der Gruppenleiterin darüber spricht. Sie sollte auch die Kolleginnen genau beobachten. Sie sollte nachfragen, warum sie dies so und jenes anders gemacht haben. Sie darf auch kritisieren.

Ich erwarte, dass die Praktikantin jede Woche einmal eine kleine Teamsitzung mit ihrer Gruppenleiterin macht und einmal die Woche an der Dienstbesprechung mit allen Kolleginnen teilnimmt.

So – das ist ja eine ganze Menge. Und das Meiste ergibt sich eigentlich von selbst. Wichtig ist vor allem, dass die Praktikantin offen und auch fröhlich an die Arbeit geht."

Juli 2011, in Klitmøller/Dänemark

Ria Kißler

Die Perspektive der Ausbilderin

Gute Praktikantinnen sind nicht immer die „pflegeleichten". Sie machen Arbeit, sie kosten Zeit und brauchen viel Aufmerksamkeit. Detje Meyer-Witte, Fachpraxislehrerin aus Oldenburg, kommentiert:

„Wir haben im Praktikum für eine Schülerin 4 bis 5 Stunden Zeit. In dieser Zeit sollen wir ihnen Praxis zeigen, Leistungsnachweise abfragen und sie auf die praktische Prüfung vorbereiten – das ist, was die Zeitzuteilung angeht, ein Witz!! Auch wenn wir sogenannte Videoanalysen mit zu Hilfe nehmen, die Realität ist einfach am lehrreichsten. Ich persönlich gebe den Schülerinnen von daher ganz konkrete und sehr differenzierte Aufgaben. Die Praktikantinnen müssen die Kinder beobachten und in ihren Beweggründen reflektieren lernen. Sie müssen theoretische Aussagen mit der Praxis verbinden und nicht nur aus dem Bauch heraus handeln. Dafür benötigen sie „Unterricht in der Praxis" – jemanden, der ihnen Erklärungen gibt, der sie sehen lehrt, der Hilfestellungen beim Ausprobieren gibt und so zum Vorbild für das eigene Handeln wird.

Zu beobachten ist dies oft bei dem Wunsch der Mentoren: „Die Praktikanten sollen fragen!" Ich habe wiederholt beobachtet, dass die Schülerinnen von allem Neuen so erfüllt sind, dass sie oft gar nicht in der Lage sind zu sehen, wo sie eine Frage stellen könnten. Als wenn du zu Arko gehst, die vielen Süßigkeiten siehst, dich nicht entscheiden kannst und dann von jedem ein bisschen haben möchtest. Ich sage meinen Mentorinnen immer, sie sollen selbst die Fragen an die Schülerinnen stellen, sie sollen Zusammenhänge erklären, sie sollen ins Gespräch gehen und nicht darauf warten, dass die Fragen von selbst kommen."

Reflexionsaufgabe: „Analysieren Sie die Interessen- und Positionsunterschiede in den drei Statements! Klären Sie, wo und wie ein Interessenausgleich stattfinden kann."

4.5 Feedbackmethoden

Feedback ist für alle vier Grundformen des Unterrichts sinnvoll, aber für den kooperativen Unterricht ein „Muss". Warum? Der Unterricht läuft doch zumeist auch ohne Feedback ganz gut? Ein interessantes Detail der Studie von Pfiffner & Walter-Laager zu den sozialen Beziehungen im Sek-II-Unterricht (2009, S. 215) spricht dagegen: Die Berufslernenden gaben den Forschern zu Protokoll, dass sie ihren Lehrenden ohne ausdrückliche Aufforderung nur selten Rückmeldungen gäben. Sie gingen davon aus, dass ihre Lehrer schon am Verhalten der Berufslernenden merken würden, wie gut oder schlecht der Unterricht sei. Dem war aber nicht so. Die Lehrenden nahmen die Zeichen nicht wahr oder sie deuteten sie falsch.

Ziel des Feedbacks ist die Verbesserung der Unterrichtsqualität – nicht die Zensierung des Dozenten oder der Lernenden. Deshalb sollte nur dort und nur dann Feedback eingeholt werden, wenn auch tatsächlich Spielräume für andere didaktisch-methodische Entscheidungen gegeben sind!

Zeitbedarf: Regelmäßiges Feedback kostet Zeit – aber die wird wieder eingespart, weil Lern-, Kommunikations- und Klimaprobleme frühzeitig erkannt und bearbeitet werden können. Es ist wichtig, die Rückmeldungen über die Auswertungsergebnisse zügig zu geben! (Also erst dann Daten erheben, wenn auch die Zeit für die Auswertung da ist!)

Forschungsergebnisse: Sie sind eindeutig. John Hattie (2009, S. 12–13; 173–178; 188–190) hat in der auf Seite 104 ff. vorgestellten großen Meta-Meta-Analyse ermittelt, dass regelmäßiger Feedback zu den drei wirksamsten Maßnahmen zur Erhöhung des Lernerfolgs zählt. Eine gute Einführung liefern Bastian, Combe & Langer (2003); einen Überblick zum Forschungsstand bringt Ulrike-Marie Krause (2007).

Definition: Wörtlich übersetzt heißt Feedback „Rückfütterung". Die Lehrperson soll davon satt werden, also genau jene Informationen erhalten, die sie braucht, um die Unterrichts- und Seminararbeit zu verbessern.

> **Arbeitsdefinition:** Feedback ist die methodisch kontrollierte Sammlung und Auswertung von Lehrenden- und Lernenden-Stellungnahmen zur Qualität des Lehr-Lernprozesses.

Was heißt „methodisch kontrolliert"? Die erhobenen Daten sollten nach vorher abgesprochenen Verfahren erhoben und dann auch so transparent ausgewertet werden, dass die Lernenden durchschauen können, wie die Auswertungsergebnisse entstanden sind.[109] Dazu benötigen Sie Ordnungskriterien. Sie können die Daten quantitativ und qualitativ auswerten:

- *Quantitativ:* im Blick auf Antworthäufigkeiten und Durchschnittswerte; im Blick auf die Streuung der Antworten, sortiert nach Tops und Flops; im Blick auf maximale Kontraste,
- *Qualitativ:* im Blick auf die Qualität der Argumente; im Blick auf Zufriedenheit, Zustimmung oder Kritik.

Es wäre aber zu wenig, nur Stimmungsbilder zu erheben! Wichtiger ist es, bis auf die Ebene der individuellen Lernprozesse vorzudringen, Lernblockaden zu erkennen und Missverständnisse zu entdecken.

---

109 Eine ausführliche Erläuterung dazu finden Sie bei Meyer (2007, S. 221 ff.).

Ablaufschema Schüler-Feedback

1) **Zielklärung durch die Lehrperson:** Was will ich durch das Feedback erreichen? (z. B.: Klimaverbesserung, Erkennen von Lernblockaden, Hilfen für die innere Differenzierung),
2) **Kommunikation** der Feedback-Ziele und Verständigung mit den Schülerinnen und Schülern über das einzusetzende Verfahren,
3) **Datenerhebung** im Unterricht,
4) **Datenauswertung** sofort, zu Hause oder gemeinsam mit den Schülern/Studierenden,
5) **Rückmeldung** an die Klasse/das Seminar,
6) **Diskussion** der Konsequenzen mit den Datenspendern.

Wir hatten in der Einleitung gesagt, dass Berufslehrende eine forschende Haltung gegenüber ihrer eigenen Praxis entwickeln sollten. Durch ein ehrliches und gewissenhaftes Arbeiten mit Feedback-Schleifen findet genau dies statt.

Welche Feedback-Methoden kommen infrage?

Blitzlicht: Eine einfache, jederzeit und ohne Materialaufwand einsetzbare Methode ist das „Blitzlicht" nach Ruth Cohn. Wir haben die Methode auf Seite 132 als „Sprechstein-Runde" beschrieben und dort auch die Spielregeln genannt. Dabei ist es wichtig genau auszuformulieren, welche Frage die Teilnehmer in je einem Satz beantworten sollen, z. B.: „Was hat diese Stunde mir persönlich gebracht?" oder „Was erhoffe ich mir von der nächsten Sitzung?" Der Vorteil dieser Methode: Es geht sehr schnell. Der Nachteil: schwer zu dokumentieren; Sie können aber eine Schülerin mitschreiben lassen.

Karteikarten-Abfrage: Die Lehrperson verteilt am Ende der ersten oder zweiten Stunde bzw. Sitzung an alle Lernenden eine Karteikarte. Auf Seite A wird notiert „Was auch morgen beibehalten werden sollte"; auf Seite B „Was ich ab morgen gern geändert hätte". Diese Frageformulierung ist geschickter als die Frage „Was war gut, was war schlecht?" Sie hat den Vorteil, dass nicht nur gelobt oder gemeckert wird, sondern dass sich die Teilnehmer konstruktive Gedanken machen müssen und dadurch an die gemeinsame Verantwortung für den Unterrichtserfolg erinnert werden.

Fragebogen: Ein sehr knapp gehaltener Fragebogen (mit 7 bis maximal 10 Einzelfragen) wird am Tagesende ausgefüllt. Die Ergebnisse werden von der Lehrperson/von der Seminarleitung abends ausgewertet und am nächsten Morgen bzw. in der nächsten Sitzung vorgestellt.

Punkte-Kleben ("Zielscheibe"): Auf einer Wandzeitung wird eine runde Zielscheibe eingezeichnet. Man kann auch mehrere Felder zeichnen. In die Felder/Tortenstücke werden zentrale Aspekte der Unterrichtsgestaltung eingetragen, z. B. „Das Klima im Seminar ist gut" – „Die Inhalte sind interessant" – „Die Methoden sind interessant" – Ich habe viel gelernt". Die Teilnehmer kleben je einen Punkt in jedes Feld. Dicht am Mittelpunkt des Kreises bedeutet: hohe Zustimmung; eher am Rand: wenig Zustimmung. Die Häufung bzw. das Fehlen von Punkten gibt ein Stimmungsbild – mehr nicht. Vorteil: die Dokumentation ist sofort fertig.

Ampel-Feedback: Jeder Teilnehmer erhält drei kleine Pappschilder in den Farben grün, gelb und rot. Die Lehrperson formuliert Indikativsätze mit Werturteilen zum Unterricht, z. B.: „Ich habe in dieser Stunde viel gelernt" oder „Ich muss noch viel mehr üben". Die Schülerinnen ziehen die grüne Karte, wenn sie voll zustimmen, die gelbe bei „unentschieden" oder „weiß nicht", die rote bei „trifft nicht zu". Vorteil: ein sehr schneller Überblick; Nachteil: Sie erfahren nichts über die Gründe.

Lerntagebuch: Die Schüler führen ein Lerntagebuch, in dem sie ihren Lernfortschritt reflektieren. Die Lehrperson sammelt sie von Zeit zu Zeit auf freiwilliger Basis ein, wertet die Kommentare aus und bespricht zwei Tage später mit den Schülern, was die Konsequenzen für die Weiterarbeit sind (Bastian u. a. 2003, S. 128–131).

Stärken-Schwächen-Analyse mit dem ZEHNERKATALOG: Siehe dazu die Reflexionsübung am Ende des Anhangs von Kapitel 3.

SOFT-Analyse: Siehe dazu die Reflexionsübung in Kapitel 5.4!

4.6 Reflexionsübung zum persönlichen Methodenrepertoire

Jeder Lehrende verfügt immer schon über ein mehr oder weniger differenziertes Methodenrepertoire. Es besteht aus einem „Koffer" von Handlungsmustern und Inszenierungstechniken des Unterrichts, die gefühlsmäßig bejaht, sicher beherrscht und deshalb auch immer wieder – insbesondere in Stresssituationen – eingesetzt werden. Arbeit am Methodenrepertoire ist ein langwieriger Prozess, der mit dem Bewusstmachen der eigenen Vorlieben und Abneigungen beginnt und dann mit dem gezielten Ausprobieren attraktiv erscheinender neuer Methoden weiter geführt werden kann.

Für den ersten Schritt – das Bewusstmachen der Vorlieben und Abneigungen – ist die folgende Reflexionsübung geeignet:

Nehmen Sie drei farbige Marker zur Hand. Markieren Sie auf der Handlungsmuster-LANDKARTE von Seite 124:

- welche Methoden Sie schon zu Ihrem festen Repertoire zählen und einigermaßen sicher beherrschen
- und welche Methoden Sie vielleicht als nächstes neu erlernen wollen.
- Streichen Sie mit rotem Marker durch, welche Methoden bzw. Handlungsmuster-Familien Sie ablehnen und auf keinen Fall in Ihr Repertoire aufnehmen wollen.
- Machen Sie sich Notizen, was Sie unternehmen können, um die beim zweiten Arbeitsschritt ermittelten neuen Methoden kennen zu lernen und in Ihr Repertoire einzuordnen.

Wenn Ihnen einzelne Methodennamen unbekannt sind, halten Sie sich einfach an die Familien-Überschriften.

5 Entwicklungsaufgaben

in Zusammenarbeit mit Manuela Keller-Schneider

Ziele und Inhalt:

Entwicklungsaufgaben sind von außen gestellte, individuell zu bearbeitende Anforderungen, die gelöst werden müssen, wenn Entwicklungsfortschritt stattfinden soll. Dies für die Berufslernenden und Studierenden einerseits, für ihre Ausbilder andererseits zu durchdenken, ist das Ziel dieses letzten Kapitels.

- Im Kapitel 5.1 skizzieren wir auf der Grundlage neuerer Forschungsergebnisse, wie der komplexe Lernprozess aussieht, in dem sich Berufslernende und Studierende individuellen berufsphasenspezifischen Entwicklungsaufgaben stellen.
- Im Kapitel 5.2 klären wir den Professionsbegriff und diskutieren, ob der Beruf der Elementarpädagogin zu den Professionen zählt oder nicht.
- Kapitel 5.3 fasst den ganzen LEITFADEN personenbezogen zusammen. Wir skizzieren ein Leitbild der „guten Lehrperson" — wohl wissend, dass es viele Alternativen zu unserem Vorschlag gibt.

Die Hauptbotschaft dieses Kapitels lautet: Gute Berufslernende stellen sich den Entwicklungsaufgaben und setzen sich mit ihrer Entwicklung und mit Teilzielen auseinander. Sie arbeiten daran und leisten so einen Beitrag zur eigenen beruflichen Professionalisierung.

5.1 Entwicklungsaufgaben von Berufslernenden und Studierenden

Die Berufslernenden und Studierenden der Elementarpädagogik bereiten sich auf den baldigen Berufseinstieg vor. Sie beschäftigen sich theoretisch mit den Herausforderungen, die auf sie zukommen. Sie lernen das zukünftige Praxisfeld in Praktika kennen. Deshalb soll in diesem Kapitel geklärt werden, welche Entwicklungsaufgaben sich den Berufslernenden stellen und wie die Lehrenden sie dabei unterstützen können.

Die Berufslernenden und Studierenden haben bereits verschiedene Lern- und Entwicklungsschritte mehr oder weniger erfolgreich bewältigt. Sie haben einen ersten Schulabschluss gemacht, oft auch das Abitur. Sie haben sich für einen Beruf entschieden und ihre Geschlechtsrollenidentität entwickelt. Weiter haben sie religiöse, politische u. a. Überzeugungen ausgebildet. Sie haben das konkrete Ziel, den Abschluss ihrer Ausbildung zur Sozialassistentin abzuschließen oder den Fachhochschulabschluss zu machen oder die Bachelorprüfung zu bestehen. Und sie blicken nach vorn und fragen sich, ob und wie sie die Anforderungen des angestrebten Berufs erfüllen können.

So haben sie eine „Lernbiografie" erworben und ihre bisherigen Lernerfahrungen zu mehr oder weniger klaren Vorstellungen darüber verarbeitet, was sie noch lernen müssen und wie die Ausbildung in der BBS, an der Fachhochschule, an der Pädagogischen Hochschule gestaltet werden sollte, um gut lernen zu können. Oft wissen sie auch recht genau, was ihre Stärken sind und wo sie Schwächen haben, die sie seit der Sekundarstufen-Schulzeit mit sich herumschleppen.

Was sind Entwicklungsaufgaben?

Entwicklungsaufgaben[110] sind Anforderungen, die im Verlaufe bestimmter Lebensphasen typischerweise zu bewältigen sind. Wir definieren:

> **Definition:** Eine Entwicklungsaufgabe einer Berufslernenden/einer Studierenden ist eine biografisch bedeutsame, auch objektiv zwingend zu lösende Herausforderung zum Aufbau der für die spätere Berufstätigkeit erforderlichen Kompetenzen und Haltungen.

Was ist mit „biografisch bedeutsam" gemeint? Wir haben schon eine ganze Reihe von Entwicklungsaufgaben aufgezählt, die „angesagt" sind, also im Lebenslauf anstehen, aber auch gesellschaftlich erwartet werden. In der Berufsausbildung bzw. im Studium kommt eine lange Latte weiterer Anforderungen hinzu. Die durch Curricula, Anregungen der Lehrenden und Prüfungsordnungen vorgegebenen Anforderungen sind aber immer gebrochen durch die Art und Weise, wie die Berufslernenden und Studierenden sie subjektiv wahrnehmen.

In der aktiven Auseinandersetzung mit den berufsphasenspezifischen Anforderungen (Keller-Schneider 2010) steckt ein hohes didaktisches Potenzial: Wer sich eine Aufgabe setzt, aktiviert seine Selbststeuerungskräfte. Er arbeitet an seiner zukünftigen beruflichen Identität. Er kann das eigene Weiterlernen viel bewusster steuern und sich dadurch ein Stück weit von seinen Ausbildern und Vorgesetzten emanzipieren. Das ist für alle pädagogischen Berufe wichtig:

---

110 Über Herkunft und Bedeutung des Begriffs informiert Matthias Trautmann (2004, S. 19–40). Eine frühe Studie zum Entwicklungsaufgabenkonzept in der Erzieherausbildung hat Andreas Gruschka (1985) vorgelegt.

> **These 22:** Wer seine eigene Lernbiografie bewusst reflektiert, kann auch anderen besser beim Lernen helfen.

Deshalb bietet es sich an, den selbstgesteuerten Prozess der Ausformulierung eigener Lern- bzw. Entwicklungsziele in ein (hochschul-)didaktisches Konzept zu integrieren. Dies ist die Kernidee der „Bildungsgangdidaktik", die von Herwig Blankertz, Münster, in den 70er Jahren des vergangenen Jahrhunderts angestoßen und dann von Meinert Meyer, Barbara Schenk, Uwe Hericks, Mathias Trautmann, Ingrid Kunze, Manuela Keller-Schneider und anderen weiter entwickelt worden ist.[111]

Die Entscheidung für Lernziele innerhalb einer Entwicklungsaufgabe erfolgt in einem beruflichen und sozialen Kontext. Die Bekannten und Verwandten registrieren, ob an den Entwicklungsaufgaben gearbeitet wird oder nicht. Niveau und Umfang der Bewältigung werden durch „offizielle" Instanzen, z. B. die Prüfungskommissionen überprüft. Die Erwartungen an die Bewältigung der Aufgaben sind also ebenfalls gesellschaftlich normiert.

Die zu erarbeitenden beruflichen Teilkompetenzen können nicht allgemeinverbindlich definiert werden. Sonst wären sie ja kein Dokument eines persönlichen Entwicklungsprozesses. Dies heißt nicht, dass sie beliebig gewählt werden können. Sie werden durch das konkrete Aufgabenfeld, um das es geht, vorstrukturiert. Bestimmte Lernziele drängen sich dabei förmlich auf (etwa die Aufgabe, eine Gruppe zu leiten, eine Klasse zu führen oder die Prüfungsvorbereitung zu organisieren), andere sind marginal oder erst später dran.

Gelingensbedingungen

Es gibt eine Reihe von Gelingensbedingungen, die sich Lehrende und Lernende bewusst machen sollten. Wir skizzieren sie im Anschluss an die gründlichen Studien von Uwe Hericks (2006) und Manuela Keller-Schneider (2009; 2010), Keller-Schneider & Hericks (2011):

Gelingensbedingungen

1) Ich muss die objektiven Anforderungen des Berufs als persönliche Herausforderung wahrnehmen und mir bewusst vornehmen, einen Entwicklungsschritt anzugehen.
2) Ich muss das Gefühl haben, dass die Aufgabe von mir persönlich zu bewältigen ist. Dafür benötige ich Kompetenzen und Selbstwirksamkeitsüberzeugung.

---

111 Einführungen in das Konzept liefern Trautmann (2004); Schenk (2005).

3) Ich muss mich auf den Hosenboden setzen und mit der Arbeit anfangen: Das nennen die Bildungsgangdidaktiker: „Bewältigungshandlungen" vollziehen.

4) Ich muss mein berufsbezogenes Wissen Schritt für Schritt weiter ausbauen.

5) Aber Wissen allein reicht nicht aus. Ich muss auch die für die Umsetzung meiner beruflichen Vorstellungen erforderlichen berufsbezogenen Handlungskompetenzen aufbauen.

6) Ich benötige eine ethische Orientierung, die vom Respekt vor dem Kind geprägt ist und die Kinderrechte akzeptiert.

7) Ich muss persönliche und soziale Ressourcen aktivieren, um die Beanspruchung halbwegs in Grenzen zu halten. Dafür ist ein einigermaßen intaktes soziales Netzwerk hilfreich, das mir Mut macht und mich bei Schwierigkeiten stützt.

8) Die Bewältigung eines Entwicklungsschrittes löst Zufriedenheit aus. Sie macht mir den Kopf frei und schafft die Voraussetzung dafür, die nächste Aufgabe anzugehen.

9) Die Bewältigung bringt mir soziale Anerkennung. Sie fördert den Eintritt in die professionelle Gemeinschaft der Elementarpädagoginnen und -pädagogen.

Keller-Schneider hat ihre wichtigsten Kategorien in einem Prozessmodell zusammengefasst:

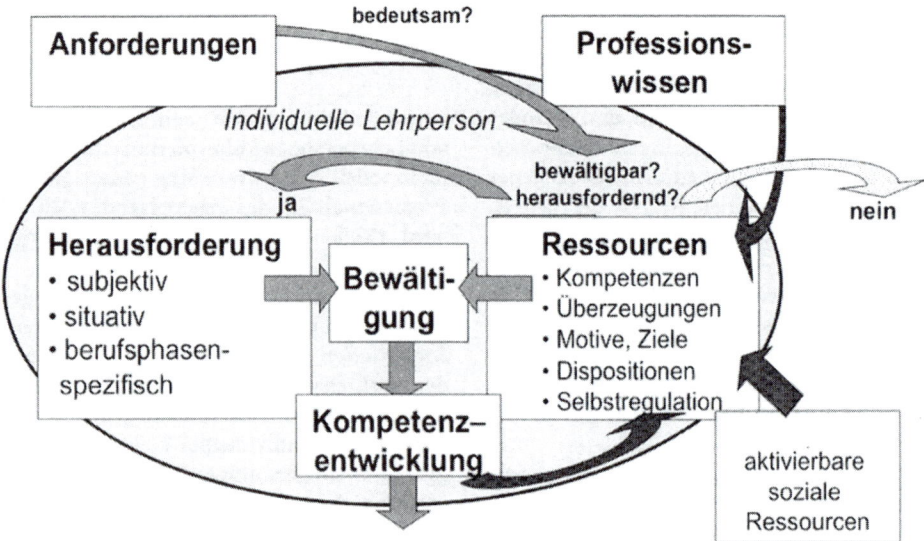

Abb. 5.1: Grafik aus Keller-Schneider/Hericks 2011

Wir erläutern Abbildung 5.1:

- Es gibt objektiv vorgegebene Anforderungen (die aber einem beständigen Wandel unterworfen sind).
- Sie werden im Berufseinstieg individuell unterschiedlich wahrgenommen.
- Dabei spielen die Persönlichkeitsstruktur einerseits, das vorhandene Professionswissen andererseits eine entscheidende Rolle.
- Durch die je unterschiedliche Wahrnehmung werden die Anforderungen „umgetextet" zu individuell unterschiedlich definierten Herausforderungen.
- Um den Herausforderungen gerecht zu werden, sind „Bewältigungshandlungen" erforderlich, für die die Berufseinsteigerin individuelle und soziale Ressourcen mobilisieren muss.
- Gelingen die Bewältigungshandlungen, so findet auch eine berufsbezogene und zugleich identitätsstiftende Kompetenzentwicklung statt.

Die Integration des Entwicklungsaufgaben-Konzepts in den berufsbildenden Unterricht bzw. in die Hochschullehre ist nicht einfach. Gerade dort, wo große „Schülermassen" und Studierenden-Kohorten betreut werden müssen, ist es schwierig, auf den individuellen Entwicklungsstand einzugehen. Aber es ist u. E. unverzichtbar. Man kann nicht predigen, dass die Individualität jedes Kindes beachtet und individuelle Lernwege im Kindergarten gebahnt werden müssen, aber in den Lehrveranstaltungen und Prüfungen Uniformität praktizieren.

Vier empirisch basierte Entwicklungsaufgaben für Berufseinsteiger

Welche Entwicklungsaufgaben sich Berufseinsteiger tatsächlich setzen, hat Uwe Hericks (2006) an Hamburger Gymnasialreferendaren empirisch untersucht und dabei vier typische Aufgabenfelder gefunden:

1) **Aufbau berufsbezogener Kompetenzen:** Berufseinsteiger in pädagogischen Berufen benötigen sehr schnell relativ hohe didaktisch-methodische und sozialkommunikative Kompetenzen. Sie müssen mit ihrer Lerngruppe/ihrer Klasse klarkommen. Sie müssen lernen, die eigene Arbeit zu reflektieren und sie gezielt weiter zu entwickeln. Sie müssen lernen, mit ihren persönlichen Ressourcen hauszuhalten
2) **Vermittlung von Wissen und Können:** Berufseinsteiger sollen den Schülern systematisch aufgebaute Wissensinhalte und kulturelle Kompetenzen vermitteln. Das erfordert vom Anfänger ein zeitraubendes vertieftes Eindringen in das zu vermittelnde Wissen, das ja so gut wie nie 1 zu 1 in der Ausbildung oder im Studium gelehrt worden ist.
3) **Anerkennung des Eigensinns der Schüler:** Berufseinsteiger müssen lernen, zwischen eigenen Vermittlungsbemühungen und den komplexen, manchmal auch wunderlichen Aneignungsprozessen der Schüler zu unterscheiden. Sie müssen die Schüler, mit denen sie arbeiten, „als die entwicklungsbedürftigen Anderen wahrnehmen" (Hericks), die nicht zum Objekt der Belehrungslust gemacht wer-

den dürfen, weil sie eigene Interessen verfolgen und dies auch dürfen. Es hilft ihnen, Ich-Stärke und Selbstwirksamkeitsüberzeugungen zu entwickeln.

4) **Hineinwachsen in die Institution:** Berufseinsteiger müssen lernen, die institutionellen Rahmenbedingungen wahrzunehmen, sie zu akzeptieren oder gegebenenfalls daran zu arbeiten, sie gemeinsam mit den Berufskollegen zu verändern.

Hericks hat festgestellt, dass diese Aufgaben von den in seiner Studie erfassten Gymnasialreferendaren mehrheitlich in einer bestimmten Reihenfolge absolviert wurden – und zwar so, wie sie hier aufgelistet worden sind. Aber wir halten dies bei Berufslehrenden und Fachhochschülern, die ohne Referendariat in die Berufspraxis einsteigen, nicht für zwingend. Sie haben keine Zeit, die Aufgaben sukzessive abzuarbeiten. Sie müssen alle Aufgaben zeitgleich anpacken.

Manuela Keller-Schneider, Professorin an der PH Zürich, hat in einem anderen empirischen Zugang in der Deutschschweiz untersucht, welche Entwicklungsaufgaben sich Berufseinsteigerinnen aller Schulstufen – also auch der Kindergartenstufe – setzen und wie sie sie bewältigen (Keller-Schneider 2010, S. 73 ff.; S. 271 ff.; Keller-Schneider & Hericks 2011). Die Ergebnisse ihrer Studie zeigen keine nennenswerten schulform- oder stufenspezifischen Unterschiede. Es geht bei allen Erzieher- und Lehrergruppen um vergleichbare Anforderungen. Entscheidender als die Unterschiede der gewählten Bildungsstufe sind die Persönlichkeitsvoraussetzungen der Lernenden. Wer sich wovon und in welchem Ausmaß beanspruchen lässt, kann also individuell sehr verschieden sein.

Persönlichkeitsmerkmale: Keller-Schneider hat in ihrer Stichprobe unterschiedliche Typen[112] identifiziert, die sich im Blick auf die Strategien der Bewältigung der vier Entwicklungsaufgaben in mancherlei Hinsicht unterscheiden. Die gefundenen Typen hat sie dann mit Hilfe der aus der psychologischen Persönlichkeitsforschung bekannten BIG FIVE interpretiert.

Was sind die BIG FIVE? Robert McCrae und Mitarbeiter (Costa & McCrae 1992) haben die Forschungen zur Persönlichkeitsstruktur von Menschen auf der Grundlage von Metaanalysen zusammengefasst und fünf empirisch gut bestätigte Dimensionen identifiziert, die sie dann in ein Testinstrumentarium übertragen haben. Die BIG FIVE spielen auch in der aktuellen Lehrerpersönlichkeitsforschung (Mayr 2011, S. 127 ff.; Roth 2011, S. 35 ff.) eine zentrale Rolle. Auf jeder Dimension lassen sich zwei Pole benennen:

---

112 Der Typusbegriff ist ein wissenschaftlicher Fachbegriff. Er darf nicht alltagssprachlich verstanden werden. Ein „Typus" ist eine theoretische Konstruktion von ähnlichen, inhaltlich zusammengehörigen Persönlichkeitsmerkmalen – nicht ein realer Mensch.

BIG FIVE

Extraversion (eher gesprächig, aktiv, warm, sozial, gesellig, selbstsicher, abenteuerlustig oder eher still, reserviert, scheu, zurückgezogen?)

Neurotizismus (eher leicht erregbar, ängstlich, nervös, launisch, verletzlich usw. oder eher ausgeglichen, ruhig und zufrieden?)

Offenheit (eher breit interessiert, einfallsreich, fantasievoll, wissbegierig, künstlerisch aktiv oder gewöhnlich, einseitig interessiert, verschlossen?)

Verträglichkeit (eher mitfühlend, vertrauensvoll, herzlich, ehrlich, nett oder kalt, unfreundlich, streitsüchtig, undankbar?)

Gewissenhaftigkeit (eher zuverlässig, genau, ordnungsliebend, praktisch, überlegt oder pingelig oder sorglos, unüberlegt, leichtsinnig, unzuverlässig?)

Man kann das BIG-FIVE-Modell mit einem Mischpult vergleichen, auf dem fünf Regler dafür sorgen, dass ein gut gemischter akustischer Gesamteindruck entsteht. Jeder Mensch bringt dabei schon von Geburt an mindestens bei den ersten beiden Dimensionen konkrete Regler-Einstellungen mit, die dann aber im Verlauf des Lebens bearbeitet und ausgebildet werden. Im Bilde gesprochen: Die Regler werden hin- und hergeschoben und besser oder schlechter aufeinander abgestimmt. Zwei Beispiele (Keller-Schneider 2010, S. 296):

- Berufseinsteigerinnen, die eher emotional instabil sind (zweite Dimension) empfinden die Beanspruchungen des Berufseinstiegs stärker und sie lassen sich dadurch auch eher aus dem Gleichgewicht bringen.
- Berufseinsteigerinnen mit hoher Extraversion (Dimension 1) fühlen sich durch die beruflichen Anforderungen weniger belastet.

Keller-Schneider hat nun detailliert analysiert, welche unterschiedlichen „Mischungen" der fünf Dimensionen bei Berufseinsteigerinnen in den Erzieherberuf zu beobachten sind und wie sie die subjektive Wahrnehmung der beruflichen Anforderungen und ihre Umtextung zu Entwicklungsaufgaben beeinflussen. Wir übernehmen Keller-Schneiders (gegenüber dem Hericks-Modell gering veränderte) Ausformulierung der vier Entwicklungsaufgaben und erläutern sie im Blick auf die Arbeit von Elementarpädagoginnen.

Rollenfindung im Beruf

Die Aufgabe, die die Berufseinsteiger am stärksten fordert, ist nach Keller-Schneiders Studie die Rollenübernahme im Beruf. Die Aufgabe besteht darin, angemessen mit den selbst- und den fremdgesetzten Ansprüchen umzugehen. So müssen die Berufseinsteiger erkennen, dass sie von den Kindern primär als Rollenträger angesprochen werden: Die Erzieherinnen vertreten die Institution „Kindergarten" und zugleich die ältere Generation. Sie dürfen auffälliges Verhalten der Kinder ihnen gegenüber nicht persönlich nehmen, sondern es theoretisch einzuordnen versuchen. Drei Aufgaben sind im Rahmen der Rollenfindung zu bewältigen:

Identitätsbildung: Die aktive Rollenübernahme, die den zukünftigen Lehrpersonen der Kindergartenstufe insbesondere in den Praxisphasen abverlangt wird, unterstützt die jungen Menschen in ihrer Identitätsbildung, weil sie lernen können, die Ansprüche an sich selbst mit den objektivierten Ansprüchen der Institution abzugleichen (Keller-Schneider 2010, S. 102). Diese Aufgabe ist bewältigt, wenn die gestellten Anforderungen in einer objektiv angemessenen Form erfüllt sind, zugleich aber auch als subjektiv befriedigend wahrgenommen werden.

Ausbalancierung von Nähe und Distanz: Pädagogische Arbeit mit jungen Kindern ist durch eine große Nähe geprägt. Das Herstellen einer engen Beziehung wird auch regelmäßig von den Berufslernenden und Studierenden als vorrangiges Ziel formuliert und damit begründet, dass es für die psychische Gesundheit der Kinder wichtig ist (Laewen & Andres 2002, S. 149 ff.). Aber gerade dieses Wissen um das kindliche Bedürfnis nach stabilen Bindungserfahrungen macht es schwer, angemessen einzuschätzen, wann Distanz erforderlich ist: z. B. dann, wenn sich das Kind zurückzieht, um sich zu erholen, wenn es Zeit und Raum zum Experimentieren haben möchte oder wenn es seiner Abenteuerlust nachgehen will (Bischof-Köhler 1998, S. 331).

Beanspruchungsmanagement: Berufseinsteiger müssen lernen sich abzugrenzen und haushälterisch mit den verfügbaren Ressourcen umzugehen. Man weiß ja nie, ob man genug getan hat, weil es schwer ist zu erkennen, was die Kinder aus eigener Kraft und was sie aufgrund der Hilfestellungen der Pädagogin gelernt haben (Meyer 1997, Bd. 1, S. 162 ff.). Ein Teil der Entwicklungsaufgabe „Rollenfindung" besteht deshalb darin, die Ansprüche an sich selbst realistisch zu halten und langfristig krank machende Überbeanspruchungen zu vermeiden.[113]

Berufseinsteigerinnen mit hoher emotionaler Stabilität, auf die einerseits die Persönlichkeitsmerkmale „hoher Grad an Extraversion" und „Stabilität", andererseits „geringe Offenheit für neue Erfahrungen" zutreffen (die also aus den BIG FIVE bei den ersten beiden Dimensionen eher „positive" Werte und bei der dritten Dimension eher negative Werte haben), empfinden die Beanspruchung in der ersten Phase des Berufseinstiegs weniger stark. Berufseinsteigerinnen mit emotionaler Instabilität auf der Neurotizismus-Skala empfinden die Beanspruchung stärker — sie sind gestresst (Keller-Schneider 2010, S. 296 f.).

---

113 Franziska Widmer, Thomas Gabriel & Bettina Grubenmann (2009) haben zwei unterschiedliche Handlungsmuster im Umgang mit Säuglingen und Kleinstkindern in Kindertagesstätten identifiziert (S. 28 ff.): Das Muster A realisieren Erzieherinnen, welche den Kindern zunächst eine totale Zuwendung geben, dann aber irgendwann unterschwellig aggressiv werden, wenn sie nicht allen Ansprüchen der Kinder gerecht werden können. Besser ist Muster B. Die Erzieherin zeigt eine „zugewandte Distanz" und versucht, die Bedürfnisse der Kinder aus der Ferne zu erkennen und wenn es nötig ist, auf sie zuzugehen und sich ihnen zuzuwenden.

Das Wissen um diese typischen „Regler-Einstellungen" ist für uns Dozentinnen nicht ganz einfach zu handhaben. Wir wollen selbstverständlich, dass unsere Berufslernenden und Studierenden relativ stressarm den Berufseinstieg meistern, aber sie sollen auch offen gegenüber den neuen Herausforderungen des Berufs sein und aktiv an ihrer Bewältigung arbeiten. Wir raten Ihnen, den Dozentinnen von Berufslernenden und Studierenden, sich folgende drei Punkte zu Gemüte zu führen und diese zu theoretisieren:

1) Jeder Mensch muss sich regenerieren können. Dies hat Auswirkungen auf die Rahmenbedingungen des Berufseinstiegs. Wie viel Zeit bleibt den Erzieherinnen für die Vor- und Nachbereitung? Wie kann der Alltag schlau strukturiert werden, damit die Kinder erholte und engagierte Betreuungspersonen erleben? Auf welche Art und Weise können sich Pädagoginnen in ihrer Freizeit regenerieren?
2) Jeder Mensch braucht Rückzugsräume. Wenn eine Pädagogin einen schlechten Tag hat, muss sie das den Kindern sagen dürfen und sich nicht zu stark grämen.
3) Jeder Mensch braucht Erfolgserlebnisse. Wie schafft man sie sich und wie hält man sie fest? In welchen Gefäßen können negative Erlebnisse aufgearbeitet und in Lernaufgaben umgewandelt werden?

Pfiffner & Walter-Laager (2009) haben von erfolgreichen Lehrpersonen[114] persönliche Vorgehensweisen gesammelt, wie diese ihre Erfolge bewusst genießen: Die Einen berichteten ihren Kolleginnen, was am Tag alles Gutes passiert ist (dies konnten auch winzige Kleinigkeiten sein). Andere berichteten über glückliche Erlebnisse erst am Abend zu Hause. Und die dritten machten sich Notizen. Einige hängten diese Notizen zu positiven Rückmeldungen der Kinder oder Kollegen sogar in ihrem persönlichen Bereich auf und machten sie so ein Stück weit öffentlich.

Vermittlung von Wissen und Können auf der Grundlage genauerer Lernstandsanalysen

Genauere Lernstandsanalysen sind erforderlich, um „passgenau" Bildungsangebote machen zu können. Das ist im Elementarbereich nicht einfacher als auf den weiterführenden Bildungsstufen. Und deshalb ist die individuelle Passung der Wissens- und Könnensvermittlung „die" große und allgegenwärtige Herausforderung für Pädagoginnen des Elementarbereichs (Keller-Schneider 2010, S. 295). Entscheidungen nach „Bauchgefühl" reichen dafür nicht aus. Die Erzieherinnen müssen lernen, genau zu beobachten, die Beobachtungen zu dokumentieren, sie zu interpretieren und dann in Gestaltungsideen zu übertragen. Diese Aufgabe wird auch von nahezu allen bewusst wahrgenommen, aber unterschiedlich gut umgesetzt.

Schwierigkeiten zeigen sich bei der Beurteilung des Lern- und Entwicklungsstandes der Kinder insbesondere vor dem Übergang in die Grundschule. Bis zu diesem Zeitpunkt versucht die Mehrzahl der Elementarpädagoginnen, „die Kinder dort abzuho-

---

114 Das Kriterium für „Erfolg" waren aus Kindersicht gut und tragfähig bewertete Beziehungen zwischen den Kindern und den Pädagoginnen.

len, wo sie stehen" und sie in ihrer Individualität zu unterstützen (Laewen & Andres 2002, S. 124 ff.). Beim Übergang in die Primarstufe reicht dies aber nicht mehr. Eltern sowie Lehrpersonen der Folgestufe wollen, dass die Kinder einen gewissen Lernstand erreicht haben, damit sie in der Schule problemlos mitarbeiten können.

Um gezielt fördern zu können, werden Trainingsprogramme, genormte Beobachtungsbögen und Tests angeboten (s. o., Abschnitt 2.2). Der Entscheid über einzelne Fördermaßnahmen wird dadurch aber nicht wirklich leichter. Denn der Leistungsstand des einzelnen Kindes ist häufig nicht über alle schulrelevanten Bildungsbereiche einheitlich (Largo 2002, S. 73). Da der Entscheid aber weitreichende Folgen für ein Kind und seine Familie hat, ist das Abgeben dieses Urteils auch für die Elementarpädagogin häufig sehr belastend. Verschärft wird diese Situation überall dort, wo noch über die „Schulfähigkeit" entschieden werden muss. Dies ist pädagogisch kaum zu verantworten, aber immer noch Praxis. Wir fordern deshalb wie viele andere auch: Alle Kinder sollen, wenn sie das entsprechende Alter erreicht haben, in die Primarstufe übertreten können. Die Schule muss dann den Unterricht an den Lernstand der Kinder anpassen, nicht umgekehrt.[115]

Anerkennende Gruppen- bzw. Klassenführung

Berufseinsteiger müssen lernen, einzelne Kinder, aber auch die ganze Lerngruppe zu führen und auf die schon bestehenden Kompetenzen und Bedürfnisse anerkennend einzugehen. Sie müssen Regeln und Rituale einführen und auf deren Einhaltung achten. Das wird in der Fachliteratur als Classroom-Management beschrieben (Helmke 2009, S. 172 ff.). Direkte Führung in der Gruppe ist den Berufseinsteigerinnen aus den Praktika bekannt und beansprucht sie nicht überdurchschnittlich (Keller-Schneider 2010, S. 210 ff.). Dagegen ist die indirekte Führung, die beispielsweise für die Gestaltung der Bausteine 1 und 2, aber auch für den Aufbau eines lernförderlichen Klimas erforderlich ist, eine besondere Herausforderung. In den begleitenden Praktika haben die Berufslernenden und Studierenden noch wenig Einfluss auf die Rahmenbedingungen des Klimas gehabt. Sie profitieren vom guten Klima, das andere hergestellt haben, oder leiden darunter, wenn sie es als schlecht wahrnehmen. Doch im Berufseinstieg prägen sie selbst durch ihr Handeln das Klima wesentlich. Dazu muss die Elementarpädagogin eine Reihe praktischer und theoretischer Klärungen vornehmen:

- Sie muss z. B. die Frage klären, wie schnell sie im Konfliktfall eingreifen soll. Die Kinder sollen ja lernen, Konflikte selbst zu bewältigen und ihre Interessen zu vertreten. Dies können bereits Kleinstkinder (Licht 2004). Dafür brauchen sie Handlungsspielräume, einzelne Kinder müssen aber auch hier und dort gestoppt werden.
- Weil genau diese Gruppe von Kindern oft Probleme hat, in die Perspektiven der mitspielenden bzw. mitstreitenden anderen Kinder zu wechseln, und weil ihr Ent-

---

115 Faust-Siehl, Garlichs u. a. (1996, S. 141 ff.); Bosse (2005, S. 36 f.); Kammermeyer (2006, S. 263).

wicklungsstand im Bereich des moralischen Urteilens noch nicht wirklich gut ist, gibt es immer wieder Konflikte, die dann von der Pädagogin moderiert und beendet werden müssen, weil es sonst schon bei diesen jungen Kindern zu Mobbing kommen kann (Alsaker 2004).

- Ähnliches gilt für die Festlegung des Lärmpegels. Was in welcher Situation zu laut ist und allenfalls in ein größeres Desaster ausarten kann und was ein unbedenklicher Lärmpegel ist, wissen Berufseinsteigerinnen noch nicht (Keller-Schneider 2009, S. 145 ff.).

Hier ist eine der vielen Balancierungsleistungen zu bewältigen: Die Erzieherin muss alle Kinder ihrer Gruppe schützen, ihnen also einen sicheren Rahmen bieten, und trotzdem Raum für die eigene Bewältigung von Konflikten lassen. Dafür muss die Erzieherin lernen, die Regeln klar auszuformulieren, ihre Einhaltung einzufordern und das Vorgehen bei Regelverstößen abzuklären (Pausewang & Strack-Rathke 2009, S. 200–209).

Kooperation mit Kolleginnen und sonstigen Beteiligten im institutionellen Rahmen

Berufseinsteiger müssen institutionsbezogene Anforderungen erkennen, institutionelle Rahmenbedingungen akzeptieren, aber auch mitgestalten und mit Berufskollegen kooperieren. Das scheint der Mehrzahl der Berufseinsteiger gut zu gelingen. Es fällt jedoch auf, dass sich die Erzieherinnen durch die Kooperationserwartungen der Kolleginnen stärker beansprucht fühlen als die Sekundarstufen-Lehrpersonen (Keller-Schneider 2010, S. 296). Interessant ist auch, dass die Wahrnehmung der eigenen Kompetenz und das Gefühl der Beanspruchung durch den Berufseinstieg in einer gewissen Unabhängigkeit zueinander stehen (Keller-Schneider 2010, S. 167). Wenn aber die Bewältigung einer Anforderung nicht als wichtig erachtet wird, dann folgt auch keine Kompetenzentwicklung (Keller-Schneider & Hericks 2011).[116]

Konsequenzen für die Gestaltung der Bildungsarbeit

Die Planung und die Realisierung der „gemeinsamen Zeit" in der Kindergartenarbeit ist das Kerngeschäft jeder Pädagogin und jedes Pädagogen. Das haben wir in Kapitel 2 ausführlich dargestellt. Diese Aufgabe ist keine fünfte Entwicklungsaufgabe, sondern eine Querschnittsaufgabe, die mit den vier anderen Herausforderungen des Berufseinstiegs korreliert. Dabei ist die Erwartung, die Unterrichtsinhalte an den je individuellen Lernstand der Kinder anpassen zu können, für Berufseinsteiger besonders anspruchsvoll (s. o.). Die neu in den Beruf einsteigenden Elementarpädagogin-

---

116 Lehrpersonen der Kindergartenstufe in der Deutschschweiz befinden sich hier in einer speziellen Situation. Häufig sind die Kindergärten dezentral über die ganze Kommune verteilt. Viele Aktivitäten werden über sämtliche Kindergärten hinweg an einem zentralen Ort besprochen und angegangen. Auf der anderen Seite gehören die meisten Kindergärten zu einer oder zu zwei Schulen, in die die Kinder nach dem Kindergartenbesuch wechseln. Auch hier wird Zusammenarbeit erwartet und teilweise eingefordert, bei ungeklärten Erwartungen und Ansprüchen. Diese doppelte Zugehörigkeit kann nicht negiert werden. Sie bringt auch Vorteile mit sich: Die Sicherung der Anschlussfähigkeit ist durch die Verzahnung der Einrichtungen gut angebahnt. Kollegiale Beziehungen sind dann bereits institutionalisiert.

nen stellen sich immer wieder die Frage, ob sie zuviel oder zuwenig von den Lernenden erwarten. Ihnen fehlt noch ein erfahrungsbasierter Referenzrahmen, der schnell herangezogen werden kann.

Wir raten Ihnen, sich folgende Punkte zu Gemüte zu führen und diese zu theoretisieren: In der Anforderung, möglichst viele selbstbestimmte Aktivitäten der Kinder zuzulassen, andererseits sie ihrem Lernstand gemäß zu fördern, steckt ein theoretisch und praktisch nicht auflösbarer Widerspruch, den wir in Kapitel 1.3 als Dialektik von Führung und Selbsttätigkeit angesprochen haben. Die Berufseinsteiger müssen durchschauen lernen, dass hier ein Spagat zwischen beiden Aktivitäten erforderlich ist. Langfristig kommt es darauf an, das geschickte Kombinieren der Aktivitäten zu automatisieren und in vielen Varianten lustvoll in den Alltag einzubauen.

Was können die Lehrenden tun, um den Berufslernenden und Studierenden bei der Findung und Bearbeitung von Entwicklungsaufgaben zu helfen? Sie haben zunächst einmal die Aufgabe, die Ansprüche zu verdeutlichen, die die angestrebte Berufstätigkeit mit sich bringt. Und sie müssen rechtfertigen, dass grundlegendes professionelles Wissen erforderlich ist. Sie sollten aber auch, soweit dies die Curricula zulassen, Freiräume für das selbstregulierte Bearbeiten der Entwicklungsaufgaben schaffen. Das ist etwas anderes als „Laisser-faire". Wir empfehlen den Lehrenden dafür die drei Maximen „genau Beobachten", „zuhören" und „ein Vorbild geben".

Beobachten: Sie sollten den je individuellen Entwicklungsgang ihrer Berufslernenden und Studierenden beobachten und klären, auf welchem Niveau diese ihre Entwicklungsaufgaben bearbeiten. Für die Analyse können Sie sich an dem in Kapitel 3.4 skizzierten pragmatischen Kompetenzstufen-Modell orientieren:

- Passt sich die Lernende nur an die Vorgaben und Erwartungen der Lehrenden und des Praktikumplatzes an?
- Oder gestaltet sie ihre Entwicklungsarbeit als einen Aushandelungsprozess mit den Lehrenden, den Mitlernenden und Freunden?
- Welche Ressourcen aktiviert sie?
- Wo stagniert die Entwicklung?

Gespräche: Suchen Sie aktiv die Gelegenheit dafür. Ein großer Teil dieser Gespräche wird en passant ablaufen. Nutzen sie Wartezeiten, gemeinsame Arbeitsvorhaben usw. Eine gute Gesprächsmöglichkeit liefert auch die im Anhang dieses Kapitels beschriebene SOFT-Analyse.

Vorbild: Zeigen Sie und sprechen Sie darüber, dass Sie auch als etablierter Lehrender immer noch ihre „Baustellen" haben. Sicherlich hilft es den Lernenden auch, wenn Sie bei geeigneter Gelegenheit erzählen, wie Ihr eigener Bildungsgang verlaufen ist: Wann haben Sie sich selbst das erste Mal ganz bewusst eine Entwicklungsaufgabe gesetzt? Gab es Krisen? Wann kam der Erfolg?

Doppeldecker: Auch Kinder haben Entwicklungsaufgaben zu bewältigen (Hasselhorn, Lehmann & Titz 2008, S. 56 ff.). Dies ist insbesondere in Übergangssituationen der Fall. Griebel und Niesel (2011, S. 119 f.) haben sich intensiv mit Übergängen beim jungen Kind beschäftigt und Strukturen von Entwicklungsaufgaben für verschiedene Übergänge beschrieben. Dabei unterscheiden sie Erfahrungen von Veränderung und Diskontinuität in Anlehnung an Fthenakis (1999) auf drei Ebenen:

1) Ebene des Einzelnen:
- Veränderung der Identität durch den Erwerb eines Selbstbildes als (kompetentes) Schulkind
- Bewältigung starker Emotionen wie Stolz, Neugier und Ungewissheit
- Kompetenzerwerb in neuen unterrichtsnahen sowie schulischen Kompetenzen
- Entwickeln eines Gefühls von Zugehörigkeit zur Klassengemeinschaft

2) Ebene der Beziehungen:
- Verlust von Beziehungen bewältigen (beispielsweise von Pädagoginnen aus dem Vorschulbereich, betreuenden Verwandten)
- Aufnahme neuer Beziehungen
- Rollenunsicherheit bei unklaren Erwartungen ausbalancieren

3) Ebene der Lebenswelten:
- Integration von Umgebung und Anforderungen verschiedener Systeme
- Wechsel des Curriculums

Auch hier würde sich für den Berufsschul- und Hochschulunterricht erneut die Bearbeitung der eigenen Entwicklungsaufgaben verbinden lassen mit Theorien über Entwicklungsaufgaben während der gesamten Lebensspanne und speziellen Entwicklungsaufgaben in der frühen Kindheit.

Wir kommen zum Schluss dieses Abschnitts:

1) Das Entwicklungsaufgaben-Konzept ist eine für die Sekundarstufe II und die Hochschule gut geeignete Variante kompetenzorientierten Lernens.
2) Jede Berufslernende bzw. Studierende hat vier berufsphasenspezifische Entwicklungsaufgaben zu bewältigen. Wie sie dies tut, ist auch empirisch gut belegt.
3) Die Umsetzung des Entwicklungsaufgaben-Konzepts in Schule und Hochschule ist schwierig, aber nicht unmöglich. Sie erfordert Handlungsspielräume und Zeit – und beides ist zumeist knapp.

5.2 Professionalisierung in der Elementarpädagogik

Was sind Professionen?

Alle sind sich einig: Der elementarpädagogische Bereich und damit auch der Erzieherinnenberuf kann und muss professionalisiert werden (Balluseck 2008a; Thole 2008; Speth 2010). Aber was mit dem Begriff gemeint ist, bleibt manchmal unklar. Deshalb starten wir mit einer Begriffsklärung. Dabei muss deutlich zwischen der laxen alltagssprachlichen Rede vom „Profi" und der wissenschaftlichen Rede vom „Professionellen" unterschieden werden. Hier gilt der Grundsatz: Nicht alle Berufe, sondern nur eine ausgewählte Anzahl sind als Professionen zu bezeichnen. Typische, seit jeher als solche anerkannte Professionen sind die Berufsgruppen der Theologen, der Ärzte, der Juristen und der Psychologen. Lehrer und Elementarpädagogen sind also zunächst nicht dabei.

Professionalität von Berufspersonen kann auf zwei Ebenen betrachtet werden: im Blick auf die Lernbiografie des einzelnen Angehörigen eines Berufsstandes und im Blick auf den Berufsstand insgesamt. Das gilt auch für den Erzieherinnenberuf:

- Jede einzelne Erzieherin, jeder Erzieher kann sich professionalisieren und dadurch professionelle(re) Arbeit leisten.
- Der Berufstand der Erzieherinnen insgesamt kann von einem vor- oder semi-professionellen in einen professionalisierten Status wechseln.

Systematisch betrachtet sind beide Perspektiven gleichermaßen wichtig, aber für diesen LEITFADEN steht die erste Frage im Vordergrund: Jede Berufslernende, jeder Studierende hat die Aufgabe, sich in sein Berufsfeld einzuarbeiten, ausreichendes Fachwissen zu erwerben und bestimmte Normen der Berufsausübung zu verinnerlichen – ein Prozess, der in der Literatur auch unter dem umfassenderen Begriff der „Berufssozialisation" (Dippelhofer-Stiem 2006) gefasst wird, nun aber die spezifische Bedeutung der Ausbildung für eine besonders anspruchsvolle Arbeit erhält.

Einen wichtigen Impuls zur Entwicklung der Professionsforschung setzte der US-amerikanische Soziologe Talcott Parsons (1964) mit der These, dass Professionelle eine „spezifische Form solidarischer Praxis" entwickeln. Sie helfen ihren „Klienten" bei der Lösung schwerwiegender Probleme. Weil der Klient dem Professionellen vertraut, ist dieser allererst in der Lage, sein Wissen und Können zum Nutzen des Klienten einzusetzen:

- Ärzte helfen den Patienten, eine Krankheit zu überwinden;
- Rechtsanwälte verhelfen den Klienten dazu, Recht zu bekommen;
- Psychotherapeuten helfen, eine persönliche Krise zu überwinden.

Ein Blick in die Geschichte lehrt: Die Professionalisierung von Berufen ist immer in einen langwierigen, oft Jahrhunderte währenden Entwicklungsprozess eingebunden gewesen. Keine Profession ist über Nacht entstanden, sondern immer nur dort und nur dann, wenn die politisch-ökonomischen Rahmenbedingungen günstig waren und wenn engagierte Männer und Frauen dafür eintraten und mächtige Verbündete für ihre Interessen gefunden haben.

Die klassischen Professionsforscher haben nun eine Reihe von Kennzeichen professionellen Handelns identifiziert, mit deren Hilfe entschieden werden kann, ob ein Beruf zu den Professionen zählt oder nicht (Schwänke 1988; Meyer 2001, S. 215 ff.).

Kennzeichen professionalisierter Berufe

1) **Ausbildung:** Angehörige von Professionen haben eine gründliche und zertifizierte Ausbildung genossen. Zumeist ist sie akademisch, wird also an Fachhochschulen oder Universitäten erworben.
2) **Berufsstand:** Die Angehörigen von Professionen identifizieren sich mit ihrem Berufsstand und betrachten sich als Mitglieder einer „professionellen Lerngemeinschaft". Professionelle beherrschen und nutzen eine eigene Berufs- und Fachsprache. Sie teilen ein gemeinsames Berufsethos.
3) **Wertschätzung und Entgelt:** Professionen genießen eine hohe gesellschaftliche Anerkennung. Sie erreichen in den Berufs-Rankings Spitzenplätze. Die Arbeit wird gut bezahlt.
4) **Anspruchsniveau:** Die von den Professionellen geleistete Arbeit ist im Vergleich zu vielen anderen Berufen besonders anspruchsvoll. Das rührt daher, dass komplexe Aufgaben zu lösen sind und dass es vielfältige, oft auch konkurrierende, manchmal sogar in direkten Widerspruch zu einander geratende Erwartungen an die Ausführung der Arbeit gibt. Deshalb lässt sie sich nicht mechanisch nach einem für immer festliegenden Regelwerk abspulen.
5) **Nicht-Prognostizierbarkeit der Effekte:** Die Ergebnisse der Arbeit lassen sich nicht präzis vorhersagen, weil es eine Vielfalt weiterer Einflussfaktoren gibt, die das Ergebnis mitbestimmen (Fröhlich-Gildhoff 2008).
6) **Freiwilligkeit:** Die Nutznießer professioneller Hilfen wählen selbst aus, zu wem sie gehen. So kann die von Parsons als entscheidendes Kriterium genannte „solidarische Praxis" entstehen.
7) **Organisationsgrad und Kontrolle:** Professionen kontrollieren die Qualität ihrer beruflichen Arbeit über weite Strecken selbst. Sie organisieren sich selbstständig in Berufsverbänden. Sie betreiben Lobbyarbeit und versuchen, in gesellschaftlich wichtigen Institutionen vertreten zu sein.

Viele, aber nicht alle Professionskennzeichen werden auch vom Berufsstand der Lehrerinnen und Lehrer erfüllt. Die Ausbildung ist (zumindest in der Schweiz) akademisch. Die Bezahlung ist — auch im internationalen Vergleich — gut. Die Aufgaben sind anspruchsvoll und nicht mechanisierbar. Aber es gibt eine wichtige Abweichung: Die „Klienten", also die Schülerinnen und Schüler, kommen nicht freiwillig, sondern gezwungener Maßen zur Schule. Sie folgen ihrer Schulpflicht — und dies führt zu einer fortwährenden Bedrohung der von Parsons geforderten „solidarischen Praxis". Deshalb sagen Professionsforscher wie Ulrich Oevermann (1996, S. 162 ff.): *Der Lehrerberuf ist „semi-professionell".*

Sind Erzieherinnen professionell? – Ein Streitgespräch

Die Antwort ist schwierig. Das liegt daran, dass das Berufsbild der Erzieherin bzw. Kindheitspädagogin noch beträchtliche Unschärfen hat (Balluseck 2008b) und dass ein Teil der im vorhergehenden Abschnitt aufgelisteten Kriterien (noch) nicht erfüllt ist.

- Die Ausbildung ist nur zu kleinen Teilen auf Fachhochschul- oder Universitätsniveau angehoben.[117]
- Die gesellschaftliche Anerkennung ist nicht so hoch, wie dies sein sollte.
- Die Bezahlung ist ungenügend.
- Es gibt zwar eine organisierte gewerkschaftliche Interessenvertretung, aber lange nicht alle Erzieherinnen sind Mitglied eines solchen Berufsverbands.

Jedoch in einem ganz zentralen Punkt sind die Erzieherberufe so wie alle anderen sozialen Berufe auf gleichem Niveau: Auch die Erzieherinnen haben eine sehr anspruchsvolle, nicht mechanisierbare und immer wieder neu zu definierende Aufgabe zu bewältigen. Und deshalb gilt das, was wir oben für den Lehrerberuf gesagt haben, auch für den Erzieherinnenberuf:

> **These 23:** Der Erzieherinnenberuf ist professionalisierungsbedürftig, auch professionalisierungsfähig und in dem zentralen Merkmal „Anspruchsniveau" schon jetzt professionalisiert.

Warum gibt es dann noch so heftige Debatten? Wir haben uns ein Streitgespräch ausgedacht, das auf der Basis eines real von uns beiden geführten Disputs über Sinn und Unsinn der Professionalisierungskennzeichen entstanden ist (was aber nicht heißt, dass die von HM im Streit bezogene Position seine eigene Meinung darstellt!)

Ein Streitgespräch

CWL: *Ich frage mich, wozu dein Katalog mit Professionalitätskriterien gut sein soll. Vor allem frage ich mich, wem er nützt und wem er schadet. Der Katalog kann für jeden einzelnen eine Hilfe sein, um auf dem richtigen Weg zu bleiben. Aber was haben jene Berufe, die ganz unten auf der Akademisierungsleiter stehen, davon?*

---

117 Das Ziel sollte deshalb sein, dass grundsätzlich alle Erzieherinnen mindestens einen Bachelor-Abschluß machen, den sie dann für einen weiteren beruflichen Aufstieg zum Master ausbauen können – so wie dies in der Schweiz für die Lehrpersonen der Kindergartenstufe realisiert ist (Pasternack 2008).

Ich behaupte: im Wesentlichen nur Nachteile! Die Liste wird nämlich genutzt, um bestimmte Berufsgruppen auszugrenzen. Dabei geht es denjenigen, die ausgrenzen, um die Verteidigung von Privilegien. Und darunter leiden vor allem die Elementarpädagoginnen.

HM: *Ich habe ja schon gesagt, dass im Prinzip alle Berufe, bei denen es um zwischenmenschliche Kommunikation geht, professionalisiert werden können und müssen: Hebammen, Polizisten, Krankenschwestern. Aber die, die schon im Akademiker-Boot sitzen, rufen doch laut hörbar: „Das Boot ist voll!".*

CWL: *Ich höre das auch, aber ich akzeptiere diesen dummen Spruch nicht. Ich vermisse vor allem die Solidarität der Lehrerinnen und Lehrer der höheren Schulstufen. Nur ganz wenige machen sich dafür stark, dass die Erzieherinnen den gleichen Status, die gleiche Ausbildung und Bezahlung erhalten wie sie selbst.*

HM: *Liebe Catherine, das mag ja sein. Aber ich habe den oben zitierten Katalog mit den Professionalitätskriterien doch nicht erfunden! Wissenschaftler haben ihn durch ihre soziologischen Studien ermittelt. Da können die Berufsverbände der Erzieherinnen und Erzieher tausendmal rufen, dass der Katalog ungerecht sei – das wird die gesellschaftliche Akzeptanz des Erzieherberufs nicht erhöhen.*

CWL: *Überall wird in Parteiprogrammen und Sonntagsreden davon gesprochen, dass nichts wichtiger sei als der Ausbau des Elementarbereichs. Dann muss die Arbeit dieser Berufsgruppe auch die öffentliche Wertschätzung erfahren, die ihr zukommt. Vor allem muss deutlich gemacht werden, dass diese anspruchsvolle Arbeit „exklusiv mandatiert" ist, also nicht von jedermann oder jeder Frau, sondern nur von speziell aus- und weitergebildetem Personal ausgeübt werden kann.*

HM: *Selbst wenn irgendwann in den nächsten Jahren alle politischen Parteien dafür sind: So etwas lässt sich nicht so einfach finanzieren!*

CWL: *Warum bist du so skeptisch? Du bist doch selbst vor 40 Jahren als Berliner Student bei der Studentenrevolte dabei gewesen. Da habt Ihr doch auch eine ganze Menge bewegt! Und du warst doch in deinem ersten Leben Volksschullehrer. Jahrhunderte lang hat man Euch die akademische Ausbildung verweigert, aber heute wird sie von niemandem mehr in Frage gestellt.*

HM: *Richtig. Aber das hat auch 200 Jahre lang gedauert!*

CWL: *Schon Friedrich Fröbel stellte höchste Ansprüche an die Kindergärtnerinnen. An der (nie gegründeten) Frauenhochschule in Hamburg sollten sie studieren. Ich bin mir sicher: Wäre Fröbels Idee zur akademischen Erzieherinnenausbildung schon damals umgesetzt worden, hätten wir heute nicht mehr diese Diskriminierungen!*

HM: *Du redest mir zu viel davon, was hätte sein können, wenn …*

> CWL: *Hilbert, Du wirst zynisch: Die Ausgrenzung der Elementarpädagogen aus dem Professionalisierungsprozess der Lehrberufe ist theoretisch und praktisch in keiner Weise zu rechtfertigen. Und du übersiehst, dass mit dieser Verweigerungshaltung die betroffenen Berufsfrauen total frustriert werden. Die Wissenschaftler können sich da nicht aus der Verantwortung stehlen. Ihr müsst helfen!*
>
> HM: *Ich wollte nicht zynisch werden. Ich wollte nur deutlich machen, dass noch so gute Argumente nichts nützen, wenn Ihr Erzieherinnen Euch nicht selbst bewegt und für die Durchsetzung Eurer Interessen kämpft!*

Das Argument „Das Boot ist voll" kann und darf in der Tat nicht das letzte Wort in dieser Sache sein. Deshalb wollen wir im folgenden Abschnitt klären, wie ein modernes Professionalitätsverständnis formuliert werden kann, das theoretisch klärt, warum Elementarpädagoginnen auf gleicher Augenhöhe mit allen anderen Lehrberufen stehen und auch gleiche Ansprüche stellen können. Die politische Durchsetzung der Forderung kann dann nur von allen zusammen realisiert werden!

Lernen, mit widersprüchlichen Erwartungen umzugehen

Es gibt eine ganze Forschungsrichtung, die sich mit diesen Fragen beschäftigt – die Professions- oder Professionalisierungsforschung.[118] Der Professionalisierungsdiskurs in der Elementarpädagogik wird bei Werner Thole (2008), Hilde von Balluseck (2008a) und Cristrin Heite & Fabian Kessl (2009) ausführlich dargestellt. Tonangebend in der *allgemeinen* Lehrer-Professionalisierungsforschung sind zurzeit drei Richtungen:

1) Der schon etwas ältere **Strukturtheoretische Ansatz** (Oevermann 1996; Helsper 1996; 2010; 2011) ist für die Elementarpädagogik interessant, weil er ein klares Kriterium benennt, das auch für Elementarpädagoginnen gilt: Entscheidend ist die offene, nicht-mechanisierbare Struktur und das dadurch entstehende hohe Anspruchsniveau der Arbeit.

2) Der **COACTIV-Ansatz** zur Erforschung professioneller Kompetenz (Baumert & Kunter 2006; Kunter, Baumert u. a. 2011) ist für die Elementarpädagogik interessant, weil er harte empirische Belege dafür hat, wie wichtig für den Lernerfolg die hohe fachliche und fachdidaktische Kompetenz der Lehrpersonen ist. Daraus folgt Jürgen Baumert: Das deutsche Bildungssystem ist ungerecht. Es produziert Ungleichheiten auch dadurch, dass die Lehrpersonen an Grund-, Haupt- und Realschulen schlechter ausgebildet werden als die an Gymnasien und an Berufsbildenden Schulen. Übertragen auf den Elementarbereich hieße dies: Es ist nicht zu verantworten, Sozialassistentinnen und Erzieherinnen ohne eine gründliche psychologische und didaktische wissenschaftliche Ausbildung arbeiten zu lassen.

---

118 Combe & Helsper (1996); Terhart, Bennewitz u. a. (2011); Überblick bei Fried & Roux (2006, S. 348 ff.) und im Cornelsen Lehrbuch (2010, S. 35 ff.).

3) Der **Berufsbiografische Ansatz** (Terhart 2011a; Mayr 2011) ist für die Elementarpädagoginnen interessant, weil in ihm genauer analysiert wird, wie individuelle Professionalisierungsprozesse ablaufen.

Wir konzentrieren uns im Folgenden auf den Strukturtheoretischen Professionalisierungsansatz, weil er gut zu der in Kapitel 1.3 formulierten Hauptthese unseres LEITFADENs passt. Das für diesen Ansatz wichtigste Merkmal von Professionen ist schon mehrfach genannt worden: Es geht um eine Berufsarbeit, die nicht mechanisiert werden kann, weil immer wieder neu und anders gestellte Aufgaben zu lösen sind, die aufgrund ihrer hohen Komplexität nicht mechanisiert und auch nicht standardisiert werden können. Das gilt für alle pädagogischen Berufe, mithin auch für den der Elementarpädagogin (Balluseck 2008a, S. 17).

Konkurrierende und manchmal auch in Widerspruch zu einander stehende Erwartungen an die Arbeit müssen bearbeitet werden. Wir haben sie in diesem LEITFADEN schon wiederholt angesprochen (s. o., S. 51; S. 183). Sie durchziehen den Alltag der Arbeit der Erzieherinnen ebenso wie den der Berufslehrenden und Dozenten:

- auf Einsicht bauen und befehlen,
- freundlich streng sein,
- Grenzen setzen und freigeben,
- selbstbestimmt und angeleitet arbeiten lassen,
- Nähe herstellen und Distanz wahren,
- individuell fördern und die ganze Gruppe im Blick haben (Pausewang & Strack-Rathke 2009, S. 50 ff.).

Solche Widersprüche sind seit jeher Gegenstand der dialektisch orientierten pädagogischen Theoriebildung gewesen (z. B. bei Schleiermacher 1826/1957, S. 51–58; Klingberg 1989, S. 149–208), aber es ist gut zu wissen, dass sie nun auch in der empirischen Forschung rekonstruiert und für die Elementarpädagogik durchdacht worden sind. Daraus lässt sich die folgende im Ansatz dialektische Arbeitsdefinition herleiten (Jank & Meyer 2002, S. 169).

Definition: Professionelles Handeln von Elementarpädagoginnen ist dadurch gekennzeichnet,

- dass nicht-mechanisierbare Hilfeleistungen in immer wieder neu zu durchdenkenden Lehr-Lernsituationen erbracht werden,
- dass diese Hilfeleistungen hohen pädagogischen und fachlichen Ansprüchen genügen müssen,
- dass dabei konkurrierende, zum Teil auch widersprüchliche Erwartungen an die Arbeit ausbalanciert werden müssen
- und dass die Arbeit einem ausgewiesenen Berufsethos folgt.

Wir gehen davon aus, dass alles, was die Strukturtheoretiker über Lehrer im allgemeinen erforscht und beschrieben haben, auch für die Erzieherinnen und erst recht für die Berufslehrenden und Dozentinnen elementarpädagogischer Ausbildungsgänge gilt. *Wir behaupten:*

> **These 24:** Gute Elementarpädagoginnen können nicht alles, aber sie beherrschen ihr Handwerkszeug und sie verstehen es, widersprüchliche Erwartungen an ihre Berufsarbeit wahrzunehmen und sie gemeinsam mit den Kindern und Kolleginnen zu bearbeiten.

Dazu ist reflexive Distanz erforderlich – die Fähigkeit, das eigene praktische Handeln immer wieder neu zu analysieren und gegebenenfalls auch zu verändern. Das haben wir im Kapitel 3.4 im Kompetenzstufenmodell beschrieben. Das hat der Pädagoge Johann Friedrich Herbart als „pädagogischen Takt" bezeichnet. Takt hat bei Herbart wenig oder nichts mit den Benimmsitten des Freiherrn von Knigge zu tun. „Takt" ist in Herbarts Theorie das „Mittelglied" zwischen Theorie und Praxis. Er beschreibt das Vermögen, theoretisch für richtig gehaltene Positionen situationsspezifisch und fantasievoll auf einen konkreten Fall anzuwenden und umgekehrt, sich durch praktische Erfahrungen zu neuer Theoriebildung anregen zu lassen.

5.3 Zusammenfassung zum Leitbild einer guten Lehrperson

Was eine gute Lehrperson beziehungsweise eine gute Pädagogin ist, lässt sich nicht aus empirischen Studien über erfolgreiche Lehre ableiten (auch wenn diese Studien wichtig sind, um beim Leitbild-Formulieren auf dem Teppich zu bleiben). Es handelt sich ja um begründungsbedürftige normative Entscheidungen und nicht um das Ausmelken empirischer Forschungsergebnisse.[119]

Wir könnten es uns nach dieser ersten logischen Klärung der Differenz von Deskription und Normierung leicht machen und sagen: Eine gute Lehrperson ist ein Mensch, der einen der Kataloge zur Bestimmung von Unterrichtsqualität (s. o., S. 98) in die Tat umzusetzen versteht. Eine solche Lehrperson sorgt mithin dafür:

- dass der Unterricht bzw. die Hochschullehre für die Elementarpädagoginnen klar strukturiert wird,
- dass ein hoher Anteil echter Lernzeit realisiert wird,
- dass ein lernförderliches Klima herrscht,

---

119 Das haben wir bereits in Kapitel 3.4 bei der Klärung der Frage, wie „Unterrichtsqualität" zu definieren ist, erläutert.

- dass die Leistungserwartungen transparent gemacht worden sind und dass sie an die Lernvoraussetzungen einerseits, die beruflichen Anforderungen anderseits, angepasst wurden,
- usw.

Aber woraus besteht dieses „Er/sie sorgt dafür, dass ..."? Die Antwort auf diese Frage ergibt sich nicht aus Kriterienkatalogen guten Unterrichts selbst! Dazu muss ausgelotet werden, was gute Lehrpersonen *tun* sollen und welches *Rüstzeug* sie für ihre Entscheidungen und ihr Tun benötigen.

Was sollen Lehrpersonen tun? Schlicht formuliert: Sie sollen die Lernenden in Lernprozesse verwickeln. Aber wie machen sie das? Darauf gibt es in der Allgemeinen Didaktik, in der empirischen Unterrichtsforschung (Helmke 2009, S. 105 ff.), in der Professionalisierungsforschung (Oser 2001) und in den zahlreichen Ratgeberbüchern[120] viele und höchst unterschiedliche Antworten. Wir orientieren uns an der schon in Kapitel 1 (S. 26) skizzierten dialektischen Prozesstheorie des Unterrichts von Lothar Klingberg. Sie ist gut verträglich mit dem strukturtheoretischen Professionalisierungsansatz.

Die Kernaussage Klingbergs lautet: *„Der Widerspruch von Führung und Selbsttätigkeit treibt den Unterrichtsprozess voran."* In einem Brief aus dem Jahre 1986 erläutert Klingberg (in Jank & Meyer 2002, S. 247):

„Dialektisches Denken ist Prozessdenken. Es ist die Anerkennung des Prinzips der Entwicklung. ... Widersprüche – dialektische, nicht logische! – ‚treiben' auch den Unterrichtsprozess an:

- *zwischen dem kollektiven Charakter der Institution Schule und dem überwiegend individuellen Charakter der Aneignungsprozesse auf Seiten der Schüler,*
- *zwischen der ‚inneren' Entwicklung der jungen Menschen und der ‚äußeren' Einwirkung auf sie durch Unterricht,*
- *zwischen dem eher konservativen Blickpunkt des Lehrens auf die Vermittlung von tradierten Inhalten und der ‚revolutionären' Notwendigkeit, die Schüler auf ein Leben, heute und morgen' vorzubereiten,*
- *zwischen dem Altersunterschied, dem Informationsgefälle und der sozialen Position von Lehrern einerseits, von Schülern andererseits,*
- *zwischen Erzieherintentionen, -strategien und -taktiken und Schülerintentionen, -strategien und -taktiken etc.*

Auch im Unterricht gibt es ‚Kampf' – Lehrende und Lernende liegen einander nicht ständig gerührt in den Armen (was langweilig wäre), sondern ‚kämpfen' auch mit- und gegeneinander. Dieser ‚Kampf' ist nötig, produktiv, ohne ihn gibt es keine Entwicklung."

---

120 Wir empfehlen: Miller (2011) und Whitaker (2011).

Es gibt also eine Lehrlogik, die eigenen Gesetzmäßigkeiten folgt, aber auch eine Lernlogik, die ebenfalls eigenen Gesetzmäßigkeiten folgt. Die Kunst der guten Lehrperson besteht darin, die Lehrlogik der Lernlogik anzunähern, ohne die Unterschiede zu verwischen. Dann entsteht ein Spannungsbogen von Lehr-Angeboten, Hilfestellungen und selbstgesteuertem Lernen.

> **These 25:** Gute Lehrpersonen verstehen es, im Unterrichtsprozess einen Spannungsbogen aufzubauen, der sich aus dem geschickten Wechselspiel von Führung und Selbsttätigkeit entwickelt.

Wir fassen nun unsere Vorstellungen zur guten Lehrperson zu einem letzten Katalog zusammen – welch Zufall: Es ist erneut ein ZEHNERKATALOG. Er modelliert in einem abstrakten Kriteriensatz Lehrpersonen-Merkmale, die geeignet sind, die Unterrichts- bzw. Seminarqualität zu erhöhen.[121] Die Merkmale werden nur ganz kurz erläutert, weil sie allesamt in den vorhergehenden Kapiteln behandelt wurden und über das Sachregister zu erschließen sind.

Zehn Merkmale guter Lehrpersonen

- **Respekt:** Eine gute Lehrperson begegnet ihren Lernenden mit Respekt. Sie bringt sich mit ihrer ganzen Person ein. Sie ist gerecht. Sie arbeitet daran, verlässliche und belastbare Beziehungen zu ihren Schülerinnen und Schülern bzw. Studierenden aufzubauen. Sie nimmt sie nicht nur in der Schüler-Rolle, sondern als „ganze Menschen" wahr.
- **Arbeitsbündnis:** Eine gute Lehrperson versteht es, ein Arbeitsbündnis mit den Lernenden herzustellen, in dem beiderseitige Rechte und Pflichten geregelt werden.
- **Berufs- und Fachkompetenz:** Eine gute Lehrperson kennt das Berufsfeld. Sie hat ein differenziertes und tiefes Fachwissen, das fortwährend aktualisiert wird. Sie versteht es, ihre Begeisterung für Beruf und Fach auf die Schülerinnen und Studierenden überspringen zu lassen.
- **Kooperative Klassenführung:** Eine gute Lehrperson kann die Arbeit im Klassenzimmer/im Seminar gut organisieren. Sie betreibt ein effizientes Zeitmanagement und sorgt für eine vorbereitete Umgebung. Sie beteiligt die Schülerinnen an der Regelfindung. Sie informiert ihre Schüler über die Unterrichtsplanung und beteiligt sie daran. Sie entfaltet eine Feedbackkultur. Dies trägt dazu bei, eine demokratische Unterrichtskultur aufzubauen.
- **Pädagogischer Takt:** Eine gute Lehrperson „hat" nicht nur professionelles Wissen – sie weiß auch, wie sie ihr Theoriewissen situationsangemessen einsetzen und Lösungen variieren kann.

---

121 Es handelt sich um eine Baustelle, die noch weiterer Klärungen bedarf (siehe Meyer & Wendt 2011).

- **Umgang mit Widersprüchen:** Eine gute Lehrperson weiß, dass einige ihrer Aufgaben in sich und zueinander in Widerspruch geraten können. Sie weiß, dass diese Widersprüche nicht aufzuheben sind. Und sie spricht mit ihren Schülerinnen und Schülern darüber. Deshalb leidet sie nicht daran. Aber sie versteht es, sie ein Stück weit auszubalancieren, indem sie dort, wo dies geboten ist, deutlich „Kante zeigt", aber auch einmal „die Fünfe grade sein lässt".
- **Didaktisch-methodisches Handwerkszeug:** Eine gute Lehrperson beherrscht ihr Handwerkszeug. Sie hat ein reiches Repertoire an Handlungs- und Reflexionsroutinen aufgebaut, die sie situationsangemessen einsetzt. Sie kann Unterricht planen und auswerten. Sie diagnostiziert die Lernstände ihrer Schüler. Sie entwickelt eine Fehlerkultur. Sie nutzt die Heterogenität der Schüler und sorgt für eine Mischung von gemeinsamen und individualisierten Lehr-Lernprozessen.
- **Teamarbeit:** Eine gute Lehrperson arbeitet gern im Team und versteht sich als Mitglied einer professionellen Lerngemeinschaft. Sie weiß aber auch, wo Einzelarbeit effektiver ist. Sie öffnet ihren Unterricht für Kollegen, Eltern und andere. Sie beteiligt sich an der Unterrichtsentwicklung.
- **Entwicklungsaufgaben:** Eine gute Lehrperson setzt sich selbst Aufgaben zur beruflichen Weiterentwicklung. Sie geht regelmäßig zu Fortbildungen.
- **Gesunderhaltung im Beruf:** Eine gute Lehrperson ist offen für neue Erfahrungen, aber sie achtet darauf, sich nicht zu überfordern. Sie holt sich dort, wo dies erforderlich ist, professionelle Hilfen.

Vielleicht sagt diese oder jene von Ihnen: Der Katalog ist eine Zumutung! Das alles kann man in einem langen Lehrerleben nur ansatzweise erreichen. Wer so reagiert, hat die Funktion von Kriterienkatalogen missverstanden. Gerade sehr gute Lehrpersonen haben ja ein je individuelles Profil (s. o., S. 99 f.). Defizite im einen Merkmalsbereich können sie durch Stärken in anderen Bereichen kompensieren.

Gibt es spezifische Charaktermerkmale guter Lehrpersonen? Wir sagen: nein! Wir wissen ja, dass ein Lehrerkollegium genauso heterogen sein kann wie eine Schulklasse oder eine Kindergartengruppe. Aber es gibt in dem schon genannten Katalog der BIG FIVE eine Persönlichkeitsdimension, die für Lehrberufe besonders wichtig ist: Die gute Lehrperson ist *offen für neue Erfahrungen.* Sie übernimmt diese Einsicht in ihre persönliche Theorie guten Unterrichts und zieht daraus Konsequenzen für die Bildungsarbeit. Aber es gibt nicht „die" eine, von allen Angehörigen des Lehrer-Berufsstandes einzulösende Persönlichkeitsstruktur, sondern viele ganz unterschiedliche Lehrerpersönlichkeiten (Mayr 2011).

Was tun? Wir sollten die Fahndung nach einer „charismatischen Lehrerpersönlichkeit" oder der „idealen Elementarpädagogin" einstellen (Helmke & Weinert 1997, S. 231). Viel wichtiger ist es, sich seiner eigenen Persönlichkeitsmerkmale bewusst zu werden und gründlich zu durchdenken, wie diese Charakteristika den Lehr-Lernprozess beeinflussen: Wenn ich eher ein „staubtrockener Typ" bin, nützen mir die in Rezeptbüchern gegebenen Ratschläge „Sei humorvoll" kaum etwas, auch wenn die Forschung ergeben hat, dass Humor der Lehrperson förderlich für die eigene Gesunderhaltung und für den Lernprozess der Schüler ist (Rißland 2002). Wenn ich ein eher introvertierter Typ bin, dann nutzt mir die Mitteilung der Forscher, dass die extrovertierten Typen belastbarer sind, wenig. Aber ich muss darüber nachdenken, wie ich durch eine methodisch hergestellte Offenheit des Unterrichts meine Introvertiertheit kompensiere.

Wir kommen zum Schluss: Gute Pädagoginnen sind selbstbewusst, aber auch selbstkritisch. Sie kennen ihre Grenzen. Sie brettern nicht einfach durch, sondern vergewissern sich immer wieder, ob sie die Bedürfnisse und Interessen ihrer Schutzbefohlenen angemessen beachten. Sie sind auch aufmerksam und tolerant im Umgang mit ihren Kolleginnen. Deshalb beenden wir diesen LEITFADEN mit einem Zitat einer mittelalterlichen Mystikerin (ohne Mystik reklamieren zu wollen):

„Engel fliegen in Spiralen. Teufel nur geradeaus."

(Hildegard von Bingen, um 1150 n. Chr.)

5.4 Reflexionsübung SOFT-Analyse

Wir haben schon zweimal darauf hingewiesen: Es gibt weltweit eindeutige empirische Befunde (zusammengefasst bei Hattie 2009, S. 189), dass der Lernerfolg erhöht wird, wenn die Lernenden dazu angehalten werden, über ihr eigenes Lernen nachzudenken. Deshalb ist das Bewusstmachen der persönlichen Entwicklungsaufgaben der erste Schritt zu ihrer Bearbeitung. Dem dient die folgende Reflexionsübung.

„SOFT" ist ein Akronym und steht für Strengths, Failures, Opportunities und Threats. Gegenstand der SOFT-Analyse ist eine Stärken-Schwächen-Analyse (mehr dazu bei Bastian, Combe & Langer 2003, S. 119). Dabei muss das unten abgebildete Viererfeld ausgefüllt werden, in dem die Analyse der eigenen Stärken und Schwächen mit der Prognose der daraus erwachsenden Chancen und Gefahren kombiniert wird. Man kann diese Übung auf den Unterricht in der eigenen Klasse bzw. im eigenen Seminar beziehen, man kann sie auch gut von den Berufslernenden und Studierenden vor ihrem ersten Praktikum vornehmen und danach wiederholen, um Veränderungen festzuhalten und sie zu reflektieren.

In den Feldern 1 und 2 geht es darum, den aktuellen Entwicklungsstand, also die Gegenwart zu analysieren; in den Feldern 3 und 4 um die Zukunft. Die Reihenfolge, in der die vier Felder ausgefüllt werden, ist offen, aber es ist naheliegend, links oben bei den Stärken zu beginnen.

- Zeitbedarf: 60 Minuten
- Teilnehmerzahl: bis 30
- Material: das abgebildete Arbeitsblatt

1) Strengths/Stärken	3) Opportunities/Chancen
Was kann ich im Blick auf das Praktikum schon jetzt gut? Was sind meine Stärken?	Wie kann ich meine Stärken im Praktikum nutzen und weiter ausbauen?
2) Faults/Schwächen	4) Threats/Gefahren
Was sind meine Schwächen? Wo muss ich mich noch entwickeln?	Welche Gefahren erwachsen aus meinen Schwächen im Praktikum?

Tab. 5.1: SOFT-Analyse

Nach dem Ausfüllen der vier Felder kann ein weiterer Arbeitsauftrag für Einzelarbeit gegeben werden: *„Formuliere aufgrund deiner Stärken-Schwächen-Analyse eine persönliche Entwicklungsaufgabe."*

Methodenreflexion: Praktika sind mit vielen Emotionen besetzt. Der produktive Trick dieser Methode besteht darin, dass das Nachdenken über die Gegenwart konstruktiv gewendet wird, indem nach den Chancen und Risiken in der Zukunft gefragt wird. Man kann auch im Unterricht bzw. im Seminar nach dem Schneeball-System (Think–pair–share, S. 149 f.) zunächst die vier Felder in Einzelarbeit ausfüllen lassen, dann Tandems bilden und die Tandems nach Gemeinsamkeiten auf den ausgefüllten Blättern suchen lassen und schließlich im Plenum über Gemeinsamkeiten und Differenzen der gefundenen Stärken und Schwächen diskutieren.

Eine interessante Variante, die wir bei Manuela Keller-Schneider in ihrem Seminar an der PH Zürich beobachtet haben: Die Studierenden erhalten den Auftrag, erst das Stärkenfeld und dann das Gefahrenfeld detaillierter auszufüllen. Danach müssen Sie die Diagonale von links oben nach rechts unten ziehen und über folgende Frage nachdenken: „Wie kann ich meine Stärken nutzen, um die durch meine Schwächen ausgelösten Gefahren zu minimieren?"

Literaturverzeichnis

Allespach, Martin; Meyer, Hilbert & Wentzel, Lothar **(2009)**: Politische Erwachsenenbildung. Marburg: Schüren.

Alsaker, Francois **(2004)**: Quälgeister und ihre Opfer. Mobbing unter Kindern und wie man damit umgeht. Bern, Göttingen, Toronto, Seattle: Hans Huber.

Altrichter, Herbert & Posch, Peter **(2007)**: Lehrerinnen und Lehrer erforschen ihren Unterricht. 4. erweit. Aufl. Bad Heilbrunn: Klinkhardt.

Arnhold, Grit **(2005)**: Kleine Klassen – große Klasse? Eine empirische Studie zur Bedeutung der Klassengröße für Schule und Unterricht. Klinkhardt: Bad Heilbrunn.

Arnold, Karl-Heinz; Hascher, Tina; Messner, Rudolf; Niggli, Alois; Patry, Jean-Luc & Rahm, Sibylle **(2011)**: Empowerment durch Schulpraktika. Bad Heilbrunn: Klinkhardt.

Artelt, Claudia & Gräsel, Cornelia **(2010)**: Diagnostische Kompetenz von Lehrkräften, in: Zeitschrift für Pädagogische Psychologie. German Journal of Educational Psychology, Jg. 23, H. 3–4, S. 157–160.

Artelt, Claudia & Moschner, Barbara (Hrsg.) **(2005)**: Lernstrategien und Metakognitionen. Implikationen für Forschung und Praxis. Münster: Waxmann.

Balluseck, Hilde von (Hrsg.) **(2008a)**: Professionalisierung der Frühpädagogik. Perspektiven, Entwicklungen, Herausforderungen. Opladen: Barbara Budrich.

Balluseck, Hilde von **(2008b)**: Frühpädagogik als Beruf und Profession. In: Hilde von Balluseck (Hrsg.): Professionalisierung der Frühpädagogik. Opladen: Barbara Budrich, S. 211–224.

Bandura, Albert **(1976)**: Lernen am Modell. Stuttgart: Klett.

Bandura, Albert **(1979)**: Sozial-kognitive Lerntheorie. Stuttgart: Klett-Cotta.

Bastian, Johannes; Combe, Arno; Langer, Roman **(2003)**: Feedback-Methoden. Weinheim, Basel, Berlin: Beltz.

Baumert, Jürgen & Kunter, Mareike **(2006)**: Stichwort: Professionelle Kompetenz von Lehrkräften. In: Zeitschrift für Erziehungswissenschaft, H. 4, S. 469–529.

Beck, Erwin; Baer, Matthias; Guldimann, Titus; Bischoff, Sonja; Brühwiler, Christian; Müller, Peter; Niedermann, Ruth; Rogalla, Marion & Vogt, Franziska **(2008)**: Adaptive Lehrkompetenz. Analyse und Struktur, Veränderbarkeit und Wirkung handlungssteuernden Lehrerwissens. Münster, New York, München, Berlin: Waxmann.

Benner, Dietrich **(2001)**: Allgemeine Pädagogik. 4. überarb. Aufl. Weinheim, Basel: Juventa.

Bergmann, Wolfgang **(2011)**: Lasst eure Kinder in Ruhe! Gegen den Förderwahn in der Erziehung. München: Kösel.

Bildungsdirektion des Kantons Zürich **(2009)**: Good Practice in der Grundstufe. Qualitative Studie zur Überprüfung der Unterrichtsrealität in Versuchsklassen der Grundstufe. Zürich: Volksschulamt, Projekt Grundstufe.

Bischof-Köhler, Doris **(1998)**: Zusammenhänge zwischen kognitiver, motivationaler und emotionaler Entwicklung in der frühen Kindheit und im Vorschulalter. In: Heidi Keller (Hrsg.): Entwicklungspsychologie. Bern, Göttingen, Toronto, Seattle: Hans Huber, S. 319–376.

Blankertz, Herwig **(1972)**: Theorien und Modelle der Didaktik. 6. überarb. Aufl. München: Juventa.

Blankertz, Herwig **(1982)**: Die Geschichte der Pädagogik. Von der Aufklärung bis zur Gegenwart. Wetzlar: Büchse der Pandora.

Boal, Augusto **(1979)**: Theater der Unterdrückten. Frankfurt/M.: Suhrkamp.

Boekaerts, Monique; Pintrich, Paul & Zeidner, Moshe (Eds.) **(2000)**: Handbook of self-regulated learning. San Diego, CA: Academic Press.

Bosse, Ulrich **(2005)**: „Jedes Kind ist anders" – in einer Schule für alle Kinder. In: Autorenteam (Hrsg.): So funktioniert die offene Schuleingangsstufe. Das Beispiel der Laborschule Bielefeld. Mülheim an der Ruhr: Verlag an der Ruhr, S. 36–41.

Bosshart, Susanne **(2008)**: Zwei Kulturen nähern sich an: Das Studium zu einer Lehrberechtigung für den Kindergarten und die erste bis dritte Klasse der Primarschule. In: Ursula Carle & Barbara Daiber (Hrsg.): Das Kind im Blick. Hohengehren: Schneider, S. 192–207.

Brenner, Gerd & Brenner, Kira **(2005)**: Methoden I für alle Fächer. Berlin: Cornelsen Scriptor.

Breuer, Klaus; Ettmüller, Wolfgang; Shu, Nicole & Tauschek, Rüdiger **(2011)**: Selbstgesteuertes Lernen. Planung, Praxis und Evaluation für den Unterricht in der Berufsschule. Frankfurt a. M., Berlin u. a.: Peter Lang.

Bromme, Rainer **(1992)**: Der Lehrer als Experte. Bern, Göttingen, Toronto: Huber.

Brophy, Jere E. **(2002)**: Gelingensbedingungen von Lernprozessen. Landesinstitut für Schule und Weiterbildung des Landes NRW, Fortbildungsmaßnahme „Schulprogramm und Evaluation", Soest.

Brüning, Ludger & Saum, Tobias **(2007)**: Erfolgreich unterrichten durch kooperatives Lernen. 2 Bde. Essen: Neue Deutsche Schule Verlagsgesellschaft.

Brunner, Ilse; Häcker, Thomas & Winter, Felix (Hrsg.) **(2004)**: Das Handbuch Portfolioarbeit. Seelze: Kallmeyer.

Brunstein, Joachim & Spörer, Nadine (2010): Selbstgesteuertes Lernen. In Detlef Rost (Hrsg.): Handwörterbuch Pädagogische Psychologie. Weinheim: Beltz PVU, S. 751–759.

Buhren, Claus G. **(2011)**: Kollegiale Hospitation. Köln: Carl Link.

Caritasverband für die Diözese Münster e. V. **(2004)**: Bildungsvereinbarung NRW. Beobachtung und Bildungsdokumentation in katholischen Tageseinrichtungen für Kinder. Münster.

Carle, Ursula; Grabeleu-Szczes, Dana & Levermann, Simone **(2007)**: Sieh mir zu beim Brückenbauen. Berlin, Düsseldorf, Mannheim: Cornelsen.

Carr, Margret **(2007)**: Learning Stories – ein Bildungs- und Lernkonzept aus Neuseeland. In: Norbert Neuß (Hrsg.): Bildung und Lerngeschichten im Kindergarten. Konzepte – Methoden – Beispiele. Cornelsen: Berlin.

Clausen, Marten **(2002)**: Unterrichtsqualität: Eine Frage der Perspektive? Münster: Waxmann.

Collins, Allan M. **(2004)**: Cognitive Apprenticeship und Veränderungen in der Arbeitswelt. In: Hans Gruber, Christian Harteis, Helmut Heid & Bettina Meier (Hrsg.): Kapital und Kompetenz. Wiesbaden, S. 111–128.

Collins, Allan M.; Brown, J. S. & Newmann, S. E. **(1989)**: Cognitive apprenticeship: Teaching the crafts of reading, writing, and mathematics. In: L. B. Resnick (Ed.): Knowing, learning, and instruction. Hillsdale, N. J.: Erlbaum, pp. 453–494.

Combe, Arno & Helsper, Werner (Hrsg.) **(1996)**: Pädagogische Professionalität. Frankfurt/M.: Suhrkamp.

Cornelsen Lehrbuch für Ausbildung und Studium (Saskia Bender u. a.) **(2010)**: Kinder erziehen, bilden und betreuen. Berlin: Cornelsen Scriptor.

Costa, Paul T. & McCrae, Robert R. **(1992)**: NEO-Personality Inventory, Revised 1992.

Dann, Hans-Dietrich; Diegritz, Theodor & Rosenbusch, Heinz S. (2002): Gruppenunterricht im Schulalltag. Ergebnisse eines Forschungsprojekts und praktische Konsequenzen. In: Pädagogik, Jg. 54, H. 1, S. 11–14.

Deci, Edward & Ryan, Richard M. **(1993)**: Die Selbstbestimmungstheorie der Motivation und ihre Bedeutung für die Pädagogik. In: Zeitschrift für Pädagogik, Jg. 39, H. 2, S. 223–238.

Deci, Edward & Ryan, Richard M. **(2002)**: Handbook of Self-Determination Research. Rochester: University of Rochester Press.

Deutscher Bildungsrat (1970): Empfehlungen der Bildungskommission: Strukturplan für das Bildungswesen. Stuttgart: Klett.

Dippelhofer-Stiem, Barbara **(2006)**: Berufliche Sozialisation von Erzieherinnen. In: Lilian Fried & Susanna Roux (Hrsg.): Pädagogik der frühen Kindheit. Handbuch und Nachschlagewerk. Weinheim, Basel: Beltz, S. 358–367.

Dubs, Rolf **(2009)**: Lehrerverhalten Ein Beitrag zur Interaktion von Lehrenden und Lernenden im Unterricht. 2. Aufl. Stuttgart: Steiner.

Duncker, Ludwig; Lieber, Gabriele; Neuss, Norbert & Uhlig, Bettina **(2011)**: Bildung in der Kindheit. Das Handbuch zum Lernen in Kindergarten und Grundschule. Seelze: Klett Kallmeyer.

Einsiedler, Wolfgang **(1999)**: Das Spiel der Kinder. Bad Heilbrunn: Klinkhardt.

Einsiedler, Wolfgang; Götz, Margarete; Hacker, Hartmut; Kahlert, Joachim; Keck, Rudolf W. & Sandfuchs, Uwe (Hrsg.) **(2001)**: Handbuch Grundschulpädagogik und Grundschuldidaktik. Bad Heilbrunn: Klinkhardt.

Endres, Wolfgang **(2001)**: Die Endres Lernmethodik. Eine Materialsammlung für Lehrkräfte (5.-10. Klasse). Weinheim, Basel: Beltz.

Faulstich, Peter; Gnahs, Dieter; Seidel, Sabine & Bayer, Mechthild (Hrsg.) **(2002)**: Praxishandbuch selbstbestimmtes Lernen. Konzepte, Perspektiven und Instrumente für die berufliche Aus- und Weiterbildung. Weinheim, München: Beltz Juventa.

Faulstich-Christ, Katja; Lersch, Rainer & Moegling, Klaus (Hrsg.) **(2010)**: Kompetenzorientierung in Theorie, Forschung und Praxis. Immenhausen: Prolog Verlag.

Faust, Gabriele **(2008)**: Übergänge gestalten – Übergänge bewältigen. In: Werner Thole u. a. (Hrsg.): Bildung und Kindheit. Opladen: Barbara Budrich, S. 225–240.

Faust, Gabriele; Götz, Margarete; Hacker, Hartmut & Roßbach, Hans-Günther **(2004)**: Anschlussfähige Bildungsprozesse im Elementar- und Primarbereich. Bad Heilbrunn: Klinkhardt.

Faust-Siel, Gabriele; Garlichs, Ariane; Ramseger, Jörg; Schwarz, Hermann & Warm, Ute **(1996)**: Die Zukunft beginnt in der Grundschule. Reinbek bei Hamburg: Rowohlt.

Fend, Helmut **(1998)**: Qualität im Bildungswesen. Schulforschung zu Systembedingungen, Schulprofilen und Lehrerleistung. Weinheim, München: Juventa.

Fölling-Albers, Maria **(2008)**: Kinder und Kindheit im Blick der Erziehungswissenschaft. In: Werner Thole u. a. (Hrsg.): Bildung und Kindheit. Opladen: Barbara Budrich, S. 33–47.

Franke-Meyer, Diana **(2011)**: Kindergarten, Familie und Schule im historischen Prozess. Bad Heilbrunn: Klinkhardt.

Frei, Heidi **(1984)**: Ausdrucksspiel aus dem Erleben 1. Arbeitsgemeinschaft Jeux Dramatiques. Bern: Zytglogge.

Frei, Heidi **(1995)**: Jeux Dramatiques mit Kindern 2. Ausdrucksspiel aus dem Erleben. Bern: Zytglogge.

Freitag, Heike; Schüsseler, Christiane & Steck-Lüschow, Angelika **(2003)**: Die Startbox: Diagnostik zur Lernausgangslage von der Anmeldung bis zum Schulbeginn. Braunschweig: Schroedel.

Frey, Andreas & Jung, Claudia **(2011)**: Kompetenzmodelle und Standards in Lehrerbildung und Lehrerberuf. In: Ewald Terhart u. a. (Hrsg.): Handbuch der Forschung zum Lehrerberuf. Münster: Waxmann, S. 540–572.

Frey, Andreas; Duhm, Erna & Althaus, Dagmar **(2008)**: Beobachtungsbogen für 3- bis 6-jährige Kinder, BBK 3-6. Göttingen: Hogrefe.

Frey-Eiling, Angela & Frey, Karl **(1999)**: Das Gruppenpuzzle. In: Jürgen Wiechmann (Hrsg.): Zwölf Unterrichtsmethoden. Weinheim, Basel: Beltz, S. 52–60.

Fried, Lilian **(2008a)**: Das wissbegierige Kind. Neue Perspektiven in der Früh- und Elementarpädagogik. Weinheim, München: Juventa.

Fried, Lilian **(2008b)**: Professionalisierung von Erzieherinnen am Beispiel der Sprachförderkompetenz. In: Hilde von Balluseck (Hrsg.): Professionalisierung der Frühpädagogik. Opladen, Farmington-Hill: Barbara Budrich, S. 265–277.

Fried, Lilian **(2008c)**: Bildung und didaktische Kompetenz. In: Werner Thole u. a. (Hrsg.): Bildung und Kindheit. Opladen: Barbara Budrich, S. 141–152.

Fried, Lilian; Kohlruss, Mirjam & Reintjes, Mathias **(2008)**: Wissenslandkarten von Kindern. In: Lilian Fried (Hrsg.): Das wissbegierige Kind. Weinheim, München: Juventa.

Fried, Lilian & Roux, Susanna (Hrsg.) **(2006)**: Pädagogik der frühen Kindheit. Handbuch und Nachschlagewerk. 1. Aufl. Weinheim, Basel: Beltz. (2. Aufl. Berlin: Cornelsen Scriptor 2010).

Fröhlich-Gildhoff, Klaus **(2008)**: Wirkt was? – Was wirkt? Gegenstandsangemessene Wirkungsforschung in der Frühpädagogik. In: Hilde von Balluseck (Hrsg.): Professionalisierung der Frühpädagogik. Opladen: Barbara Budrich, S. 279–290.

Fthenakis, Wassilios E. **(1999)**: Transitionspsychologische Grundlagen des Übergangs zur Elternschaft. In: Deutscher Familienverband (Hrsg.): Handbuch Elternbildung. Band 1. Opladen: Leske + Budrich, S. 1–68.

Fthenakis, Wassilios E. **(2003)**: Zur Neukonzeptualisierung von Bildung in der frühen Kindheit. In: Ders.: Elementarpädagogik nach PISA. Freiburg u. a.: Herder.

Fthenakis, Wassilios E.; Schmitt, Annette; Daut, Marike; Eitel, Andreas & Wendell, Astrid **(2009)**: Natur-Wissen schaffen – Band 2. Frühe mathematische Bildung. Troisdorf: Bildungsverlag EINS.

Fthenakis, Wassilios E.; Wendell, Astrid; Daut, Marike; Eitel, Andreas & Schmitt, Annette **(2009)**: Natur-Wissen schaffen – Band 4. Frühe technische Bildung. Troisdorf: Bildungsverlag EINS.

Gisbert, Kristin **(2004a)**: Lernen lernen. Lernmethodische Kompetenzen von Kindern in Tageseinrichtungen fördern. Weinheim, Basel: Beltz.

Gisbert, Kristin **(2004b)**: Wie Kinder das Lernen lernen: In: Wassilios E. Fthenakis (Hrsg.): Elementarpädagogik nach PISA. Freiburg, Basel, Wien: Herder, S. 78–105.

Glasersfeld, Ernst von **(1996)**: Radikaler Konstruktivismus. Frankfurt a. M.: Suhrkamp.

Grabeleu-Szczes, Dana **(2007)**: Ansichten von Eltern und Erzieherinnen zum Gelingen des Übergangs in die Kindertageseinrichtung. In: Ursula Carle, Dana Grabeleu-Szczes & Simone Levermann (Hrsg.): Sieh mir zu beim Brückenbauen. Berlin: Cornelsen, S. 44–64.

Green, Norm & Green, Kathy **(2005)**: Kooperatives Lernen im Klassenraum und im Kollegium. Seelze: Klett Kallmeyer.

Grell, Frithjof **(2010)**: Über die (Un-)Möglichkeit, Früherziehung durch Selbstbildung zu ersetzen. In: Zeitschrift für Pädagogik, Jg. 56, H. 2, S. 154–167.

Grell, Jochen & Grell, Monika **(1980)**: Unterrichtsrezepte. Weinheim, Basel: Beltz.

Greving, Johannes & Paradies, Liane **(1996)**: Unterrichtseinstiege. Berlin: Cornelsen Scriptor.

Griebel, Wilfried & Niesel, Renate **(2011)**: Übergänge verstehen und Begleiten. Transitionen in der Bildungslaufbahn von Kindern. Berlin: Cornelsen Scriptor.

Gruehn, Sabine **(2000)**: Unterricht und schulisches Lernen: Schüler als Quellen der Unterrichtsbeschreibung. Münster: Waxmann.

Gruschka, Andreas **(1985)**: Wie Schüler Erzieher werden. Studie zur Kompetenzentwicklung und fachlichen Identitätsbildung in einem doppeltqualifizierenden Bildungsgang des Kollegschulversuchs NW. Wetzlar: Büchse der Pandora.

Gudjons, Herbert **(2003)**: Frontalunterricht – neu entdeckt. Bad Heilbrunn: Klinkhardt.

Güffens, Friederike **(1995)**: Die Pädagogin Stefania Wilczynska. Nachforschungen zu Janusz Korczaks vergessener Mitarbeiterin. Oldenburg: Oldenburger Vordrucke, Zentrum für pädagogische Berufspraxis.

Gustorff, Gretl **(1984)**: Die Methode Freispiel im Kindergarten. Feldbach: Bonz.

Gutknecht, Dorothee; Greiner, Helmut & Schöler, Hermann **(2010)**: Praxislernen im „Drei-Räume-Modell" an der PH Heidelberg. In: journal für lehrerInnenbildung, Jg. 10, H. 1, S. 44–48.

Hacker, Hartmut **(1998)**: Vom Kindergarten zur Grundschule. 2. Aufl. Bad Heilbrunn: Klinkhardt.

Hage, Klaus; Bischoff, Heinz; Dichanz, Horst; Eubel, Klaus-Dieter; Oehlschläger, Heinz-Jörg & Schwittmann, Dieter **(1985)**: Das Methoden-Repertoire von Lehrern. Eine Untersuchung zum Schulalltag der Sekundarstufe I. Opladen: Leske + Budrich.

Hammes-Di Bernardo, Eva **(2007)**: Kompetente Erziehung. Zwischen Anleitung und Selbstbildung. Weimar, Berlin: Verlag das Netz.

Hasselhorn, Marcus **(2010)**: Möglichkeiten und Grenzen der Frühförderung aus entwicklungspsychologischer Sicht. In: Zeitschrift für Erziehungswissenschaft, Jg. 56, H. 2, S. 168–177.

Hasselhorn, Marcus; Lehmann, Martin & Titz, Cora **(2008)**: Kindheit und das Verständnis vom Aufwachsen. In: Werner Thole u. a. (Hrsg.): Bildung und Kindheit. Opladen: Barbara Budrich, S. 49–64.

Hattie, John **(2003)**: Teachers make a difference. What is the research evidence? University of Auckland, New Zealand, October 2003. Verfügbar unter: www.acer.edu.au/workshops/documents/Teachers_Make_a_Difference_Hattie.pdf.

Hattie, John **(2009)**: Visible Learning. London, New York: Routledge. (deutsch: Schneiderverlag 2012, in Vorb.)

Heite, Cristrin & Kessl, Fabian **(2009)**: Professionalisierung und Professionalität. In: Sabine Andresen u. a. (Hrsg.): Handwörterbuch Erziehungswissenschaft. Weinheim, Basel: Beltz, S. 682–697.

Hellmich, Frank & Wernke, Stefan (2009): Lernstrategien im Grundschulalter. Stuttgart: Kohlhammer.

Hellrung, Miriam **(2011)**: Lehrerhandeln im individualisierten Unterricht. Opladen, Farmington Hills: Barbara Budrich.

Helmke, Andreas **(2006)**: Was wissen wir über guten Unterricht? In: PÄDAGOGIK, H. 2/2006, S. 42–45.

Helmke, Andreas **(2009)**: Unterrichtsqualität und Lehrerprofessionalität. Seelze: Klett Kallmeyer.

Helmke, Andreas & Weinert, Franz E. **(1997)**: Bedingungsfaktoren schulischer Leistungen. In: Franz E. Weinert (Hrsg.): Psychologie des Unterrichts und der Schule. Göttingen, S. 71–176.

Helsper, Werner **(1996)**: Antinomien des Lehrerhandelns in modernisierten pädagogischen Kulturen. In: Arno Combe & Werner Helsper (Hrsg.): Pädagogische Professionalität. Frankfurt/M.: Suhrkamp, S. 521–569.

Helsper, Werner **(2010)**: „Ich will, dass Ihr selbstständig werdet!" Über die Widersprüche im Lehrerberuf. In: FRIEDRICH Jahresheft XXVIII 2010, Seelze: Friedrich Verlag, S. 34–37.

Helsper, Werner **(2011)**: Lehrerprofessionalität – der strukturtheoretische Professionsansatz zum Lehrberuf. In: Ewald Terhart u. a. (Hrsg.): Handbuch der Forschung zum Lehrerberuf. Münster: Waxmann, S. 149–170.

Helsper, Werner; Kramer, Rolf-Torsten; Hummrich, Merle & Busse, Susann **(2009)**: Jugend zwischen Familie und Schule. Wiesbaden. VS Verlag für Sozialwissenschaften.

Henneberg, Rosy; Klein, Lothar & Schäfer, Gerd E. **(2011)**: Das Lernen der Kinder begleiten. Seelze: Kallmeyer in Verbindung mit Klett.

Hericks, Uwe **(2006)**: Professionalisierung als Entwicklungsaufgabe. Wiesbaden: VS Verlag für Sozialwissenschaften.

Herrmann, Ulrich (Hrsg.) **(2006)**: Neurodidaktik. Weinheim, Basel: Beltz.

Hoffmann, Erika **(1934/1996)**: Die pädagogischen Aufgaben des Kindergartens. (Zuerst in: Kindergarten, 75. Jg., 1934, S. 165–175). In: S. Ebert & C. Lost (Hrsg.): bilden – erziehen – betreuen. In Erinnerung an Erika Hoffmann. München, Wien: Profil, S. 189–203.

Hüther, Gerald **(2001)**: Bedienungsanleitung für ein menschliches Gehirn. Göttingen: Vandenhoeck & Ruprecht.

Hüther, Gerald **(2006)**: Die Bedeutung sozialer Erfahrungen für die Strukturierung des menschlichen Gehirns. In: Ulrich Herrmann (Hrsg.): Neurodidaktik. Weinheim, Basel: Beltz, S. 41–48.

Ingenkamp, Karlheinz & Lissmann, Urban **(2005)**: Lehrbuch der pädagogischen Diagnostik. Weinheim, Basel: Beltz.

Jäger, Reinhold S. **(2006)**: Diagnostische Aufgaben und Kompetenzen von Lehrkräften. In: Karl-Heinz Arnold, Uwe Sandfuchs u. a. (Hrsg.): Handbuch Unterricht. Bad Heilbrunn: Klinkhardt, S. 631–638.

Jank, Werner & Meyer, Hilbert **(2002)**: Didaktische Modelle. 5. überarb. Aufl. Berlin: Cornelsen Scriptor.

Jansen, Heiner; Mannhaupt, Gerd; Marx, Harald & Skowronek, Helmut **(2002)**: Bielefelder Screening zur Früherkennung von Lese-Rechtschreibschwierigkeiten (BISC). Göttingen: Hogrefe.

Jencks, Christopher; Smith, Marshall et al. **(1972)**: Inequality: A reassessment of the effects of family and schooling in America. New York: Basic Books.

Jung, Eberhard **(2010)**: Kompetenzerwerb. München: Oldenbourg.

Jungk, Robert & Müllert, Norbert-Rüdiger **(1981)**: Zukunftswerkstätten. Hamburg: Hoffman und Campe.

Kammermeyer, Gisela **(2006)**: Schuleingangsdiagnostik. In: Lilian Fried & Susanna Roux (Hrsg.): Pädagogik der frühen Kindheit. Weinheim, Basel: Beltz, S. 253–265.

Kasüschke, Dagmar & Jares, Lisa **(2010)**: Pädagogik in Kindertageseinrichtungen: Raum, Struktur und Handlung im Sozialen. In: Dagmar Kasüschke (Hrsg.): Didaktik in der Pädagogik der frühen Kindheit. Köln, Kronach: Wolters Kluwer, S. 225–263.

Kasüschke, Dagmar (Hrsg.) **(2010)**: Didaktik in der Pädagogik der frühen Kindheit. Köln, Kronach: Wolters Kluwer.

Keller, Heidi **(1998)**: Entwicklungspsychologie. Bern, Göttingen, Toronto, Seattle: Hans Huber.

Keller-Schneider, Manuela (2009): Was beansprucht wen? – Entwicklungsaufgaben von Lehrpersonen im Berufseinstieg und deren Zusammenhang mit Persönlichkeitsmerkmalen. In Unterrichtswissenschaft. Zeitschrift für Lernforschung, Jg. 37, H. 2, S. 145–163.

Keller-Schneider, Manuela (2010): Entwicklungsaufgaben im Berufseinstieg von Lehrpersonen. Münster: Waxmann.

Keller-Schneider, Manuela & Hericks, Uwe (2011): Beanspruchung, Professionalisierung und Entwicklungsaufgaben im Berufseinstieg von Lehrerinnen. In: journal für lehrerInnenbildung, 11. Jg., H. 2, S. 20–31.

Klafki, Wolfgang (1963): Studien zur Bildungstheorie und Didaktik. Weinheim, Basel: Beltz.

Klafki, Wolfgang (1985): Neue Studien zur Bildungstheorie und Didaktik. Weinheim, Basel: Beltz.

Klieme, Eckart (2004): Was sind Kompetenzen und wie lassen sie sich messen? In: PÄDAGOGIK, Jg. 56, H. 6, S. 10–13.

Klingberg, Lothar (1962): Pädagogische Führung und Selbsttätigkeit in der sozialistischen Schule. Berlin: VEB Deutscher Verlag der Wissenschaften.

Klingberg, Lothar (1986): Unterrichtsprozess und didaktische Fragestellung. Studien und Versuche. 3. Aufl. Berlin: Volk und Wissen.

Klingberg, Lothar (1989): Einführung in die Allgemeine Didaktik. 7. überarb. Aufl. Berlin: Volk und Wissen.

Klingberg, Lothar (1990): Lehrende und Lernende im Unterricht. Zu didaktischen Aspekten ihrer Positionen im Unterrichtsprozess. Berlin: Volk und Wissen GmbH.

Klippert, Heinz (1994): Methoden-Training. Weinheim-Basel: Beltz.

Knopf, Monika (1998): Die Gedächtnisentwicklung im Verlauf der Lebensspanne. In: Heidi Keller (Hrsg.): Entwicklungspsychologie. Bern, Göttingen, Toronto, Seattle: Hans Huber.

Koglin, Ute; Petermann, Franz & Stetzka, Irene (2006): Verhaltenstraining im Kindergarten. Ein Programm zur Förderung sozial-emotionaler Kompetenz. Göttingen: Hogrefe.

König, Anke (2010): Interaktion als didaktisches Prinzip. Bildungsprozesse bewusst begleiten und gestalten. Troisdorf: Bildungsverlag EINS.

Köster, Hilde & von Balluseck, Hilde (2008): Neue Möglichkeiten der Förderung von Selbstbildung in der Grundschule. In: Hilde von Balluseck (Hrsg.): Professionalisierung der Frühpädagogik. Opladen: Barbara Budrich, S. 211–224.

Krapp, Andreas (2001): Interesse. In Detlef H. Rost (Hrsg.): Handwörterbuch Pädagogische Psychologie, 2. erweit. Aufl. Weinheim: Beltz, PsychologieVerlagsUnion, S. 286–294.

Krause, Ulrike-Marie (2007): Feedback und kooperatives Lernen. Münster: Waxmann.

Kuhnt, Beate & Müllert, Norbert R. (1997): Moderationsfibel Zukunftswerkstätten. Münster: Ökotopia Verlag.

Kunter, Mareike & Voss, Thamar (2011): Das Modell der Unterrichtsqualität in COACTIV: Eine multikriteriale Analyse. In: Mareike Kunter, Jürgen Baumert u. a. (Hrsg.): Professionelle Kompetenz von Lehrkräften. Münster: Waxmann, S. 85–113.

Kunter, Mareike; Baumert, Jürgen; Blum, Werner; Klusmann, Ute; Krauss, S. & Neubrand, Michael (Hrsg.) (2011): Professionelle Kompetenz von Lehrkräften – Ergebnisse des Forschungsprogramms COACTIV. Münster: Waxmann.

Küspert, Petra & Schneider, Wolfgang (2006): Hören, Lauschen Lernen. Sprachspiele für Kinder im Vorschulalter. Göttingen: Vandenhoeck & Ruprecht.

Laewen, Hans-Joachim & Andres, Beate (2002): Forscher, Künstler, Konstrukteure. Werkstattbuch zum Bildungsauftrag von Kindertageseinrichtungen. Weinheim, Basel, Berlin: Beltz.

Laewen, Hans-Joachim (2006): Funktionen der institutionellen Früherziehung: Bildung, Erziehung, Betreuung, Prävention. In: Lilian Fried & Susanna Roux (Hrsg.): Pädagogik der frühen Kindheit. Weinheim, Basel: Beltz, S. 96–107.

Largo, Remo (1999, 18. Aufl. 2009): Kinderjahre. Die Individualität des Kindes als erzieherische Herausforderung. München: Piper.

Largo, Remo (2002): Entwicklung in den ersten sieben Lebensjahren. In Catherine Walter & Karin Fasseing (Hrsg.): Kindergarten. Grundlagen der Kindergartendidaktik. Winterthur: ProKiga, S. 67–18.

Largo, Remo **(2007)**: Babyjahre. München, Zürich: Piper.

Leeker, Wilhelm **(2008)**: Zur Konzeption und Wirksamkeit von Maßnahmen zur Verbesserung des Übergangs von benachteiligten Jugendlichen von der Schule in den Beruf seit 1970. Paderborn: Eusl-Verlagsgesellschaft mbH.

Leu, Hans Rudolf **(2006)**: Beobachtung in der Praxis. In: Lilian Fried & Susanna Roux (Hrsg.): Pädagogik der frühen Kindheit. Weinheim: Beltz, S. 232–243.

Licht, Batya **(2004)**: Schon Kleinkinder können konfliktfähig sein. In: Marie Meierhofer-Institut für das Kind (Hrsg.): Kinder. klein + kompetent. Die soziale Welt der Ein- bis Dreijährigen. 23. Jahrgang Nr. 74, S. 45–52.

Lisker, Andrea **(2011)**: Additive Maßnahmen zur vorschulischen Sprachförderung in den Bundesländern. München: Deutsches Jugendinstitut e. V.

Lohrmann, Katrin **(2008)**: Langeweile im Unterricht. Münster: Waxmann.

Makalowski, Jörg (2011). Selbstbestimmtes Lernen!? Eine empirische Überprüfung des Handlungskonzeptes der Offenen Kindergartenarbeit in der Praxis. In: Theorie und Praxis der Sozialpädagogik (TPS), 7. Seelze: Friedrich-Verlag, S. 28–32.

Mattes, Wolfgang **(2011)**: Methoden für den Unterricht. Braunschweig, Paderborn, Darmstadt: Bildungshaus Schulbuchverlage (Schöningh).

Mayr, Johannes **(2011)**: Der Persönlichkeitsansatz in der Lehrerforschung. In: Ewald Terhart u. a. (Hrsg.): Handbuch der Forschung zum Lehrerberuf. Münster, S. 125–148.

Meyer, Hilbert **(1987)**: UnterrichtsMethoden. 2 Bde. Berlin: Cornelsen Scriptor.

Meyer, Hilbert **(1997)**: Schulpädagogik. 2 Bde. Berlin: Cornelsen Scriptor.

Meyer, Hilbert **(2001)**: Türklinkendidaktik. Berlin: Cornelsen Scriptor.

Meyer, Hilbert **(2004)**: Was ist guter Unterricht? Berlin: Cornelsen Scriptor.

Meyer, Hilbert **(2007)**: Leitfaden Unterrichtsvorbereitung. Berlin: Cornelsen Scriptor.

Meyer, Meinert A. & Meyer, Hilbert **(2009)**: Totgesagte leben länger! In: Beate Wischer & Klaus-Jürgen Tillmann (Hrsg.): Erziehungswissenschaft auf dem Prüfstand. Weinheim, München: Juventa, S. 97–128.

Meyer, Hilbert & Wendt, Volker **(2011)**: Was ist eine gute Lehrerin/was ein guter Lehrer? In: SEMINAR, H. 1, S. 59–85.

Mietzel, Gerd **(2007)**: Pädagogische Psychologie des Lernens und Lehrens. 8. erweit. Aufl. Göttingen, Bern u. a.: Hogrefe.

Miller, Reinhold **(2011)**: Als Lehrer souverän sein. Weinheim, Basel: Beltz.

Montessori, Maria **(1984)**: Erziehung und Frieden. Freiburg: Herder.

Nentwig-Gesemann, Iris **(2008)**: Rekonstruktive Forschung in der Frühpädagogik. In: Hilde von Balluseck (Hrsg.): Professionalisierung der Frühpädagogik. Opladen: Barbara Budrich, S. 251–263.

Neubauer, Aljoscha & Stern, Elsbeth **(2007)**: Lernen macht intelligent. Warum Begabung gefördert werden muss. München: Deutsche Verlags-Anstalt.

Neuß, Norbert **(2010)**: Grundwissen Elementarpädagogik. Ein Lehr- und Arbeitsbuch. Berlin: Cornelsen Scriptor.

Neuß, Norbert & Westerholt, Friederike **(2010)**: Didaktische Formen und Elemente in der elementarpädagogischen Praxis – Dimensionen didaktischen Handelns im Elementarbereich. In: Dagmar Kasüschke (Hrsg.): Didaktik in der Pädagogik der frühen Kindheit. Köln, Kronach: Wolters Kluwer, S. 199–224.

Niedersächsisches Landesinstitut für schulische Qualitätsentwicklung, Abt. 2 Schulinspektion Berufsbildende Schulen (Henning Gerlach) **(2011)**: Didaktisches Konzept der beruflichen Handlungsorientierung, Entwurfsfassung Oktober 2011. Hildesheim.

Oberhuemer, Pamela & Schreyer, Inge **(2010)**: Kita-Fachpersonal in Europa. Opladen, Farmington Hills: Barbara Budrich.

Oelke, Uta **(1991)**: Planen, Lehren und Lernen in der Krankenpflegeausbildung. Ein offenes, fächerintegratives Curriculum für die theoretische Ausbildung. Basel/Baunatal: Recom, 1991. URL: http://opus.bsz-bw.de/fhhv/volltexte/2008/62/(Abruf: 18.11.2011)

Oelke, Uta & Meyer, Hilbert (2012): Didaktik und Methodik für Lehrende in Pflege- und Gesundheitsberufen. Berlin: Cornelsen.

Oelke, Uta; Scheller, Ingo & Ruwe, Gisela (2000): Tabuthemen als Gegenstand szenischen Lernens in der Pflege. Bern, Göttingen, Toronto, Seattle: Huber.

Oevermann, Ulrich (1996): Theoretische Skizze einer revidierten Theorie professionalisierten Handelns. In: Arno Combe & Werner Helsper (Hrsg.): Pädagogische Professionalität. Frankfurt/M.: Suhrkamp, S. 70–182.

Oser, Fritz (2001): Standards: Kompetenzen von Lehrpersonen. In: Fritz Oser & Jürgen Oelkers (Hrsg.): Die Wirksamkeit der Lehrerbildungssysteme. Chur, Zürich: Rüegger.

Pallasch, Waldemar & Hameyer, Uwe (2008): Lerncoaching. Weinheim, München.

Paradies, Liane; Wester, Franz & Greving, Johannes (2010): Individualisieren im Unterricht. Berlin: Cornelsen Scriptor.

Parsons, Talcott (1964): Die akademischen Berufe und die Sozialstruktur. In: Ders.: Beiträge zur soziologischen Theorie. Neuwied: Luchterhand, S. 160–178.

Pasternack, Peer (2008): Die Akademisierung der Frühpädagogik. In: Hilde von Balluseck (Hrsg.): Professionalisierung der Frühpädagogik. Opladen: Barbara Budrich, S. 37–50.

Pauen, Sabina (2011): Vom Baby zum Kleinkind. Entwicklungstagebuch zur Beobachtung und Begleitung in den ersten Jahren. Heidelberg: Spektrum Akademischer Verlag.

Pausewang, Freya & Strack-Rathke, Dorothea (2009): Ins Leben begleiten. Bildung und Erziehung in der sozialpädagogischen Praxis. Berlin: Cornelsen Scriptor.

Peterßen, Wilhelm (1999): Kleines Methoden-Lexikon. München: Oldenbourg.

Pfiffner, Manfred & Walter-Laager, Catherine (2009): Soziale Beziehungen und Effekte im Unterricht. Einflüsse der sozialen Beziehungen im Unterricht auf Motivation, Fähigkeitsselbstkonzept und Leistung bei Kindern und Jugendlichen. Saarbrücken: Südwestdeutscher Verlag für Hochschulschriften.

Pramling, Ingrid (1998): Understanding and Empowering the Child as a Learner. In: David R. Olson & Nancy Torrance (Eds.): Education and Human Development. Oxford: Blackwell Publishers, pp. 565–592.

Prange, Klaus (1986): Bauformen des Unterrichts. Bad Heilbrunn: Klinkhardt.

Prengel, Annedore (1993): Pädagogik der Vielfalt. Opladen: Leske + Budrich.

Prengel, Annedore (1999): Vielfalt durch gute Ordnung im Anfangsunterricht. Opladen: Leske + Budrich.

Rauschenbach, Thomas & Schilling, Matthias (2006): Ökonomische, rechtliche und fachpolitische Rahmenbedingungen der Kindertagesbetreuung. In: Lilian Fried & Susanna Roux (Hrsg.): Pädagogik der frühen Kindheit. Weinheim, Basel: Beltz, S. 44–55.

Regaal, Kaja; Regaal, Lars & Reyem, Treblih (2011): Some new issues in elementary educational research: lolative or inclusive design? In: John Hattie (Ed.): Metaanalysis re-analyzed. Lindau, Oldenburg: Maulwurf Press, pp. 99–81.

Regel, Gerhard & Kühne, Thomas (2007): Pädagogische Arbeit im Offenen Kindergarten. 6. Aufl. Freiburg im Breisgau: Herder.

Regel, Gerhard & Wieland, Axel Jan (1993): Offener Kindergarten konkret. Hamburg: EB-Verlag.

Reich, Kersten (2002): Konstruktivistische Didaktik. Neuwied, Kriftel: Luchterhand.

Reinmann-Rothmeier, Gabi & Mandl, Heinz (2001): Unterrichten und Lernumgebungen gestalten. In: Andreas Krapp & Bernd Weidenmann (Hrsg.): Pädagogische Psychologie. Weinheim: Beltz, Psychologie Verlags Union, S. 601–646.

Reusser, Kurt; Pauli, Christine & Elmer, Anneliese (2011): Berufsbezogene Überzeugungen von Lehrerinnen und Lehrern. In: Ewald Terhart u. a. (Hrsg.): Handbuch der Forschung zum Lehrerberuf. Münster: Waxmann, S. 478–495.

Reyer, Jürgen & Franke-Meyer, Diana (2009): Muss der Bildungsauftrag des Kindergartens eigenständig sein? In: Zeitschrift für Pädagogik, Jg. 54, H. 6, S. 888–903.

Reyer, Jürgen & Franke-Meyer, Diana (2010): Vorschulreform und der wissenschaftliche Status der „Pädagogik der frühen Kindheit" als Teildisziplin der Erziehungswissenschaft. In: Zeitschrift für Pädagogik, Jg. 56, H. 5, S. 725–743.

Rißland, Birgit (**2002**): Humor und seine Bedeutung für den Lehrerberuf. Bad Heilbrunn: Klinkhardt.

Rolff, Hans-Günter; Rhinow, Elisabeth & Röhrich, Theresa (Hrsg.) (**2009**): Unterrichtsentwicklung – Eine Kernaufgabe der Schule. Köln: Wolters Kluwer.

Rosenbusch, Heinz S. & Schober, Otto (Hrsg.) (**2004**): Körpersprache und Pädagogik. 4. überarb. Aufl. Baltmannsweiler: Schneider Verlag Hohengehren.

Roßbach, Hans-Günther (**2006**): Vorschulische Bildungseinrichtungen. In: Karl-Heinz Arnold, Uwe Sandfuchs u. a. (Hrsg.): Handbuch Unterricht. Bad Heilbrunn: Klinkhardt, S. 92–96.

Roßbach, Hans-Günther & Blossfeld, Hans-Peter (**2008**): Frühpädagogische Förderung in Institutionen. In: Zeitschrift für Erziehungswissenschaften, Sonderheft 11/2008, S. 105–122.

Roßbach, Hans-Günther & Frank, Angela (**2008**): Bildung, Erziehung und Betreuung in der frühen Kindheit. Forschungsstand und -bedarf. In: Werner Thole u. a. (Hrsg.): Bildung und Kindheit. Opladen: Barbara Budrich, S. 255–269.

Roth, Gerhard (**1997**): Das Gehirn und seine Wirklichkeit. Kognitive Neurobiologie und ihre philosophischen Konsequenzen. Frankfurt/M.: Suhrkamp.

Roth, Gerhard (**2001**): Fühlen, Denken, Handeln. Wie das Gehirn unser Verhalten steuert. Frankfurt/M.: Suhrkamp.

Roth, Gerhard (**2011**): Bildung braucht Persönlichkeit. Wie Lernen gelingt. Stuttgart: Klett Cotta.

Rutter, Michael; Maughan, B.; Mortimore, P. & Ouston, J. (**1980**): 15 000 Stunden. Schulen und ihre Wirkung auf die Kinder. Weinheim, Basel: Beltz.

Sammons, P.; Sylva, K.; Melhuish, E.; Siraj-Blatchford et al. (**2008**): Influences on children's cognitive and social development in year 6. EPPE 3–11 Project. DCSF-RBO48–049.

Schäfer, Gerd (**2002**): Selbst-Bildung in der frühen Kindheit als Verkörperung von Erkenntnistheorie. In: H. Uhlendorff & H. Oswald (Hrsg.): Wege zum Selbst. Soziale Herausforderungen für Kinder und Jugendliche. Stuttgart: Lucius & Lucius.

Schäfer, Gerd (Hrsg.) (**2007**): Bildung beginnt mit der Geburt. Ein offener Bildungsplan für Kindertageseinrichtungen in Nordrhein-Westfahlen. 3. erweit. Aufl. Berlin: Cornelsen Scriptor (4. mit neuem Vorwort versehene Aufl. 2012).

Schäfer, Gerd (**2007a**): Was ist frühkindliche Bildung? In: Gerd Schäfer (Hrsg.): Bildung beginnt mit der Geburt. Berlin: Cornelsen, S. 15–74.

Schäfer, Gerd (**2007b**): Aufgaben frühkindlicher Bildung. In: Gerd Schäfer (Hrsg.): Bildung beginnt mit der Geburt. Berlin: Cornelsen Scriptor, S. 75–78.

Schäfer, Gerd (**2007c**). Zutrauen statt zumuten. In: Eva Hammes-Di Bernardo (Hrsg.): Kompetente Erziehung. Zwischen Anleitung und Selbstbildung. Weimar, Berlin: verlag das netz, S. 185–188.

Scheller, Ingo (**1998**): Szenisches Spiel. Handbuch für die pädagogische Praxis. Berlin: Cornelsen Scriptor.

Scheller, Ingo (**2004**): Szenische Interpretation. Seelze-Velber: Kallmeyer.

Schenk, Barbara (Hrsg.) (**2005**): Bausteine einer Bildungsgangtheorie. Wiesbaden: VS Verlag für Sozialwissenschaften.

Schleiermacher, Friedrich D. E. (**1957**): Pädagogische Schriften, hrsg. von Erich Weniger & Theodor Schulze, Bd. 1: Die Vorlesungen aus dem Jahre 1826. Düsseldorf, München: Küpper vormals Bondi.

Schön, Donald A. (**1983**): The Reflective Practitioner. How Professionals Think in Action. Basic Books, Inc.

Schuster, Käthe-Maria (**2006**): Rahmenpläne für die Bildungsarbeit. In: Lilian Fried & Susanna Roux (Hrsg.): Pädagogik der frühen Kindheit. Weinheim, Basel: Beltz, S. 145–157.

Schwänke, Ulf (**1988**): Der Beruf des Lehrers. Professionalisierung und Autonomie im historischen Prozeß. Weinheim, München: Juventa.

Schwarzer, Ralf & Warner, Lisa Marie (**2011**): Forschung zur Selbstwirksamkeit bei Lehrerinnen und Lehrern. In: Ewald Terhart u. a. (Hrsg.): Handbuch der Forschung zum Lehrerberuf. Münster: Waxmann, S. 496–508.

Seel, Norbert M. (**2000**): Psychologie des Lernens. München, Basel: Reinhardt.

Selimi, Naxhi & Walter-Laager **(2011)**: Sprachlernprinzipien in Spielgruppen plus. In: Bildungsdirektion Zürich: Deutschlernen in Spielgruppen plus – ein Leitfaden für die Praxis.

Shulman, Lee S. **(1986)**: The Wisdom of Practice: Managing Complexity in Medicine and Teaching. In: D. C. Berliner & B. V. Rosenshine (Eds.): Talks to Teachers. New York, pp. 369–386.

Siegler, Robert; DeLoache, Judy & Eisenberg, Nancy **(2008)**: Entwicklungspsychologie im Kindes- und Jugendalter. Heidelberg: Spektrum Akademischer Verlag.

Speth, Christine **(2010)**: Akademisierung der Erzieherinnenausbildung? Beziehung zur Wissenschaft. Wiesbaden: VS Verlag für Sozialwissenschaften.

Spitzer, Manfred **(2002)**: Lernen. Gehirnforschung und die Schule des Lebens. Heidelberg, Berlin: Spektrum Akademischer Verlag.

Städeli, Christoph & Obrist, Willy **(2008)**: Kerngeschäft Unterricht. Ein Leitfaden für die Praxis. Bern: hep-verlag.

Stamm, Margrit **(2005)**: Zwischen Exzellenz und Versagen. Frühleser und Frührechnerinnen werden erwachsen. Zürich, Chur: Rüegger.

Stamm, Margrit **(2009)**: Bildungsqualität in Vorschulsettings. In: Zeitschrift für Grundschulforschung, H. 2, S. 111–125.

Stamm, Margrit & Edelmann, Doris (Hrsg.) **(2010)**: Frühkindliche Bildung, Betreuung und Erziehung. Zürich, Chur: Rüegger.

Steenbuck, Olaf **(2009)**: Individualisierter und offener Unterricht als Basis integrativer Begabtenförderung. In: Thomas Trautmann u. a. (Hrsg.): Beim Lernen zugeschaut. Baltmannsweiler: Schneider Verlag Hohengehren.

Sylva, Kathy; Melhuish, Edward; Sammons, Pam; Siraj-Blatchford, Iram; Taggart, Brenda & Elliot, Karen **(2003)**: The effective provision of pre-school education (eppe) Project: Findings from the pre-school period. London: Institute of Eduacation, University of London & University of Oxford.

Sylva, Kathy; Melhuish, Edward; Sammons, Pam; Siraj-Blatchford, Iram; Taggart, Brenda & Elliot, Karen **(2004)**: The Effective Provision of Pre-School Education Project – Zu den Auswirkungen vorschulischer Einrichtungen in England. In: Gabriele Faust, Margarete Götz u. a. (Hrsg.): Anschlussfähige Bildungsprozesse im Elementar- und Primarbereich. Bad Heilbrunn: Klinkhardt, S. 154–167.

Terhart, Ewald **(2011a)**: Forschung zu Berufsbiographien von Lehrerinnen und Lehrern: Stichworte. In: Ewald Terhart u. a (Hrsg.).: Handbuch der Forschung zum Lehrerberuf. Münster, S. 339–342.

Terhart, Ewald **(2011b)**: Hat John Hattie tatsächlich den Heiligen Gral der Schul- und Unterrichtsforschung gefunden? In: Edwin Keiner, Klaus-Peter Horn u. a. (Hrsg.): Metamorphosen der Bildung. Bad Heilbrunn: Klinkhardt, S. 277–292.

Terhart, Ewald; Bennewitz, Hedda & Rothland, Martin **(2011)**: Handbuch der Forschung zum Lehrerberuf. Münster: Waxmann.

Thole, Werner **(2008)**: „Professionalisierung" der Pädagogik der Kindheit. In: Werner Thole u. a. (Hrsg.): Bildung und Kindheit. Opladen: Barbara Budrich, S. 271–294.

Thole, Werner **(2010)**: Die pädagogischen MitarbeiterInnen in Kindertageseinrichtungen. In: Zeitschrift für Pädagogik, 56. Jg., H. 2, S. 206–222.

Thole, Werner; Roßbach, Hans-Günther; Fölling-Albers, Maria & Tippelt, Rudolf (Hrsg.) **(2008)**: Bildung und Kindheit. Pädagogik der Frühen Kindheit in Wissenschaft und Lehre. Opladen: Barbara Budrich.

Tietze, Wolfgang & Lee, Hee-Jeong **(2009)**: Ein System der Evaluation, Verbesserung und Zertifizierung pädagogischer Qualität von Kindertageseinrichtungen in Deutschland. In: Karin Altgeld & Sybille Stöbe-Blossey (Hrsg.): Qualitätsmanagement in der frühkindlichen Bildung, Erziehung und Betreuung. Wiesbaden: VS Verlag für Sozialwissenschaften.

Tietze, Wolfgang; Roßbach, Hans-Günther & Grenner, Katja **(2005)**: Kinder von 4 bis 8 Jahren. Zur Qualität der Erziehung und Bildung in Kindergarten, Grundschule und Familie. Weinheim, Basel: Beltz.

Tietze, Wolfgang; Schuster, Käthe-Maria; Grenner, Katja & Roßbach, Hans-Günther **(2001)**: Kindergarten-Skala. Revidierte Fassung (KES-R). Deutsche Fassung der Early Childhood Environment Rating Scale Revised Edition von Thelma Harms, Richard M. Clifford & Debby Cryer. Neuwied, Kriftel, Berlin: Luchterhand.

Trautmann, Matthias (Hrsg.) **(2004)**: Entwicklungsaufgaben im Bildungsgang. Wiesbaden: VS Verlag für Sozialwissenschaften.

Trautmann, Matthias & Wischer, Beate **(2011)**: Heterogenität in der Schule. Eine kritische Einführung. Wiesbaden: VS-Verlag für Sozialwissenschaften.

Trautmann, Thomas (Hrsg.) **(2009)**: Beim Lernen zugeschaut. Baltmannsweiler: Schneider Verlag Hohengehren.

Tröster, Heinrich; Flender, Judith & Reinecke, Dirk **(2004)**: Dortmunder Entwicklungsscreening für den Kindergarten, DESK 3–6. Göttingen: Hogrefe.

Tschekan, Kerstin **(2011)**: Kompetenzorientiert unterrichten. Eine Didaktik. Berlin: Cornelsen Scriptor.

Viernickel, Susanne **(2008)**: Reformmodelle für die Ausbildung des frühpädagogischen Fachpersonals. In: Hans-Günther Roßbach & Hans-Peter Blossfeld (Hrsg.): Frühpädagogische Förderung in Institutionen. Zeitschrift für Erziehungswissenschaften, Sonderheft 11/2008.

Vollstädt, Witlof; Tillmann, Klaus-Jürgen; Rauin, Udo; Höhmann, Katrin & Tebrügge, Andrea **(1999)**: Lehrpläne im Schulalltag. Opladen: Leske + Budrich.

Voß, Reinhard (Hrsg.) **(2002)**: Unterricht aus konstruktivistischer Sicht. Neuwied, Kriftel: Luchterhand.

Wagener, Uta **(2010)**: Young Children and self-regulated learning. Oldenburg: Didaktisches Zentrum.

Wahl, Diethelm **(2006)**: Lernumgebungen erfolgreich gestalten. 2. erweit. Aufl. Bad Heilbrunn: Klinkhardt.

Walter, Catherine & Fasseing, Karin **(2002)**: Kindergarten. Grundlagen aktueller Kindergartendidaktik. Winterthur: ProKiga.

Walter-Laager, Catherine & Pfiffner, Manfred **(2010)**: KiDiT®. http://www.kidit.ch

Walter-Laager, Catherine; Pfiffner, Manfred & Schwarz, Jürg **(2010)**: Beobachten und Dokumentieren in der Elementarpädagogik. Erste Resultate aus dem internationalen Forschungsprogramm KiDiT®. Oldenburg: Didaktisches Zentrum der Universität.

Wannack, Eveline **(2008)**: Studiengänge für Kindergarten und Grundschule – zwischen Euphorie und Skepsis. In: Ursula Carle & Barbara Daiber (Hrsg.): Das Kind im Blick. Eine gemeinsame Ausbildung für den Elementarbereich und die Grundschule. Hohengehren: Schneider, S. 170–180.

Weidner, Margit **(2003)**: Kooperatives Lernen im Unterricht. Seelze: Kallmeyersche Verlagsbuchhandlung.

Weinert, Franz E. **(1982)**: Selbstgesteuertes Lernen als Voraussetzung, Methode und Ziel des Unterrichts. In: Unterrichtswissenschaft, Jg. 2, S. 99–110.

Weinert, Franz E. & Helmke, Andreas (Hrsg.) **(1997)**: Entwicklung im Grundschulalter. Weinheim: Beltz, PsychologieVerlagsUnion.

Whitaker, Todd **(2009)**: Was gute Lehrer anders machen. Weinheim, Basel: Beltz.

Widmer, Franziska; Gabriel, Thomas & Grubenmann, Bettina **(2009)**: Säuglinge und Kleinstkinder in Kindertagesstätten in der Stadt Zürich. Zürich: Sozialdepartement Zürich.

Wiechmann, Jürgen (Hrsg.) **(1999)**: Zwölf Unterrichtsmethoden. 4. erweit. Aufl. Weinheim, Basel: Beltz.

Zierer, Klaus **(2010)**: Alles prüfen. Das Beste behalten. Zur Eklektik in Lehrbüchern der Didaktik und des Instructional Design. Baltmannsweiler: Schneider Verlag Hohengehren.

Sach- und Personenregister